escrito por Andréa Cito

HABITA VERDE

uma questão de sobrevivência

EDITORA CIÊNCIA MODERNA

Habita Verde: uma questão de sobrevivência

Editor: Paulo André P. Marques
Produção Editorial: Dilene Sandes Pessanha
Capa: Andréa Cito Marinho
Diagramação: Daniel Jara
Copidesque: Equipe Ciência Moderna

FICHA CATALOGRÁFICA

MARINHO, Andréa Cito.

Habita Verde: uma questão de sobrevivência

Rio de Janeiro: Editora Ciência Moderna Ltda., 2023.

1. Arquitetura
I — Título

ISBN: 978-65-5842-254-9 CDD 720

Editora Ciência Moderna Ltda.
R. Alice Figueiredo, 46 – Riachuelo
Rio de Janeiro, RJ – Brasil CEP: 20.950-150
Tel: (21) 2201-6662/ Fax: (21) 2201-6896
E-MAIL: LCM@LCM.COM.BR
WWW.LCM.COM.BR **09/23**

Andréa Cito Marinho é Arquiteta e Urbanista, atuando há mais de 40 anos no mercado, em grandes corporações, na construção civil, em empreendimentos públicos e na iniciativa privada. É mestre em Engenharia Urbana e Ambiental pela PUC-Rio e Master of Science in Urban and Environmental Engineering, pela Technische Universität Braunschwieg, em Braunschweig, Alemanha. Recebeu o IV Prêmio CREA-RJ/OSCAR NIEMEYER de Trabalhos Científicos e Tecnológicos, pela dissertação de mestrado *"Desenvolvimento de Painel Sanduíche de Bambu e Abrigo Desmontável para Emergências em Desastres Ambientais"*. É autora de artigo de mesmo nome apresentado no III SIMPGEU-Simpósio de Pós Gradução em Engenharia Urbana em Maringá, Paraná, 2012. Participou dos encontros científicos IC-NOCMAT-International Conference on Non-conventional Materials and Technologies, em 2010, no Cairo, Egito, em 2011, em Changsha, Hunan, China, em 2013, em João Pessoa, Paraíba, Brasil. É pós-graduada em Análise e Avaliação Ambiental pela PUC-Rio e autora do "Diagnóstico Ambiental da Região da Barra da Tijuca". Pós-graduada em Análise de Sistemas/Tecnologia da Informação, pela PUC-Rio, EAD-Educação à Distância, pela PUC-Rio, Engenharia Legal e de Avaliações, pela UFF-Universidade Federal Fluminense e Gerência de Projetos, pela FGV-Fundação Getúlio Vargas.

HABITA VERDE: uma questão de sobrevivência aborda os problemas habitacionais decorrentes de perdas instantâneas de moradia e apresenta as técnicas e procedimentos internacionais para o suprimento de abrigos emergenciais, alinhados com o desenvolvimento sustentável, pouco divulgadas no Brasil.

Esta obra pretende dar suporte e contribuir para a melhorar as condições humanas, em um momento de mudanças climáticas e desordens mundiais, que são destaques na mídia ao redor do mundo. Eventos inesperados que necessitam de alojamentos urgentes, em guerras, nas fugas de perseguições políticas, religiosas ou sanitárias. Abrigos, para acolher as vítimas de catástrofes e desastres ambientais, como: enxurradas, enchentes, deslizamentos de terra, terremotos, tsunamis, furacões, entre outros, que destroem vidas, devastam moradias, geram ondas de desabrigados em todo o planeta e têm necessidade de construções emergenciais.

O livro rememora a arquitetura primitiva e os procedimentos construtivos utilizados pelos primeiros grupos humanos. Nossos ancestrais desenvolveram ferramentas, criaram técnicas autóctones, construíram habitações sustentáveis, descobriram empiricamente princípios da arquitetura bioclimática, fizeram habitações passivas em climas adversos. Essa herança do passado, um pouco negligenciada, sua engenhosidade e eficácia, são lições e inspirações para serem adaptadas, aperfeiçoadas e aplicadas em construções sustentáveis que precisamos e desejamos para o futuro, que trago à tona nesta obra. O livro traz a sabedoria de técnicas vernaculares usadas em construções da África, Ásia, Américas e Europa e Oceania, algumas oriundas de países visitados pela autora, sem pretender esgotar o tema. Faz referência às edificações no Brasil, Peru, Estados Unidos, Canadá, Alasca, Ártico, Groenlândia, Haiti, Panamá, Itália, Espanha, França, Alemanha, Irlanda, Croácia, Grécia, Turquia, Ucrânia, Escandinávia, Lapônia, Noruega, Sibéria, Rússia, Cazaquistão, Quirguistão, Japão, Filipinas, Mongólia, Deserto de Gobi, China, Hong Kong, Tailândia, Vietnã, Índia, Nepal, Irã, Iraque, Arábia Saudita, Egito, Deserto do Saara, Marrocos, Mali, Níger, Líbia, Chade, Camarões, Burkina Faso, Argélia, Congo, Costa do Marfim, Angola, Djibouli, África do Sul, Nova Zelândia, e até no Planeta Marte.

Procedimentos utilizados em projetos de ajuda humanitária contendo experiências internacionais, orientações e diretrizes técnicas recomendadas foram compilados para fundamentar esta obra, em alinhamento com o pensamento sustentável.

Uma reflexão sobre a qualidade de vida, de certo modo questionável, que nos é imposta pela configuração das cidades contemporâneas, convida o leitor à reflexão, a fazer uma revisão de conceitos sobre habitação ideal.

Esta é uma leitura para todos, pois o tema moradia é inerente ao ser humano. O livro é resultado de uma pesquisa que reúne temas muito pulverizados na literatura, e tem intenção de informar e compartilhar conhecimento, com arquitetos, engenheiros, designers, sociólogos, estudantes, professores, ambientalistas, construtores, empresas, entidades humanitárias ou governos, para o aprimoramento no desempenho dessa importante tarefa que é **prover abrigo**, uma necessidade essencial à sobrevivência humana.

Ao meu marido João, pela sabedoria, força, incentivo, companheirismo e amor que me fizeram chegar ao final deste trabalho. E pela paciência de me ajudar, com seu talento e experiência, a produzir as imagens desse livro.

Aos meus filhos Rafaella e Thomás meus grandes amores, que me entendem, me dão força, e são a razão de toda a minha vida.

Às minhas netinhas Catarina e Martina, as minhas mais novas grandes paixões.

Ao meu saudoso pai, Renato, homem forte que me ensinou a perseverar, reconhecer a beleza da vida, e a querer aprender sempre.

À minha saudosa mãe, Glycia, que não vai comemorar comigo a finalização desta obra, mas eu sigo com sua vitalidade contagiante, que me ensinou a ter força e nunca desanimar.

Agradecimentos

Meu agradeçimento especial ao Professor PhD. Celso Romanel, , Coordenador do Curso de Mestrado Profissional em Engenharia Urbana e Ambiental da PUC-Rio em parceria com a Universidade de Braunschweig, da Alemanha, e Coordenador do Departamento de Engenharia Civil e Ambiental da PUC-Rio, por todo o apoio e incentivo, que me impulsionam para que eu produzisse essa obra e chegasse até aqui .

Ao Professor Dr. Josafá Carlos de Siqueira SJ, Reitor e Professor de Ética Ambiental da PUC-Rio, coordenador, professor e idealizador do curso de pós-graduação em Análise e Avaliação Ambiental da PUC-Rio, que abriu a minha trajetória nessa área, e me inspirou com sua sabedoria e paixão pelo conhecimento do ambiente em que vivemos.

Aos meus orientadores de mestrado, o Grande Professor Emérito da PUC-Rio, PhD. Khosrow Ghavami, meu mestre inspirador, que me apresentou o mundo da engenharia de construções com materiais e tecnologias não convencionais, e ao Professor PhD. Rafael Soares Gonçalves, do Departamento de Serviço Social da PUC-Rio, que me ajudou com sua experiência na abordagem social desta obra.

Ao Professor PhD. Romildo D. Toledo Filho, da UFRJ, Professor PhD. Conrado de S. Rodrigues, da CFTMG, componentes da Banca Examinadora da minha Dissertação de Mestrado e a todos os professores da Pontifícia Universidade Católica do Rio de Janeiro-PUC-Rio e da Universidade de Braunschweig pelos ensinamentos transmitidos.

Aos meus colegas de turma que fizeram das muitas horas de aprendizado transcorrerem com alegria num convívio agradável e motivador.

À secretaria do departamento de Engenharia Civil, sempre acessível e receptiva para resolver todos os trâmites burocráticos.

Aos membros dos Laboratórios de Estruturas e Materiais-LEM e Instituto Tecnológico-ITUC da PUC-Rio pela atenção e presteza durante os ensaios laboratoriais de materiais de construção.

À minha família por todo o amor, apoio, carinho, dedicação e parceria, sem a motivação de vocês essa publicação não teria sido possível.

Apresentação

O ser humano necessita de abrigo para garantir a sua sobrevivência e se proteger contra predadores e adversidades ambientais.

"Abrigo é o local que serve para abrigar, ou tudo que possa significar amparo ou acolhimento, é algo que protege contra os rigores do tempo".[1] Desde sua mais remota existência nossa espécie procura proteção, seja contra os ataques de outros seres ou contra as intempéries.

O sol abrasador, o frio implacável, os ventos devastadores, as chuvas torrenciais, as nevascas, as tempestades de areia, as enchentes e inundações, os tremores de terra, os maremotos, os ciclones, as secas e ondas de calor, há muito são inimigos naturais da vida humana.

Os desastres ambientais, as guerras, pandemias, conflitos e perseguições políticas ou religiosas, transformam a vida das pessoas, que se tornam refugiadas, fazendo-as abandonarem tudo em busca de sobrevivência. Muitos abandonam seus pertences, empregos, lares, até mesmo perdem seus entes queridos, amigos e vizinhos.

Este livro é resultado de um daqueles dias de chuva, num momento em que desastres ambientais como a enxurrada na região serrana do Rio de Janeiro e a tsunami do Japão acabavam de acontecer. As notícias chegavam enquanto eu assistia um telejornal. A situação dos desabrigados me sensibilizou, brotou em mim um sentimento altruísta que me moveu até aqui pela vontade de contribuir para o socorro às vítimas. Na televisão, uma representante da Cruz Vermelha Internacional dizia que a garantia de sobrevivência das pessoas afetadas, dependia de três elementos fundamentais: alimentos, medicamentos e abrigo. Instantaneamente pensei, abrigo! Era nisso que eu poderia ajudar.

Naquele momento decidi usar meu conhecimento para encontrar uma solução que abrigasse com dignidade e rapidez, as pessoas fragilizadas por situações inesperadas e total desamparo.

O desafio de projetar um abrigo que atendesse prontamente às necessidades básicas das famílias sem lar, me levou ao desenvolvimento de uma ampla pesquisa, base da minha dissertação de mestrado, que foi adaptada para publicar este livro.

---

[1] Abrigo. In: HOUAISS, Antônio; VILLAR, Mauro de Salles. *Dicionário Houaiss da língua portuguesa.* 1.ed. Rio de Janeiro: Objetiva, 2001. p. 27

O objetivo desta publicação é reunir um ferramental útil para que outros possam também criar novas soluções a partir destes três princípios: 1) seguir as diretrizes ambientais, econômicas e sociais em conformidade com o desenvolvimento sustentável; 2) utilizar as lições da arquitetura popular tradicional, com as soluções encontradas pelo homem desde sua existência conhecida, como fonte de inspiração; e 3) conhecer os fundamentos adotados pelas organizações de ajuda humanitária nacionais e internacionais.

HABITA VERDE: Inteligência para Abrigar, questiona os paradigmas estabelecidos para a construção de moradias e sua aceitação incondicional, visando causar uma reavaliação das convenções, para que se repense a edificação de um modo geral. E, com especial atenção ao segmento de moradia popular dos países pobres, onde a falta de recursos não tem necessariamente que resultar em habitações malfeitas, disformes, e com aspecto inacabado ou esteticamente desagradáveis. Mostro neste livro que há métodos e materiais de construção alternativos, que não utilizam os meios convencionais, e podem ser empregados com sabedoria, beleza e funcionalidade, contando com os elementos e as forças da natureza, e sem prejuízos ao meio ambiente. Resgato experiências testadas durante séculos, de geração em geração, que funcionam de maneira simples para resolver problemas difíceis, que trago à luz para renascerem nas mentes dos leitores.

Na Parte I chamo a atenção para o caminho tortuoso que estamos seguindo. Os prognósticos alarmantes mostram a necessidade de uma nova perspectiva.

Na Parte II, desacelero as preocupações transportando o leitor para os primórdios da existência humana. Faço o pensamento se voltar para a base, onde tudo começou. Mostro ao leitor que se olharmos para o trivial, para a simplicidade, para o básico, podemos chegar às grandes soluções.

Na Parte III, relato o estado-da-arte das soluções de provisionamento de abrigos emergenciais às pessoas afetadas pelos desastres. Destaco também as falhas, instigando o leitor ao pensamento crítico. Faço aflorar sua criatividade, incentivo o surgimento de soluções inovadoras para suprir a demanda urgente deste mercado crescente e carente de profissionais qualificados.

A Autora

Prefácio

É com alegria que escrevo estas palavras para homenagear a minha ex-aluna do curso de Análise e Avaliação Ambiental da PUC-Rio, a arquiteta Andréa Cito Marinho. Este livro, chamado de "Habita Verde – Inteligência para Abrigar", é fruto de uma perspectiva sistêmica da autora, envolvendo preocupações sociais, ambientais e técnicas com os modelos alternativos de construções arquitetônicas, dentro de parâmetros necessários de sustentabilidade. Com um olhar humanístico sobre o drama da moradia que afeta milhares de seres humanos mais pobres, associado à necessidade emergencial de construções, sobretudo em tempos de mudanças climáticas que aumentam os desastres naturais e desalojam centenas e milhares de pessoas, a arquiteta Andréa decidiu reunir uma série de experiências exitosas de materiais usados na bioconstrução sustentável, propondo soluções presentes e futuras na linha da construção civil sustentável. Apoiada em modelos alternativos que utilizam elementos da natureza para solucionar questões emergenciais de moradias, sendo hoje linhas de pesquisa nas Universidades, e motivo de parceria com setores industriais, a autora nos mostra como estas técnicas, passadas e presentes, adotadas em várias partes do mundo, são inspiradoras para que possamos ampliar estas alternativas sustentáveis. O bambu, esta conhecida gramínea ou poaceae lenhosa, que abriga vários gêneros e espécies, tratado em um dos capítulos desse livro, é exemplo de uma planta inteligente que vem prestando inúmeros benefícios à biodiversidade e aos seres humanos, ajudando-nos nas alternativas que aproximam mais as pessoas da natureza ao nosso redor. Cremos que o grande mérito desta obra está voltado para uma proposta de abrigos arquitetônicos emergenciais e sustentáveis, contribuindo para ampliar as experiências e as pesquisas voltadas para diversificar a matriz da construção civil, reunindo ferramentas que orientam o desenvolvimento sustentável, expondo os êxitos dos modelos alternativos e abrindo novas perspectivas para o futuro.

Que possamos ler e apreciar os esforços da autora de buscar soluções que nos aproximam da natureza, valorizam os nossos recursos naturais, criam alternativas sustentáveis e contribuem eticamente para a melhoria de vida dos seres humanos.

Prof. Dr. Josafá Carlos de Siqueira SJ
Reitor e Professor de Ética Ambiental da PUC-Rio

Lista de Abreviaturas e Siglas

a.C. – Antes de Cristo
ACNUR - Alto Comissariado das Nações Unidas para Refugiados
BGB – Bamboo glulam beans
BLC – Bambu Laminado Colado
C - Centígrado ou Celsius
CBC – Centro Brasileiro da Construção Bowcentrum
CEU – Centro Educacional Unificado
CES – Construção Energitérmica Sustentável
CFC - Clorofluorcarbono
CGI – Corrugated Galvanised Iron
CH_4 - Metano
CHN – Carbono, Hidrogênio, Nitrogênio
CIB - International Council for Research and Innovation in Biulding and Construction
CIEP – Centro Integrado de Educação Pública
cm – Centímetro
CO_2 - Dióxido de Carbono
COSHH – Control of Substances Hazardous for Health
d.C. - Depois de Cristo
D&D-FRB – Fast Response Building
DFID – Department of International Development
DIN – Instituto Alemão para Normatização
DPC – Damp Proof Course
DPM – Damp Proof Membrane
ECHO – European Civil Protection and Humanitarian Ais Operations
EMBRAPA - Empresa Brasileira de Pesquisa Agropecuária
ENDS - Estratégias Nacionais de Desenvolvimento Sustentável
EPAL – European Pallet Association
EUA - Estados Unidos da América
FEMA - Federal Emergency Management Agency
GLUBAM – Glue Laminated Bamboo
GMA - North American Grocery Manufacturers' Association
IAPSO – Inter-Agency Procurement Services Office of the United Nations Development
IATA - International Air Transport Association
IFRC – Intenational Federation of Red Cross and Red Crescent Societies
IME – Instituto Militar de Engenharia
INBAR – International Network for Bamboo and Rattan
INPE – Instituto Nacional de Pesquisas Espaciaia
IPCC- Intergovernmental Panel on Climate Change

ISAF - International Security Assistance Force
ISO – International Organization for Standardization
km – Quilômetro
LSF – Light Steel Frame
lx - Lux
kg - quilograma
m – Metro
m^2 – Metro quadrado
m^3 – Metro cúbico
MDF – Medium-Density Fiberboard
MJ – Mega Joule
mm - Milímetro
MPa – Mega Pascal
N – Newtons
N - Norte
N_2O – Óxido nitroso
NASA – National Aeronautics and Space Administration
NB – Norma Brasileira
NFI – Non Food Items
O3 - Ozônio
Plyboo - Laminado de bambu
Plywood – Laminado de madeira
ppmv - partes por milhão em volume
OFDA/CRED - Office of U.S. Foreign Disaster Assistance
ONUBR – Organização das Nações Unidas no Brasil
OSB - Oriented Strand Board
OTAN – Organização do Tratado do Atlântico Norte
OXFAM GB – Oxford Committee for Famine Relief - Great Britain
Pa – Pascal
PNUMA - Programa das Nações Unidas para o Desenvolvimento
PUC – Pontifícia Universidade Católica
S - Sul
TBL -Triple Bottom Line
ULD – Unit Load Device
UNHCR – United Nations High Comissioner for Refugees
UNDRO - United Nations Disaster Relief Organization
UNESCO - Organização das Nações Unidas para a Educação, a Ciência e a Cultura
UN/Habitat – United Nations Human Settlements Programme
UN/OCHA – United Nations Office for the Coordination of Humanitarian Affairs
USAID/OFDA – United States Office for Foreign Disaster Assistance

Sumário

Parte I - Emergências habitacionais: um novo desafio

Parte II - Bioconstrução: lições do passado

Introdução

Desalojados, desabrigados, deslocados...

Essas palavras carregadas de sofrimento se referem às pessoas que perderam suas moradias, em situações distintas.

Pessoas desalojadas são aquelas que foram obrigadas a abandonar temporária ou definitivamente sua habitação. Seja por evacuações preventivas, destruições ou avarias graves, decorrentes de desastres ou conflitos, e que, não necessariamente carecem de abrigo provisório ou acampamento provido pelas autoridades do país.

Desabrigadas são as pessoas desalojadas ou cuja habitação foi afetada por dano ou ameaça de dano e que necessitam de abrigo provisório ou acampamento provido pelas autoridades do país, no Brasil, pelo Sistema Nacional de Proteção e Defesa Civil.[2]

Deslocadas são as pessoas desabrigadas ou desalojadas que não podem retornar às suas habitações por restrições territoriais, seja por motivos ambientais, como no rompimento da barragem de Brumadinho, ou por ações humanas, como conflitos armados, atentados terroristas, desabamentos, pragas, entre outros motivos econômicos e sociais.

Todos os anos, milhares de pessoas no mundo se tornam desabrigadas repentinamente, tanto em consequência de desastres ambientais, como desastres provocados por seus semelhantes.

Governos e organizações humanitárias agem nessas situações emergenciais providenciando e fornecendo abrigos provisórios, que muitas vezes acabam se tornando definitivos, desvirtuando o uso e o tempo de duração para o qual foram projetados. Como o processo de reconstrução muitas vezes é lento, principalmente em países pobres, frequentemente, tendas improvisadas se tornam moradias, muitas vezes por um longo período.

Problemas ambientais podem ser resolvidos ou minimizados ao mudarmos nossas atitudes na vida cotidiana. Cada pessoa individualmente ou coletivamente pode contribuir com pequenas ações, que somadas farão uma grande diferença para o bem-estar geral. A união da técnica com a alteração do estilo de vida que levamos está ao alcance de todos, e neste panorama podemos realizar transformações. Por este motivo, o foco deste livro está em despertar a inovação, estimulando a inteligência criativa dos leitores para solucionarem

[2] DOU 12/07/2012 - Pág. 20 - Seção 1 - Diário Oficial da União. Portaria Interministerial no.1, de 11 de julho de 2012. Presidência da República-Secretaria de Direitos Humanos.

de forma imediata e eficaz, a situação de alojamento das pessoas que são privadas de suas habitações abruptamente. Com especial ênfase nas ocorrências ambientais, onde cada habitante do planeta Terra tem influência direta e pode contribuir com pequenas mudanças de hábitos. Temos sido testemunhas de desastres ambientais de grandes proporções, e milhares de pessoas refugiadas em diferentes partes do mundo, por razões diversas. Os desastres ambientais muitas vezes são atribuídos às mudanças climáticas, ou causas naturais. Estes fenômenos são potencializados também, em parte, pelo excesso de uso de materiais como: aço, alumínio, cimento e outros produtos industrializados. A emissão de gases provenientes de seus processos de fabricação muito contribui para agravar as manifestações climáticas em nosso planeta.

Em janeiro de 2011, uma enxurrada devastou a região serrana do Rio de Janeiro. A tragédia deixou um rastro de destruição, com perdas materiais e humanas. Este foi considerado o maior desastre natural desde 1967, com aproximadamente 918 mortos, mais de 300 desaparecidos e 30 mil desabrigados.[3]

Em outros países, eventos devastadores também deixaram multidões de desabrigados, e os dados mostram que o socorro às vítimas ainda é muito insuficiente, até mesmo em países ricos.

Em Pisco, no Peru, cinco anos após o terremoto de 2007 havia 180 mil desabrigados vivendo precariamente.[4]

Em Port-Au-Prince, no Haiti, dois anos e meio após a tragédia de 2010, havia mais de 78 mil desabrigados vivendo em barracos improvisados sobre um antigo depósito de lixo.[5]

Nas cidades de Iwati, Miyagi e Fukushima, no Japão, o terremoto seguido de tsunami ocorrido em março de 2016, ainda contabilizava, cinco anos após a tragédia, 59 mil pessoas em casa de parentes ou abrigos provisórios. [6]

No Brasil não foi diferente, cinco anos após a enxurrada de 2011 que castigou a região

---

[3] Ministério de Habitação e Construção - Peru. Disponível em:< https://www.brasildefato.com.br/node/10521/>. Acesso em: 03 mai. 2017.

[4] IAI, International Alliance of Inhabitants. Disponível em: https://por.habitants.org/news/haiti_solidariedade/pelos_habitantes/haiti_tres_anos_depois_do_terremoto_os_direitos_dos_desalojados_continuam_a_ser_violados.

[5]AGÊNCIA BRASIL. Reportagem da Agência Lusa-Tóquio, publicado em 17/03/2016. Disponível em: https://agenciabrasil.ebc.com.br/internacional/noticia/2016-03/milhares-de-japoneses-continuam-em-abrigos-temporarios-cinco-anos-apos. Acesso em: 2 jan. 2022.

[6] SECRETARIA ESTADUAL DE ASSISTÊNCIA SOCIAL. G1. Região Serrana.Reportagem de Juliana Scarini e Bruno Rodrigues, publicado em 16/01/2016.. Disponível em: https://g1.globo.com/rj/regiao-serrana/noticia/2016/01/tragedia-na-serra-do-rio-completa-5--anos-e-ainda-ha-espera-por-ajuda.html.

serrana do Rio de Janeiro muitas vítimas ainda continuam desabrigadas. O governo prometeu fornecer 4 mil 573 casas, destas, somente 1 mil 945 foram construídas e entregues às famílias, outras 3 mil 310 famílias ainda recebem aluguel social. [7]

E os eventos não param de ocorrer, pelo contrário, a cada ano mais e mais pessoas são atingidas em progressões crescentes. Estudos nas diversas áreas do conhecimento são incentivados para garantir um planeta viável para as gerações futuras. Entre os desafios a serem superados está a simplificação de procedimentos técnicos, escolha de materiais, e sistemas construtivos para a produção de habitação emergencial para acomodação de pessoas.

Geralmente a parcela mais necessitada da população perde sua moradia nesses episódios, e dificilmente consegue reconstruí-las com recursos próprios. Para esse momento, em que as pessoas afetadas passam por essa situação delicada, entre a necessidade eminente de moradia e a demora ao restabelecimento do cotidiano, é crucial o fornecimento de abrigo emergencial adequado.

A demora na reconstrução de moradias, e as condições precárias em que vivem as pessoas atingidas por tragédias enquanto aguardam uma habitação permanente, foram a motivação para o desenvolvimento da minha pesquisa. E a necessidade de divulgar as técnicas e os procedimentos que ajudem a proporcionar um retorno à normalidade e a retomada da vida das pessoas atingidas por tragédias repentinas resultou neste livro.

[7] SESDEC-Secretaria de Estado de Saúde e Defesa Civil. Disponível em:< http://brasil.estadao.com.br/noticias/geral,com-791-mortos--tragedia-no-rio-se-torna-maior-desastre-natural-do-pais,669686. Acesso em: 02 jan. 2022.

Figura 1: Enxurrada na Região da Posse, Teresópolis, Região Serrana do Rio de Janeiro, 2011. Fonte: Agência Brasil. Autor: Vladimir Platonow/Abr [CC BY 3.0 br (https://pt.wikipedia.org/wiki/Ficheiro: FOTOREPORT-ERDSCF2211.jpg Acesso em:11 nov. 2021.

Parte I
Emergências habitacionais: um novo desafio

1. Desastres ambientais

Os desastres ambientais: fenômenos naturais ou provocados pela ação humana? Essa é uma questão que divide a opinião de cientistas.

Os desastres ambientais são fenômenos que ocorrem frequentemente, desde as eras mais remotas. A teoria da deriva continental afirma que a configuração dos continentes como conhecemos atualmente decorreu da divisão e separação de um único continente, chamado Pangeia[8], que se fragmentou em diferentes partes. Este é um exemplo de um grande desastre ambiental, totalmente natural.

Porém, em estudos das mudanças do clima com base científica, muitos pesquisadores atribuem as proporções catastróficas que presenciamos no mundo atual à combinação de fatores como as mudanças climáticas e o crescimento populacional.

O IPCC, (*Intergovernmental Panel on Climate Change*) concluiu no seu 4° Relatório, em 2007, que as atividades humanas eram responsáveis pelas mudanças climáticas, publicando a seguinte afirmação:

> "... o aquecimento global é um fenômeno inequívoco e, muito provavelmente, causado pelas atividades antrópicas. "Outro aspecto distinto da mudança atual do clima é a sua origem: ao passo que as mudanças do clima no passado decorreram de fenômenos naturais, a maior parte da atual mudança do clima, particularmente nos últimos 50 anos, é atribuída às atividades humanas". [9]

Desastres naturais ocorrem sempre, habitamos um planeta em constante transformação, dinâmico. Mas muitos desastres são causados ou intensificados pela exploração desenfreada dos recursos naturais aliada à falta de políticas públicas eficientes.

O crescimento populacional, a degradação ambiental e a emissão de gases estão diretamente relacionadas com os desastres ambientais. Com o crescimento populacional, a emissão de poluentes no ambiente se intensificou, além de consumir e degradar mais recursos naturais. A concentração de CO_2 (dióxido de carbono) na atmosfera observada em 2005 excedeu, e muito, a variação natural dos últimos 650 mil anos, atingindo o valor recorde

---

[8] Designa-se por Pangeia o continente que, segundo a teoria da deriva continental, existiu há 200 milhões de anos, durante a era Mesozoica, porém, há relatos também de 540 milhões de anos. A palavra origina-se do fato de todos os continentes estarem juntos. (fonte: Wikipédia, 2011)

[9] 4° relatório do IPCC-4° Relatório do Painel Intergovernamental sobre Mudanças Climáticas (*International Panel on Climate Change*. (IPCC, 2007)

de 379 ppmv (trezentas e setenta e nove partes por milhão em volume), ou seja, houve um aumento de quase 100 ppmv (cem partes por milhão em volume) desde a era pré-industrial.[10]

Estamos presenciando invernos extremamente rigorosos, verões demasiadamente quentes, ou amenos demais, de tal forma que as estações do ano não têm sido previsíveis.

A intensidade e a frequência de eventos extremos como inundações, secas, furacões e tormentas tropicais vêm aumentando desde 1979, e estima-se que, nas próximas décadas as mortes e doenças associadas a esses eventos também se intensifiquem.[11]

Um banco de dados foi criado a partir de dados mundiais de desastres naturais ocorridos desde 1900 até o presente momento, disponibilizados por diversas Entidades Humanitárias, agências vinculadas às Nações Unidas (ONU), Organizações não Governamentais (ONGs), companhias de seguros, institutos de pesquisa e da imprensa. Os dados obtidos que mostram a ocorrência de desastres naturais em mais de 100 anos, revelam o aumento exponencial de desastres naturais nas últimas décadas.[12] Este aumento está aparentemente relacionado com interferências humanas e atividades industriais.

Por outro lado, no início do século não havia organizações dedicadas ao registro de ocorrências. Também não eram registrados os desastres ocorridos em áreas remotas e desocupadas, frequentemente nem se tomava conhecimento desses eventos. O aumento da população, que passou a ocupar áreas anteriormente inabitadas, potencializa as consequências dos desastres naturais, porque seus efeitos causam danos materiais e perdas humanas.

Mas os dados também mostram que temos tecnologia e conhecimento avançados, que podem evitar que os desastres ambientais causem tantas mortes, destruição e sofrimento. Os movimentos e ações em prol do desenvolvimento sustentável vêm revertendo esse cenário.

Em 1900, um furacão passou pela cidade de Galveston, Texas, nos Estados Unidos, tirando a vida de mais de 6 mil moradores. As autoridades decidiram construir uma barreira de concreto para conter o avanço da água do mar. Medidas protetivas foram tomadas para preparar os moradores para a chegada do furacão. Contrataram seguro para as casas, divulgaram amplamente avisos de segurança, protegeram as casas e retiraram as pessoas de áreas de risco. Em 2008, outro furacão com grande potencial de destruição assolou a cidade, porém, desta vez, houve pouquíssimas perdas humanas e as grandes perdas materiais

[10] IBAMA-Instituto Brasileiro do Meio Ambiente e dos Recursos Naturais Renováveis. (2008)10

[11] IPCC-2007

[12] EM-DAT-Emergency Events Database.The OFDA/CRED International Disaster Database-Université Catolique de Louvain, Brussels, Belgium (2017)

estavam cobertas pelo seguro.[13]

Os danos que os desastres naturais causam às áreas habitadas podem ser evitados ou mitigados, desde que haja planejamento urbano e políticas públicas de prevenção. Mais de 2500 pesquisadores de 193 países relataram no IPCC de 2007, que é preciso agir rápido para que a vida na Terra continue sendo viável[14].

Figura 2: Moradores à procura de pertences após um furacão em Galvestone, Texas, 1900. Fonte: Wikimedia Commons. Domínio público. Disponível em: https://commons.wikimedia.org/w/index.php?curid=1823644. Acesso em: 11 nov. 2021.

[13] OLASKY, Marving. The Politics of Disaster: Katrina, Big Government, and A New Strategy for Future Crises. W Publishing Group, 2006.

[14] IPCC-Intergovernmental Panel on Climate Change, 2007.

1.1. FATORES AGRAVANTES DE DESASTRES AMBIENTAIS

1.1.1. CRESCIMENTO POPULACIONAL

A população mundial cresce exponencialmente. O crescimento populacional é um fator que agrava as ocorrências e as consequências dos desastres ambientais. Em 2010, a população mundial já atingia os 6.908 bilhões de habitantes. A distribuição populacional entre os continentes é desigual. Há uma concentração maior de pessoas em alguns países do planeta e em algumas cidades. [15]

O crescimento populacional é um fator de grande impacto, e torna os desastres ambientais mais arrasadores. Porque desastres naturais ocorreram muitas vezes no passado, onde não havia habitantes. E, quando não há perdas humanas também não há maiores consequências. E não gera grande repercussão, em muitos casos os desastres nem são divulgados.

Além do crescimento populacional em si, em todos os cantos do planeta, um outro fator de grande impacto é o crescimento da população urbana mundial. As cidades recebem cada vez mais pessoas, atraídas por toda infraestrutura urbana que oferecem. Já está ocorrendo um fluxo migratório significativo, muitas pessoas deixam o campo em busca de acesso à educação, saúde, segurança, lazer, e oportunidades de trabalho. Já estamos com mais da metade da população mundial vivendo em áreas urbanas, uma marca nunca atingida anteriormente. A projeção esperada para 2030 é de mais de 60% da população vivendo nas cidades. A longo prazo, a tendência é aumentar esse movimento, trazendo ainda mais pessoas para as cidades, sendo previsto que 90% desse crescimento ocorrerá em países em desenvolvimento.[16]

Caso esta previsão se concretize, haverá um aumento explosivo na demanda por habitação.

Será necessário um planejamento urbano e de uso do solo muito bem elaborado para que essa migração em massa para as cidades não implique em proliferação de subhabitações e ocupações em áreas de risco. Não havendo políticas de uso do solo adequadas, a concentração de pessoas vivendo nas cidades tende a potencializar os desastres ambientais. Os maiores impactos são sentidos principalmente em áreas onde vive a população mais pobre. Geralmente a população à margem dos sistemas habitacionais urbanos habita faixas *non aedificandi*, ou impróprias para construções. Sem infraestrutura adequada, essas áreas também são sujeitas a riscos geofísicos, tais como: encostas instáveis, margens de rios e canais, que são regiões inundáveis, falhas geológicas, e áreas degradadas de um modo geral.

---

[15] ONU – Organização das Nações Unidas - Censo Demográfico 2009-2010

[16] ONUBR-Nações Unidas no Brasil, publicado em 21 out. 2016. Disponível em https://nacoesunidas.org/agencia-da-onu-apresenta-plano-para-tornar-cidades-mais-inclusivas/.Acesso em: 11 nov. 2021.

A população de baixa renda é mais vulnerável também porque mora em casas muito precárias, construídas sem assistência de profissionais habilitados, utilizam materiais e técnicas inapropriadas que não têm resistência e aumentam os riscos.[17]

Dados do PNUMA (Programa das Nações Unidas para o Desenvolvimento) apontam que, os países em desenvolvimento sofrem os piores impactos. Como exemplo, cita que das 262 milhões de pessoas afetadas por desastres climáticos anualmente de 2000 a 2004, mais de 98 por cento viviam em países em desenvolvimento.[18]

1.1.2. ILHAS DE CALOR URBANO

As áreas urbanas, densamente povoadas e construídas, alteram o microclima e geram calor, fatores que agravam as ocorrências de desastres ambientais. Os avanços tecnológicos que o mundo vivenciou desde a época da industrialização transformaram o modo de vida e a relação do homem com o planeta.

As máquinas que chegaram para automatizar os processos, antes artesanais, consomem energia produzida a partir de recursos naturais e emissão de poluentes.[19]

O aglomerado urbano de ocupação humana com suas construções gera um fenômeno conhecido como "ilhas de calor urbano". Nas cidades, a temperatura é mais elevada do que nas áreas rurais. As áreas edificadas, os materiais utilizados nas construções, e as áreas asfaltadas ou impermeabilizadas, refletem e irradiam o calor absorvido, e formam esse fenômeno microclimático.

Além disso, os setores industriais, e notadamente a indústria da construção civil, causam grande impacto ambiental. Os processos utilizados colaboram para o aumento do chamado efeito estufa, tanto pelo alto consumo de energia como pela geração de resíduos, ou pela utilização maciça de recursos naturais.

Já nas zonas rurais, a temperatura é mais amena. Isso se explica porque o solo é protegido pela vegetação e pelos cursos d'água que ajudam a amenizar o clima.

Outros fatores que influenciam nesse aumento de temperatura são: a poluição do ar, a queima de combustíveis fósseis, o uso de aparelhos de ar condicionado, a redução de áreas verdes e o uso de materiais que absorvem a radiação solar, acumulando calor durante o dia e liberando à noite.

[17] MASKREY, A. Los Desastres no son Naturales (1993)

[18] PNUMA-Programa das Nações Unidas para o Desenvolvimento-Poverty Reduction Strategy Papers (PRSPs, 2008:8)

[19] IPCC-Intergovernmental Panel on Climate Change - 2007, p.16.

O aumento da temperatura desencadeia fenômenos climáticos extremos, entre eles, o aumento da intensidade das chuvas, que provocam cheias e deslizamentos de terra em áreas impermeabilizadas pela urbanização. Segundo o INPE[20], há mais de 100 anos o planeta vem se aquecendo e nos últimos 50 anos, esse aquecimento foi de 0,5°C (meio grau Celsius).

1.1.3. PROBLEMAS SOCIAIS DECORRENTES DOS DESASTRES

As condições de infraestrutura e habitação, das camadas menos favorecidas da sociedade, geram situações que maximizam os problemas sociais após desastres ambientais. Enquanto os governos providenciam as obras de infraestrutura e negociam terrenos para a construção de novas casas, as famílias desabrigadas esperam vivendo em condições precárias. Diante desse cenário, se torna fundamental criar soluções que atendam às necessidades urgentes de habitação anteriores e posteriores aos desastres, de forma preventiva para evitar as ocorrências e, de forma paliativa, em casos inevitáveis para remediação dos danos.

Esse é um ponto muito importante que tem sido negligenciado pelas autoridades no mundo inteiro. Os governos se mobilizam nos primeiros momentos quando a repercussão na mídia é grande, depois que os holofotes se apagam, as pessoas afetadas ficam entregues à própria sorte. Em Teresópolis, região serrana do Rio de Janeiro, mais de 7 mil pessoas ficaram sem ter onde morar. Apesar das promessas de doação de casas, nenhuma foi entregue nos anos que se seguiram. E, 2 anos após a tragédia de 2011, ainda havia 3.400 pessoas vivendo em imóveis alugados temporariamente, em Teresópolis. Em Nova Friburgo, 4 mil famílias aguardavam moradia do Programa Minha Casa Minha Vida. Moradores desabrigados alegam que a ajuda de custo fornecida pelo governo de R$ 500,00 (quinhentos reais), não é suficiente para cobrir o valor do aluguel, segundo matéria publicada por Ginny Morais, na Agência Câmara de Notícias, em 22/03/2013. É importante enfatizar que muitas famílias continuaram desabrigadas mais de dois anos após a catástrofe, e nenhum imóvel foi construído para acomodar as pessoas. Sem imóveis disponíveis para locação, a Prefeitura utilizou estabelecimentos esportivos para remediar o problema, como o Panorama Country Club, que foi declarado imóvel de necessidade pública, para servir de abrigo às pessoas que foram vítimas das chuvas.[21] Porém, mais de 80 abrigos foram fechados, num período curtíssimo de tempo.

A ineficiência no atendimento às vítimas é imensa. Na tragédia que deixou milhares de famílias desabrigadas na região serrana do Rio de Janeiro, as obras para a construção das

[20] PESC-Plano de Emergência da Sociedade Civil. Relatório Final da Defesa Civil. Disponível em: https://www.unisdr.org/campaign/resilientcities/uploads/city/attachments/2680-9913.pdf. Acesso em 2 jan. 2022.

[21] Agência Brasil - Empresa Brasil de Comunicação. Disponível em: https://memoria.ebc.com.br/agenciabrasil/noticia/2012-04-10/teresopolis-decreta-situacao-de-emergencia-por-90-dias. Acesso em: 11 nov. 2021.

casas não tinham nem começado, após um ano de sofrimento. Segundo o Jornal do Brasil, a Secretaria Estadual de Obras tinha programado a construção de 7 mil e 500 casas com previsão de entrega até o final de 2013. Seriam 6000 mil casas com recursos do Governo Federal e 1000 casas com recursos doados por empresas privadas[22]. E, mesmo que as promessas tivessem sido cumpridas, ainda assim este número teria deixado desamparadas 773 famílias cadastradas. A programação não se concretizou. Até dez anos depois do desastre, em 2021, somente 4.219 unidades foram entregues pelo governo do Estado em toda a região afetada, como mostra a tabela 1.

Tabela 1 – Número de unidades habitacionais entregues pelo governo, na Região Serrana. Fonte: G1. Região Serrana. Reportagem de Karine Knust. Publicado em 11/01/2021. Disponível em: https://g1.globo.com/rj/regiao-serrana/noticia/2021/01/11/tragedia-na-serra-do-rj-completa-dez-anos-r-500-milhoes-ainda-devem-ser-investidos-em-obras.ghtml. Acesso em: 2 jan. 2022.

CIDADE	CONSTRUÇÃO DE CASAS ATÉ O FINAL DE 2013
Friburgo	2337 unidades
Petrópolis	50 unidades
Teresópolis	1600 unidades
Bom Jardim	222 unidades
São José do Vale do Rio Preto	10 unidades

INUNDAÇÕES

As inundações são os desastres climáticos naturais mais frequentes no mundo, e os maiores desastres com tempestades e inundações ocorreram nas duas últimas décadas.[23]

No Brasil, as inundações foram as maiores e mais catastróficas ocorrências de desastres ambientais. Causaram o maior número de mortes e deixaram milhares de pessoas desabrigadas nos últimos 10 anos. No ano de 2011, 2 milhões e 500 mil pessoas foram afetadas. Estamos entre os países com o maior o número de ocorrências de inundações do mundo. Depois das secas e estiagens do Nordeste, as enxurradas e inundações bruscas são as maiores ocorrências de desastres naturais no Brasil.

A Figura 3 mostra como, no Rio de Janeiro, as inundações e deslizamentos de terra são os desastres naturais mais recorrentes, como o que aconteceu em Teresópolis e Friburgo,

[22] Revista Veja. Publicado por Branca Nunes, Cecília Ritto e Pâmela Oliveira, em 19 mar 2013. Disponível em: https://veja.abril.com.br/politica/governo-atrasa-construcao-de-casas-e-expoe-moradores-da-regiao-serrana-a-novas-tragedias/. Acesso em: 2 jan. 2022.

[23] EM-DAT, Emergency Events Database.The OFDA/CRED International Disaster Database-Université Catolique de Louvain, Brussels, Belgium (2017).

deixando 30 mil pessoas desabrigadas ou desalojadas pela tragédia, com mais de 900 mortos.[24]

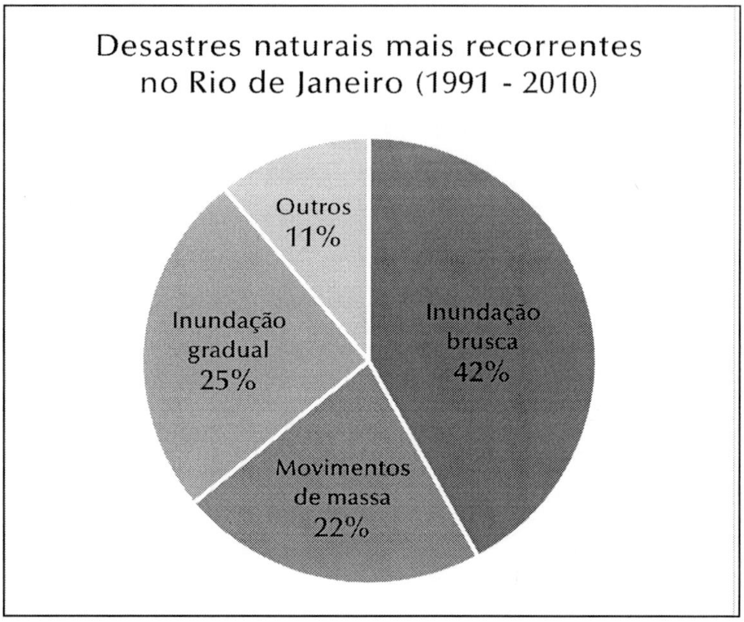

Figura 3: Desastres naturais mais recorrentes no Rio de Janeiro de 1991 A 2010. Fonte: Desenhado por Mattos, D.G., (baseado em Atlas Brasileiro de Desastres Naturais, 2013)

[24] Bom dia Brasil. Reportagem: Tragédia na Região Serrana do RJ completa 5 anos nesta terça-feira(12). Publicado no site G1-Edição do dia 11/01/2016. Disponível em: https://g1.globo.com/bom-dia-brasil/noticia/2016/01/tragedia-na-regiao-serrana-do-rj-completa-5-anos-nesta-terca-feira-12.html. Acesso em: 11 nov. 2021

2. Sustentabilidade na Construção Civil

O Relatório Brundtland[25], documento lançado em 1987 que propõe medidas e ações para o desenvolvimento sustentável, publicado com o título "Nosso Futuro Comum", foi assim definido:

"Desenvolvimento sustentável é o uso dos recursos naturais para suprir as necessidades do presente sem comprometer a possibilidade das futuras gerações de suprirem às suas próprias necessidades."

O relatório critica o uso indiscriminado dos ecossistemas sem a preocupação com o esgotamento dos recursos naturais, e foi apresentado em 1987 pela Comissão Mundial sobre Meio Ambiente e Desenvolvimento. Por iniciativa da ONU, uma comissão mundial com um comitê de 21 membros, foi criada em 1983 para o Meio Ambiente e Desenvolvimento. A instituição estava receosa com a utilização desenfreada dos recursos naturais pelos países industrializados, seguido pelos países em desenvolvimento. O conceito evoluiu, e atualmente, uma atividade para ser considerada sustentável, deve contemplar três setores: ambiental, econômico e social, chamados de "tripé da sustentabilidade" ou "*Triple Bottom Line*" (TBL).

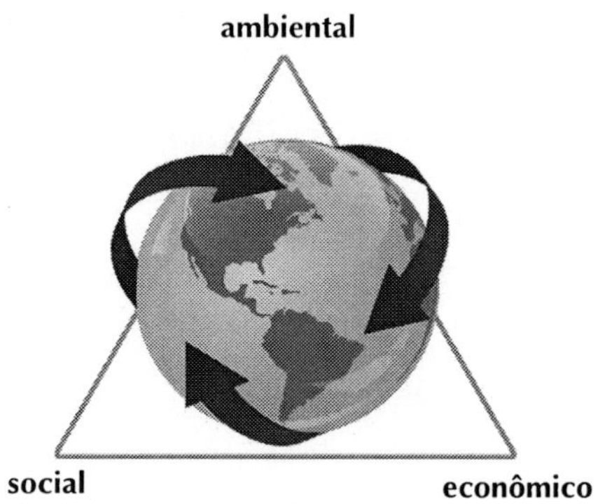

Figura 4: Triple Bottom Line (TBL). Fonte: A Autora, desenhado por Mattos, D.G.

2.1. A AGENDA 21

Agenda 21 é um completo plano de ação, resultante de conferências sobre temas socioambientais. O plano foi entregue às prefeituras, governos, empresas, ONGs, e outros segmentos sociais, formados por: mulheres, jovens, trabalhadores e sindicatos. O plano

[25] BRUNDTLAND, ONU Relatório. Nosso Futuro Comum, 1987. Disponível em: https://sustainabledevelopment.un.org/content/documents/5987our-common-future.pdf. Acesso em: 11 nov. 2021.

também foi disponibilizado à sociedade, de um modo geral, como um guia orientador para ser adaptado a objetivos locais. A introdução do conceito *"think globally and act locally"* (pense globalmente e aja localmente) enfatiza o raciocínio global pela preservação do homem e do planeta. [26]

A Agenda 21 conclama aos países que adotem Estratégias Nacionais de Desenvolvimento Sustentável (ENDS), estimulando-os a desenvolver e harmonizar as diferentes políticas: setoriais, econômicas, sociais criminais, ambientais e de planos de ação que operam no país.[27] As Estratégias Nacionais de Desenvolvimento Sustentável (ENDS) apresentam sete pontos-chave, onde questões econômicas, ambientais e sociais são tratadas de forma integrada, conforme descrito no QUADRO 1:

Quadro 1- Pontos-chave para o Desenvolvimento Sustentável

1	Alterações climáticas e energia limpa
2	Transporte sustentável
3	Consumo e produção sustentáveis
4	Conservação e gestão dos recursos naturais
5	Saúde pública
6	Inclusão social, demografia e imigração
7	A pobreza no mundo

Fonte: EUROPEAN COMISSION. Disponível em: https://ec.europa.eu/international-partnerships/sustainable-development-goals_pt. Acesso em: 11 nov. 2021

A bioarquitetura para produção de habitações emergenciais, foco principal desta obra, se enquadra nos itens 3 e 4 do QUADRO 1. Materiais naturais e renováveis devem ser utilizados para a produção de abrigos em atendimento às diretrizes econômicas, ambientais e sociais para o desenvolvimento sustentável.

2.2. O CONSUMO DE ENERGIA

As antigas civilizações faziam uso de uma arquitetura passiva e de baixo consumo de energia em todas as suas construções. A partir da fabricação e utilização de aparelhos condicionadores de ar para o controle climático, seja para resfriamento ou aquecimento, as edificações se tornaram as maiores consumidoras de energia no mundo. Em muitos casos, se

[26] AGENDA 21. Disponível em: https://antigo.mma.gov.br/responsabilidade-socioambiental/agenda-21/agenda-21-brasileira.html. Acesso em: 11 nov. 2021.

[27] Ibidem, cap. 8.

tornaram verdadeiras máquinas isoladas, funcionando 24 horas por dia, durante todo o ano.[28] Muitos prédios comerciais foram construídos com panos de vidro em toda a fachada para funcionarem hermeticamente, sem uso de ventilação natural. Esse modelo de construção dos países do hemisfério Norte é inadequado para o nosso clima.

O ambiente urbano atual consome mais de 50% das fontes mundiais de energia, na construção, em atividades comerciais e industriais, serviços e transportes. As cidades geram grande parte da emissão de gases responsáveis pela mudança climática, além de consumir grande parte da matéria-prima existente no planeta. [29]

Os materiais convencionais, como tijolos e telhas fabricados em fornos aquecidos à temperatura entre 850-1000°C (oitocentos e cinquenta e mil graus Celsius), consomem em torno de 12 mil MJ (doze mil mega joules) de energia para cada mil unidades, dependendo do tipo de forno utilizado.[30]

Para cada quilo de aço produzido pela construção civil são consumidos 1,5 mil litros de água. Para cada tonelada de cimento são queimados 1,2 mil litros de óleo diesel e, para a produção de 10 mil blocos cerâmicos (um caminhão médio), são queimados 4,8 m^3 (metros cúbicos) de lenha. [31] A escolha de materiais de construção deve considerar esses dados, porque os materiais com menor índice de energia embutida para sua produção, podem resultar em significativa redução dos custos, principalmente quando utilizados em larga escala. [32]

O bambu é um material que vem crescendo nos mercados de diversos países do mundo que já reconhecem sua qualidade e aceitam que é um material de construção que pode substituir a madeira, por ser um material totalmente renovável, entre outras propriedades que descrevo no decorrer deste livro. O bambu, comparado com materiais convencionais como o aço, tijolos e telhas, é o material em que se gasta menos energia na sua produção, seguido pela madeira, concreto, tijolos e telhas de barro e aço, sendo que este último consome uma energia 50 vezes maior do que o bambu, conforme mostrado na TABELA 2.

[28] KRONKA, R.C. Arquitetura, Sustentabilidade e Meio Ambiente. Revista Téchne, São Paulo, v. 55, n. outubro, 2001. p. 66-69., apud Roaf, 2001.

[29] *Ib.*, apud Yeang, 1999.

[30] STULZ, Roland; MUKERJI, Kiran. Appropriate building materials: a catalogue of potential solutions. Schweizerische Kontaktstelle für Angepasste Technik am ILE; IT Publications, 1988.

[31] NUNES, A. R. S. Construindo com a natureza. Bambu: uma alternativa de ecodesenvolvimento. Dissertação de Mestrado, Núcleo de Pós-Graduação em Desenvolvimento e Meio Ambiente da Universidade Federal de Sergipe, 2005 apud Dias, 2002.

[32] KRONKA, R. C. "Impacto e consumo energético embutido em materiais de construção – Técnicas Construtivas" - Dissertação de Mestrado apresentada ao IEE/USP - Instituto de Eletrotécnica e Energia da Universidade de São Paulo, no Programa de Pós-Graduação em Energia, 1998

Tabela 2: Consumo de energia (MJ) para produção de 1 m³ (um metro cúbico) por unidade de força MPa (MegaPascal). Fonte: GHAVAMI (1992), JANSSEN (1981), complementada pela autora com dados de (Stulz & Mukerji 1983)[33]

Material	MJ / m^3 MPa	
Aço	1500	← 50 vezes (Aço / Bambu)
Concreto	240	
Madeira	80	
Bambu	30	← 40 vezes (Bambu / Tijolos e telhas)
Tijolos e telhas	1200	←

Como podemos observar na TABELA 3, as paredes constituem a fase da construção que mais consome energia. A alvenaria é responsável por quase a totalidade da energia despendida na construção.

Tabela 3: Consumo de energia para diferentes elementos de construção. Fonte: Guimarães, G. D. Análise energética na construção de habitações. Rio de Janeiro, 1985.

Cobertura	9%	Telhado	6%
		Forro/Laje	3%
Paredes	66%	Alvenaria	57,5%
		Portas/janelas	4%
		Instalações hidráulicas e elétricas	4,5%
Fundações	25%	Fundações	2%
		Piso	23%

O processamento necessário para a transformação da matéria-prima em insumos é responsável pela quase totalidade do consumo de energia. Esse dado indica que o uso indiscriminado de recursos não renováveis na construção civil também implica em outras perdas ambientais. A TABELA 4 mostra que a demanda de energia para a fabricação de materiais é a mais alta dentre as etapas da construção.

[33] GHAVAMI, K. Bambu: um material alternativo na engenharia. Revista do Instituto de Engenharia, n. 492, p. 23-27, 1992.
Janssen, Jules. Mechanical properties of bamboo used in construction. In: Bamboo research in Asia: proceedings of a workshop held in Singapore, 28-30 May 1980. IDRC, Ottawa, ON, CA, 1980.
STULZ, R.; MUKERJI, K. Appropriate building materials, third revised edition. Skat publication, Switzerland, 1993.

Tabela 4: Demanda de energia para cada etapa da construção. Fonte: SANTOS, S, M. D. Construção com Terra Crua: viabilidade tecnológica e energética em habitações sociais, 2002 apud Mascaro & Mascaro (1992)

Etapa	Percentual
Fabricação de materiais de construção	96,41%
Transportes	1,38%
Fundações	0,57%
Construção	1,24%
Total	100,00%

A preocupação crescente com o meio ambiente e o desejo global de preservar o planeta e controlar sua exploração, apontam para transformações nos métodos tradicionais de construir. O futuro da construção civil está no uso de matéria-prima renovável, materiais atóxicos, reaproveitamento de resíduos, escolha dos materiais disponíveis próximos ao local da obra, e utilização de recursos alinhados ao conceito do desenvolvimento sustentável.

2.3. O CONSUMO DE ÁGUA

A água doce é um bem precioso e suas escassez tem sido motivo de preocupação no mundo todo, até mesmo no Brasil, que é o país com o maior potencial de recursos hídricos do planeta. A conservação da água além de ser uma questão ambiental, é uma questão de sobrevivência.[34]

Nos procedimentos convencionais de construção, a água é um dos principais elementos utilizados para a edificação. Nos serviços de compactação de aterros, composição de concreto e composição de argamassa, a água é um componente imprescindível. São necessários 160 a 200 litros de água, em média, para cada metro cúbico (m3) de concreto, embora este custo não seja contabilizado nos orçamentos dos serviços de construção. Para alguns serviços, como compactação de aterros, são necessários até 300 litros (l) de água por metro cúbico (m^3). A água da principal adutora do Rio de Janeiro chega às torneiras tratada para desinfecção de micro-organismos e fluoretada para prevenção de doenças da população. Considerando que esta mesma água tratada para o consumo humano é utilizada na construção civil em concretagens, argamassas e aterros, entre outros serviços, fica visível o consumo devastador e o desperdício de recursos naturais nas construções convencionais.

Já existem soluções alternativas para este problema, como as construções secas modulares

[34] MENEGAT, Rualdo et al. Atlas Ambiental de Porto Alegre. Porto Alegre: UFRGS, 1998. 228 p.

que utilizam elementos pré-fabricados de aço (LSF) ou madeira (Wood Frame) montados em fábrica ou localmente, largamente utilizadas em países do primeiro mundo. No mercado nacional existem diversos tipos de painéis para fechamento de vãos, para substituir a alvenaria convencional que utilizam tecnologias e materiais de diferentes composições.

As telhas cerâmicas e as telhas de concreto são largamente utilizadas no Brasil e estão perdendo espaço, porque necessitam de montagem artesanal. As telhas de largas dimensões, compostas de materiais isolantes que reduzem significativamente a estrutura do telhado, porque são leves, e o tempo de colocação, porque são grandes, estão crescendo em alguns tipos de construções. Este tipo de tecnologia evita os desperdícios no canteiro de obras, e além de reduzir o tempo de construção, diminui automaticamente também o custo total da obra.

Em algumas cidades, o gerador de resíduos de construção deve se responsabilizar pela sua destinação final. Na Espanha, por exemplo, a licença de obra só é concedida após a apresentação do plano de geração de resíduos que a construção vai gerar. A parte que produz os resíduos é responsável por sua retirada e disposição corretas. O desenvolvedor do projeto, também deve fazer um estudo de gestão de resíduos de construção e demolição para ser aprovado junto com o projeto para obter a licença de construção, estabelecido por lei. O empreiteiro é obrigado a criar um plano para o canteiro de obras. Estes mecanismos de controle se aplicam à quantidade de resíduos e aos custos do tratamento correto. Para conseguir a licença para construção é necessário depositar a quantia equivalente ao custo de disposição dos resíduos de forma adequada. Essa quantia é baseada no plano de geração de resíduos que calcula o volume de resíduos que será gerado.[35]

Mecanismos de controle deste tipo incentivam: a utilização de tecnologias e materiais prontos para montagem; a construção seca em lugar da construção artesanal; e penalizam a utilização de materiais convencionais que produzem grande quantidade de resíduos.

2.4. TECNOLOGIA LIMPA

A tecnologia que vem sendo utilizada desde a época dos romanos e que se consolidou com a industrialização ainda é dominante no nosso tempo e precisa ser repensada. Estamos caminhando para uma mudança de paradigma nos métodos, técnicas e materiais utilizados na construção civil. A implantação de uma tecnologia de desenvolvimento limpa pode fazer uma grande diferença para a sustentabilidade global. Principalmente quando se pensa em construção popular, a utilização de materiais renováveis ou reciclados, a redução do consumo de energia e a redução da exploração de recursos naturais possibilitam redução de custos e viabiliza o acesso de moradias adequadas a um número maior de pessoas. A

[35] CASTRO, C.X. Gestão de resíduos na construção civil, UFMG -Universidade Federal de Minas Gerais, 2012.

substituição de materiais industrializados como cimento, tijolo cozido, aço, vidro, telhas e cerâmicas que são caros e poluentes, além de preservar o meio ambiente, iria beneficiar as camadas mais pobres da sociedade.

Embora sejam rústicas, as casas rurais proporcionam uma habitação digna utilizando materiais locais, como: terra, palha, bambu, junco e madeira. A utilização desses materiais nos países em desenvolvimento é um costume que data de tempos imemoriais e, embora haja atualmente muita resistência para sua aceitação, o uso tecnicamente correto e economicamente viável através de ensaios técnicos bem-sucedidos pode restaurar a confiança dos governos, da indústria e dos beneficiados.[36]

No início do século XX, a introdução do aço e do vidro causou uma grande transformação nos conceitos de construção tradicional com argamassa e tijolo que já estavam sedimentados. Mudanças sempre despertam preconceitos e geram resistência, até sua incorporação à cultura local. Porém a bioconstrução com utilização de materiais sustentáveis e tecnologias verdes já conquistou grande número de adeptos e defensores. Alguns países estão desenvolvendo novas tecnologias eficientes e com baixo custo, para a produção de materiais de construção ecológicos, conforme mostrado na TABELA 5. No entanto, a maioria dessas tecnologias ainda está em fase experimental ou de demonstração.

Tabela 5: Novas tecnologias em desenvolvimento. Fonte: Agenda 21 para Construção sustentável em países em desenvolvimento - Shelter Centre. Disponível em: https://dev.humanitarianlibrary.org/resource/structure-revised-shelter-after-disaster-guidelines. Disponível em: https://dev.humanitarianlibrary.org/resource/structure-revised-shelter-after-disaster-guidelines. Acesso em: 11 nov. 2021

Índia	Resíduos agrícolas e industriais
América do Sul	Painéis de palha de cana, bambu, reciclagem de resíduos de construção
Malásia	Métodos de produção moderna com práticas tradicionais de construção – componentes pré-fabricados de madeira

Neste livro destaco os métodos e as tecnologias utilizadas ao longo da história sem os recursos que temos atualmente, mas que trazem muitas lições a serem aprendidas. A arquitetura popular tradicional dos povos do passado e suas técnicas construtivas testadas através dos séculos têm muito a nos ensinar. Instintivamente, ou por falta de opção, os construtores primitivos utilizaram os materiais disponíveis e produziram habitações totalmente sustentáveis e, plenamente adaptadas às condições climáticas locais. Sua sabedoria para construir moradias funcionais, com capacidade para abrigar pessoas e manter uma temperatura confortável em seu interior, foi passada de geração em geração.

[36] Agenda 21 For Sustainable Construction In Developing Countries, 2001. First Discussion Document. Ed. Chrisna du Plessis, Version 2. Programme for Sustainable Human Settlements, South Africa, 2001.Disponível em: https://www.academia.edu/19056415/Agenda_21_for_Sustainable_Construction_in_Developing_Countries. Acesso em: 11 nov. 2021

Os povos antigos do continente africano e do mundo árabe sabiam como amenizar o clima árido e as temperaturas extremamente altas, que ardem durante o dia e resfriam bruscamente ao anoitecer, além da pouca umidade que há nas áreas desérticas. Da mesma forma, os habitantes das regiões geladas do planeta, também sabiam como aquecer seus lares nas regiões árticas, siberianas e nórdicas, de frio intenso. Esses povos construíram casas aptas a proporcionar o isolamento térmico necessário. Não tinham os equipamentos que temos atualmente, mas com sua criatividade e sabedoria desenvolveram técnicas passivas que estão sendo resgatadas, pela necessidade que temos de desenvolvimento sustentável.

Os povos antigos edificaram casas permanentes com adobe, utilizando a terra, do próprio solo, que tem a propriedade de manter o ambiente aquecido no frio, e fresco no calor. Habitações sazonais, foram edificadas com blocos de gelo, como os iglus, que se desfaziam no final do inverno. Os esquimós também construíram abrigos temporários utilizando materiais extraídos da vegetação local, como o junco, o bambu, e galhos de árvores encontrados no terreno.

A sustentabilidade na edificação de abrigos em sociedades primitivas também pode ser reconhecida nas práticas de reciclagem de resíduos da caça, com a reutilização das peles e dos ossos dos animais caçados, como materiais de construção. Os povos antigos construíram abrigos apropriados para o ambiente em que viviam e utilizaram materiais selecionados no local, para edificar moradias adequadas às condições climáticas da região em que se situavam. Desenvolveram técnicas e soluções que utilizavam a energia do sol e do vento para resolver as adversidades do clima. E, com muita criatividade e habilidade artesanal criaram beleza, funcionalidade física e social.

Atualmente, milhões de pessoas no mundo vivem em condições de extrema pobreza e insalubridade, com as mesmas variações climáticas que viviam os povos antepassados. Hoje temos condições mais amenas até, se considerarmos os grupos que viveram há 10 mil anos, na era da glaciação, em que grande parte do planeta ficou coberto por gelo. As condições climáticas naquela época eram muito mais adversas para a sobrevivência humana.

Uma das razões para a deterioração da qualidade da moradia humana decorre dos efeitos da globalização. Os materiais que surgiram após a industrialização, como o aço, o concreto e os materiais cerâmicos, se espalharam pelos continentes e substituíram as antigas técnicas construtivas. As construções ambientalmente adaptadas saíram de cena, deram lugar a moradias precárias, inadequadas para a vida humana, deficientes dos pontos de vista: técnico; sanitário; e de conforto ambiental; além de terem perdido sua beleza estética. A pobreza também não permite o acesso às tecnologias de climatização necessárias para tornar o clima agradável no interior desses lares.

Somente através de uma arquitetura inovadora, ou renovadora, seria possível fazer uso dos recursos naturais para minimizar os efeitos do clima. No entanto, os antigos métodos de aquecimento e resfriamento passivo e utilização de materiais locais ressurgem influenciando a construção ecologicamente consciente e conquistando adeptos da arquitetura orgânica. As lições da arquitetura tradicional popular aplicadas aos materiais contemporâneos em conjunto com tecnologias avançadas de aquecimento, resfriamento e geração de energia a partir da natureza, como a energia solar, eólica, geotérmica, e a energia gerada pelo movimento das ondas do mar são fundamentais para o desenvolvimento de um ambiente construído sustentável.

A bioarquitetura, que prioriza a funcionalidade das edificações e a preservação do meio ambiente, sem esgotamento dos recursos naturais é culturalmente vibrante e está crescendo na preferência da população dos países desenvolvidos. Entidades de ajuda humanitária também incentivam o renascimento dessas técnicas simples, naturais, acessíveis e fáceis de aplicar. E recomendam a utilização de materiais renováveis e reciclados, além de soluções que supram a necessidade crescente de maior eficiência no uso dos recursos naturais disponíveis, e a diminuição nos impactos gerados.

Tecnologias sustentáveis se tornam cada vez mais importantes e mais utilizadas, à medida que aumentam a escassez de água, de energia, e de matéria-prima obtida com recursos naturais não renováveis. [37]

Soluções não convencionalmente utilizadas, que não estão incluídas nas normas brasileiras e que têm como objetivo principal o controle de impacto direto e indireto sobre o meio ambiente são chamadas de "sistemas especiais". Esses sistemas especiais consistem na utilização de práticas de conservação e de reciclagem, e na construção utilizando materiais de baixo conteúdo energético ou reutilizados, entre outras tecnologias verdes.

A indústria e os serviços passam por uma fase de adaptação para atender à demanda crescente de consumidores cada vez mais exigentes e conscientes. Os produtos que não causam danos ao meio ambiente e à saúde humana, dos animais e plantas ganham cada vez mais espaço e preferência dos compradores engajados e desejosos de uma vida mais saudável. Especialmente em países emergentes, a introdução de uma nova tecnologia sustentável pode trazer benefícios também na esfera social, gerando empregos e absorvendo grande parte da mão de obra despreparada para os desafios dos novos tempos.

A implantação dos edifícios de baixo impacto ambiental pode dar a oportunidade de desenvolvimento de uma nova economia. Estas oportunidades estão relacionadas com a

---

[37] KRONKA, R. C. Arquitetura, Sustentabilidade e Meio Ambiente. Revista Téchne, São Paulo, v. 55, n. outubro, 2001.

criação de empregos devido à demanda dos produtos e serviços de baixo impacto ambiental.[38]

Estamos caminhando para uma época de escassez de recursos naturais, dificuldade de transporte e poluição associada à produção de materiais. Temos tecnologia avançada e um crescimento desenfreado de consumo destruidor. Precisamos aprender a consumir sem esgotar os recursos disponíveis. E a reutilizar os resíduos sem agredir o meio ambiente ou causar problemas sociais. No entanto, todas essas premissas associadas precisam ser economicamente viáveis para serem implementadas.

E como faremos? Por onde começamos? Não somos os primeiros habitantes deste planeta. Outras civilizações nos precederam e só contavam com a natureza para solucionar seus problemas. Nós desfrutamos de todas as tecnologias disponíveis e esquecemos de olhar para a riqueza de recursos que a natureza nos proporciona. É um paradoxo, mas apesar da distância que nos separa, há muita semelhança em relação à escassez de possibilidades. Os povos do passado tinham abundância de recursos naturais e não tinham tecnologia para sua utilização. Nós temos tecnologia avançada, mas sua utilização desenfreada está esgotando os recursos naturais. É crescente a necessidade de usar e desenvolver tecnologias que utilizem os recursos naturais renováveis para gerar energia, alimentos, saúde, transporte, educação e habitação, nossas necessidades básicas. Portanto, se os povos do passado aprenderam a lidar com a natureza, criaram e aprimoraram técnicas ambientais, vale à pena resgatar esse conhecimento.

Pesquisando os abrigos dos povos que nos antecederam e viveram em condições adversas, com poucos recursos, observei que construíram suas moradias e desenvolveram técnicas para lidar com suas limitações. E pude perceber através desse conhecimento, que suas técnicas são valiosas soluções para os problemas atuais. Em suas engenhosas construções podemos identificar diversas lições sobre utilização das propriedades naturais de elementos como: a terra, a água, a chuva, o sol e o vento, e resíduos para minimizar os efeitos adversos das intempéries sobre as construções. Encontramos soluções técnicas estruturais, isolamento térmico e de vedação, entre outras. Os povos antigos entenderam o funcionamento da natureza e, com maestria, utilizaram métodos naturais para criarem moradias adaptadas ao clima local para se protegerem das intempéries, além da função de proteger de predadores. O caminho para resgatar as técnicas do passado para construirmos um futuro sustentável, apresento na PARTE II deste livro.

---

[38] KRONKA, R. C. Impacto e consumo energético embutido em materiais de construção – Técnicas Construtivas" - Dissertação de Mestrado apresentada ao IEE/USP - Instituto de Eletrotécnica e Energia da Universidade de São Paulo, no Programa de Pós-Graduação em Energia, 1998, apud Doe/Epa, 1997.

2.5. O IMPACTO AMBIENTAL

A indústria da construção civil é um dos setores que mais causa impactos na natureza. O uso de recursos não renováveis, o consumo de energia e a geração de resíduos são práticas recorrentes que muito contribuem para as mudanças climáticas.

No Brasil, a construção para fins habitacionais utiliza predominantemente materiais convencionais. A areia, a pedra e a argila são materiais não renováveis frequentemente utilizados que são finitos, e aceleram o esgotamento dos recursos naturais do planeta. O cimento, que é a base da construção civil atual, é altamente poluente em sua fabricação. Estima-se que atualmente a construção civil consuma entre 20% e 50% do total de recursos naturais utilizados pela sociedade.[39] Estes materiais também são responsáveis pela transformação das cidades em verdadeiras ilhas de calor urbano, pois absorvem a radiação solar alterando o microclima do ambiente no seu entorno.

O cimento, uma das principais matérias-primas do setor, além de ser muito poluente, possui elementos que desencadeiam doenças crônicas.[40] A emissão anual de gases de efeito estufa das indústrias de cimento é estimada em 1,35 bilhões de toneladas, o que corresponde a aproximadamente 7% do total de emissões desses gases.[41] De acordo com a Embrapa, os principais gases responsáveis pelo efeito estufa são: o dióxido de carbono (CO_2), o metano (CH_4), o óxido nitroso (N_2O), clorofluorcarbonos (CFCs) e ozônio (O_3). Essa indústria também consome o equivalente a 16% da água potável existente, bem como utiliza direta ou indiretamente 30% a 40% de toda a energia mundial consumida, gerando entre 20% e 30% de todo o lixo do planeta".[42]

No Japão, a construção civil consome aproximadamente 50% da matéria-prima bruta, além de ser o setor que mais consome material em todas as sociedades.[43]

Estima-se que nos EUA, a construção civil seja responsável por 75% do consumo total de materiais.[44]

[39] SALGADO, F. A. Análise macromecânica do comportamento da terra como revestimento externo, com ou sem reforço de fibras vegetais. Mestrado (Dissertação). Rio de Janeiro, 2010 apud. SJÖSTRÖM, C. 1992.

[40] Ibidem, SERRA, J., 1999.

[41] Ibidem, KI-CHANG L., JAI- HYUK H. E SOON-KI K., 2008.

[42] Ibidem, PINTO, A.R.A.G., 2008.

[43] JOHN, V. M. et al. Durabilidade e sustentabilidade: desafios para a construção civil brasileira. In: Workshop Sobre Durabilidade das Construções. 2001 apud Kasai, 1998.

[44] Ibidem, apud Matos & Wagner, 1999.

Na Europa, a matéria-prima já está se tornando escassa, e as áreas para depósito de resíduos são quase inexistentes. Países como a Holanda, Dinamarca, Espanha e Reino Unido já efetuam cobrança pelos resíduos gerados pela construção civil. Essas medidas regulamentam o setor e forçam a adoção de medidas de redução. Em Madri há mais de dez anos eram cobrados 3 euros por m3 (metro cúbico) pela disposição final de resíduos da construção civil.[45] No Brasil esta prática já vem sendo adotada em alguns municípios.

[45] SANCHES, M. C. G. Valoração do serviço de destinação final dos resíduos gerados pela Indústria da construção civil do município de Salvador-BA. Dissertação de Mestrado, Centro de Desenvolvimento Sustentável, Universidade de Brasília, 2003.

3. Bambu, o material de construção do futuro

Materiais naturais e renováveis são inesgotáveis quando manejados adequadamente. Madeira, bambu, fibras naturais, cortiça são recursos vegetais renováveis que sequestram o CO_2 da atmosfera e ajudam a combater os desequilíbrios do clima. O uso de biomateriais no setor da construção civil ganha cada vez mais espaço diante da conscientização de construtores de diversos países que tentam diminuir sua pegada de carbono e contribuir para reduzir as crises climáticas. O uso do cimento vem sendo substituído por alternativas verdes, resultado de pressões globais para reduzir as emissões de poluentes no planeta.

Em países como os Estados Unidos, a madeira é amplamente utilizada na construção, assim como no Canadá, Dinamarca, Finlândia e Suécia. O cânhamo é uma fibra vegetal usada desde os tempos dos romanos que vem sendo redescoberta por alguns países europeus como a França e o Reino Unido. A agregação de suas fibras resulta num material de construção leve e resistente ao mesmo tempo, que proporciona regulação térmica e controle de umidade para a fabricação de pisos, paredes, isolamento de telhados, placas, pavimentos e tijolos.

Em Portugal, a cortiça tem sido cada vez mais usada como material de construção sustentável e energeticamente eficiente, ela possui propriedades que proporcionam isolamento térmico, acústico e antivibratórios. A cortiça é um modelo de material vegetal sustentável, reciclável e renovável. Pode ser usada em revestimentos internos e externos, visto que é resistente à abrasão, retarda o fogo e possui impermeabilidade, propriedade que faz da cortiça o tamponamento ideal para as garradas de vinho, material consagrado para a fabricação de rolhas.

Na China, Índia, Vietnã, Tailândia, Colômbia e em outros países, o bambu é um material amplamente utilizado. É uma madeira alternativa muito interessante pelo alcance estrutural e diferentes possibilidades estéticas. No contexto contemporâneo tem sido empregado tanto em projetos complexos a sofisticados como em moradias sociais. Especial atenção deve ser dada aos materiais de origem vegetal em relação à resistência contra incêndios, durabilidade, resistência ao ataque de fungos e resistência estrutural.

3.1. SEQUESTRADOR DE CARBONO DA ATMOSFERA

O bambu é um material renovável, de alta produtividade e fácil cultivo, apresentando-se como uma boa alternativa para o setor construtivo, podendo inclusive, ser associado a outros materiais para ser empregado em uma infinidade de propósitos.[46]

[46] PEIXOTO, L. K. O potencial construtivo do bambu e as vantagens do laminado colado a partir deste insumo. In: SEMINÁRIO NACIONAL DA REDE BRASILEIRA DO BAMBU, 2. 2010, Rio Branco. Anais do 2º Seminário Nacional da Rede Brasileira do Bambu, Rio Branco, 2010. P. 129-142.

No Brasil, sistemas construtivos de madeira e bambu ainda são muito pouco aceitos pela população e pelos agentes financeiros. Esses sistemas são muito pouco empregados se comparados aos sistemas convencionais, onde predominam o concreto, aço e cerâmica.

Existem mais de 1500 espécies botânicas diferentes de bambu no mundo.[47] Além de ser um material natural estrutural, o bambu tem um rápido crescimento. Está pronto para a colheita geralmente entre três a seis anos, dependendo da espécie e da técnica utilizada no seu plantio.

Há um interesse crescente no desenvolvimento de bambu como um substituto da madeira na construção em geral. O reconhecimento internacional do bambu como material de construção sustentável está crescendo, e no mundo todo há interesse em sua utilização. As pesquisas deste material já não se limitam somente a países em desenvolvimento. São encontradas diversas construções em bambu entre templos, pontes, restaurantes, hotéis e moradias. Aplicações estruturais de bambu incluindo pavimentação, aglomerados, estruturas e armaduras (colmos e colmos parciais para concreto e alvenaria, e fibras para argamassas e polímeros). [48]

Em florestas equatoriais, onde o ambiente é mais propício, o bambu pode atingir seu máximo crescimento. Em regiões temperadas e em altas altitudes cresce em arbustos.

O maior país do mundo em recursos de bambu é a China, em segundo, a Índia, tanto em variedade quanto em distribuição de espécies.

O bambu é um recurso florestal que apresenta excepcional desenvolvimento, gera produção de biomassa da ordem de duas vezes a do eucalipto ocupando o mesmo espaço. [49] Possui propriedades físico-mecânicas adequadas para ser utilizado na indústria da construção quando respeitadas suas melhores orientações estruturais. Quando tratado adequadamente com substâncias protetoras, possui alta durabilidade, podendo vir a ser um interessante substituto à madeira de lei, ao concreto e ao aço. [50]

---

[47] CHUNG, K. F.; YO, W.K.; CHAN, S. L., 2002. Mechanical Properties and engineering data of structural bamboo, 2002.

[49] SHARMA, B. Seismic Performance of Bamboo Structures. Tese de Doutorado, Faculty of Engineering, University of Pittsburgh, 2010. 201 p.

[50] AZZINI, A.; SANTOS, R. L.; PETTINELLI JÚNIOR, A. Bambu: material alternativo para construções rurais. Campinas, SP, Instituto Agronômico de Campinas, Boletim Técnico, n. 171, p. 1-18, 1997.

[51] XAVIER, L. M. Caracterização química, física e mecânica do *Phyllostachys aurea* e sua resistência ao ataque de térmitas, preservado com ácido bórico e tanino condensável. Dissertação de Mestrado, Instituto de Florestas – Universidade Federal Rural do Rio de Janeiro, 2004.

[49] Ibidem, AZZINI, A.; SANTOS, R. L.; PETTINELLI JÚNIOR, 1997.

[50] Ibidem, XAVIER, L. M., 2004.

O bambu também possui extraordinária capacidade de sequestro de carbono da atmosfera. De acordo com a análise elementar CHN (Carbono, Hidrogênio, Nitrogênio), uma técnica para determinação das porcentagens de carbono, hidrogênio e nitrogênio em uma amostra, o bambu armazena cerca de 45% de carbono em sua biomassa, independentemente da sua idade. A capacidade de armazenamento do bambu se compara a espécies de rápido crescimento como o pinus e o eucalipto, que são consideradas sequestradoras de carbono, em relação à quantidade de carbono armazenada. Porém como o bambu possui elevada taxa de crescimento em relação às outras plantas, sua produtividade é muito superior, em quantidade de armazenamento de carbono. Por hectare, o pinus sequestra em média 47 ton (toneladas) de CO_2 (dióxido de carbono) em um ano, o eucalipto 67 ton (toneladas) de CO_2 (dióxido de carbono) por ano, o bambu, no entanto, sequestra 80 toneladas de CO_2 (dióxido de carbono) por ano, por ha (hectare).[51] Estes valores podem variar, dependendo da espécie.

Além da ocorrência natural de bambu que cresce espontaneamente, muitos países que já possuem grandes plantações, como os EUA, o Japão, a China e a Índia, estão cultivando o bambu.

Na Índia, a produção anual de bambu atualmente é estimada em 4,5 ton (toneladas), porém menos da metade está sendo usada para fabricação de papel, que é a maior utilização industrial de bambu. A outra parte é destinada aos demais usos, como agricultura e artesanato, entre outros, assim como a construção de habitações, que contabiliza um bilhão de pessoas vivendo em casas de bambu. [52]

Como materiais orgânicos naturais não homogêneos, são visíveis grandes variações das propriedades físicas ao longo do comprimento do bambu: diâmetros externo e interno, densidade seca e o teor de umidade. [53] Uma das maiores dificuldades encontradas ao se executar construções com o bambu é que as varas nunca são totalmente uniformes, não há linearidade em seus colmos. Essas variações dificultam soluções totalmente retilíneas na construção civil. No entanto, isto não cria um empecilho, já que a sua vantagem econômica, sua leveza e durabilidade compensam essa limitação.[54]

Estudos experimentais sobre o bambu estrutural foram desenvolvidos por pesquisadores da

---

[51] DELGADO,P.S. O bambu como material ec-eficiente: caracterização e estudos exploratórios de aplicações – Rede Temática em Engenharia de Materiais. Dissertação de Mestrado, Universidade Estadual de Minas Gerais, 2011.

[52] SANTI, T. O Potencial do Bambu. Revista Mensal de Tecnologia em Celulose e Papel. Ano LXXVI No. 4, abril 2015. Disponível em https://www.infoteca.cnptia.embrapa.br/infoteca/bitstream/doc/1016916/1/25536.pdf. Acesso em: 1 dez. 2021.

[53] CHUNG, K. F.; YO, W.K.; CHAN, S. L., 2002. Mechanical Properties and Engineering Data of Structural Bamboo, 2002.

[54] TEIXEIRA, A. A. Painéis de Bambu para Habitações Econômicas: Avaliação do Desempenho de Painéis Revestidos com Argamassa. Dissertação de Mestrado, Faculdade de Arquitetura e Urbanismo, Universidade de Brasília-UnB, 2006. 204p.

Eindhoven University of Technology, na Holanda em 1993[55] . Em 1991, detalhes de conexões práticas para treliças e quadros de bambu, também foram propostos e testados na Pontifícia Universidade Católica do Rio de Janeiro, no Brasil[56]. Em 1999, na Colômbia, Gutierrez[57] apresentou um estudo sobre construção de bambu para habitação de baixa renda na América Latina, em um congresso mundial. Pesquisas de aplicações inovadoras de bambu na construção civil na Índia, também foram relatadas pelo INBAR[58], em 1999. E o número de pesquisas científicas não para de crescer, cada vez mais o reconhecimento do bambu como material de construção por suas excelentes propriedades físicas, mecânicas, plásticas e sustentáveis ganha adeptos em todo o planeta.

3.2. DISTRIBUIÇÃO GEOGRÁFICA DO BAMBU NO MUNDO

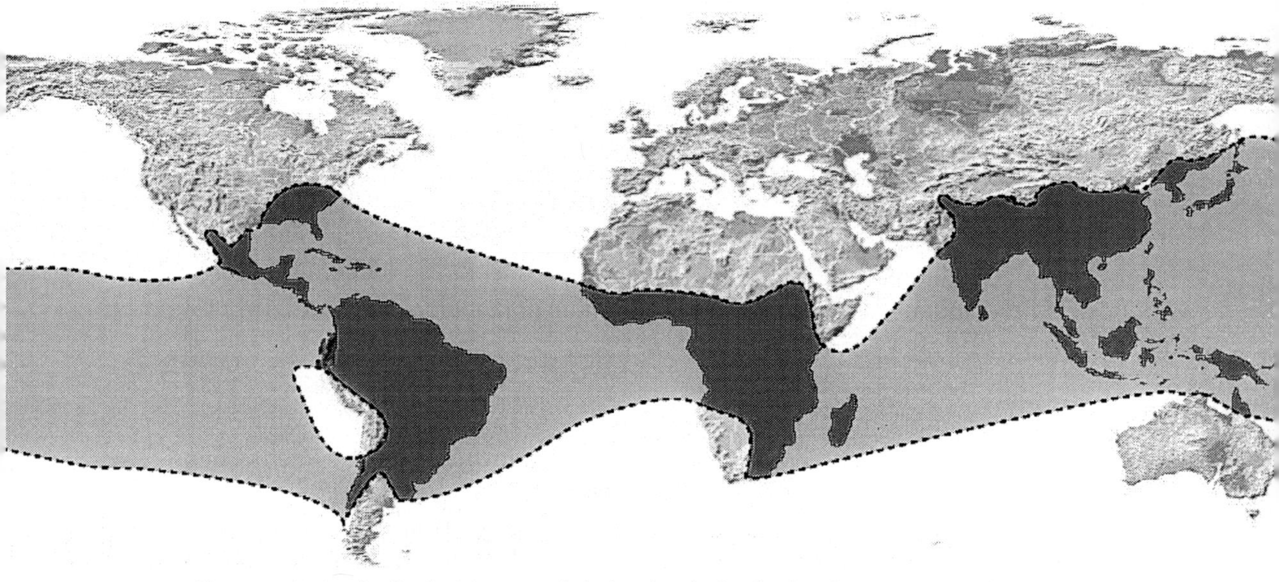

Figura 5: Mapa de distribuição natural de bambu da família bambusina no mundo. Fonte: Laroque, P. Design Of A Low Cost Footbridge. Master Of Engineering In Civil And Environmental Engineering. Massachusetts Institute Of Technology, 2007. 87 p. Disponível em:https://commons.wikimedia.org/w/index.php?title=File:Bambusoideae_World_map.png&oldid=385453778. Wikimedia Commons, Repositório Gratuito De Mídia. Acesso em: 01 dez. 2021.

[55] ARCE-VILLALOBOS, O. A. Fundamentals of the design of bamboo structures. Tese de Doutorado. Eindhoven University of Technology, 1993. 281p.

[56] MOREIRA, L. E. Desenvolvimento de estruturas treliçadas espaciais de bambu. Dissertação de Mestrado em Engenharia Civil-Pontifícia Universidade Católica do Rio de Janeiro, Rio de Janeiro, 1991.

[57] GUTIERREZ, J. A. G. Comportamento estructural y resistência sísmica de las viviendas de bambu. In: I Congreso Mundial de Bambu Guadua. Pereira, Colômbia, 1991.

[58] International network for bamboo and rattan,1999. INBAR-International Network for Bamboo and Rattan. https://www.inbar.int/about-inbar

O bambu é uma gramínea que cresce naturalmente. A maioria das espécies de bambu próprias para construção ocorre no intervalo entre as latitudes 46 N (quarenta e seis Norte) e 47 S (quarenta e sete Sul), (Figura 5).[59] O bambu é amplamente utilizado como material de construção. Em várias regiões do mundo já é uma tradição na construção civil, principalmente em países asiáticos como a China, Filipinas, Tailândia, Índia e outros países orientais, e na América do Sul, em países andinos como Colômbia, Costa Rica e Equador.

O mapa mostra que as áreas de distribuição natural do bambu nas Américas e na África se equivalem à Ásia, porém a concentração não ocorre na mesma proporção. A TABELA 6 mostra a concentração da ocorrência de reservas naturais de bambu por região.

Tabela 6 – Distribuição de bambu pelo mundo. Fonte: LOPEZ, O.H. Bamboo: The gift of gods, Bogotá, 2003, ISBN 958-33-4298-X, 570 p.

Continente	%
Ásia	62%
Américas	34%
África e Oceania	4%

Na Ásia, povoada por civilizações mais antigas, o potencial do bambu já foi descoberto, e sua leveza, resistência e baixo custo são aplicados nos setores rurais, urbanos e industriais como mostra a TABELA 7.

Tabela 7 – Consumo de bambu em países asiáticos. Fonte: LESSAR (1980, P.111) APUD PEIXOTO (2010)[60]

País	**Construção (%)**		**Áreas rurais** (%)	**Embalagens** (%)	**Manufatura de polpa** (%)	**Outros usos** (%)
	Casas	Outros				
Bangladesh	50	10	20	5	10	5
Mianmar	33	32	32	5	-	1
Índia	16	16	30	7	17	14
Japão	24	7	18	7	4	41
Filipinas	80	-	15	2	-	3
Tailândia	33	20	6	-	8	33

[59] LAROQUE, P. Design of a low-cost footbridge. Master of engineering in civil and environmental engineering. Massachusetts Institute of Technology, 2007. 87 p.

[60] PEIXOTO, L. K. O potencial construtivo do bambu e as vantagens do laminado colado a partir deste insumo. In: SEMINÁRIO NACIONAL DA REDE BRASILEIRA DO BAMBU, 2. 2010, Rio Branco. Anais do 2º Seminário Nacional da Rede Brasileira do Bambu, Rio Branco, 2010. P. 129-142.

No Brasil, já existem iniciativas com utilização dessa matéria-prima, mas a cadeia produtiva ainda é incipiente. O potencial construtivo do bambu ainda é pouco explorado, e está restrito a pequenas iniciativas isoladas. Mas essa realidade pode mudar com a criação de um projeto de lei sancionado em 2011 que criou a Lei do Bambu.[61] Trata-se de um mecanismo de incentivo ao cultivo e ao manejo sustentado deste recurso natural, e estabelece um novo conceito para a gramínea, que passa a ser tratada como produto agrícola e contará com linhas de financiamento diferenciadas.[62] Estes incentivos governamentais devem estimular a produção e consequente inserção do bambu no setor da construção civil. Porém esta aceitação é gradativa e demorada.

O Brasil possui a maior diversidade de bambu das Américas, com cerca de 200 espécies. Na Amazônia, existem cerca de 18 milhões de hectares de reservas nativas de bambu. Essa imensa mancha verde está distribuída em áreas que incluem as regiões da tríplice fronteira (Brasil, Peru, Bolívia).

O estado do Acre abriga uma das maiores reservas nativas do mundo, com mais de 600 mil hectares ocupados. A maior parte desse recurso natural está localizada na Reserva Extrativista Chico Mendes, no município de Xapuri, onde predomina o gênero *"guadua"*, considerado de grande potencial econômico, e largamente utilizado na construção civil.[63]

Historicamente, o uso do bambu em construção no Brasil sempre foi utilizado, tanto por indígenas em suas habitações quanto após a colonização, em cúpulas e igrejas e estruturas de terra chamadas de "pau a pique", formando um esqueleto com ripas na vertical e horizontal.[64]

3.3. VERSATILIDADE DO BAMBU

Os QUADROS 2 e 3 fazem uma síntese das principais vantagens e desvantagens do bambu.[65]

---

[61] GONÇALVES, D. Embrapa Meio Ambiente - Empresa Brasileira de Pesquisa Agropecuária. Disponível em: <https://www.embrapa.br/busca-de-noticias/-/noticia/18153128/lei-do-bambu-vai-potencializar-pesquisas-com-a-planta>. Acesso em: 01 dez. 2021.

[63] EMBRAPA MEIO AMBIENTE - Empresa Brasileira de Pesquisa Agropecuária. Disponível em: https://www.embrapa.br/busca-de-noticias/-/noticia/18153128/lei-do-bambu-vai-potencializar-pesquisas-com-a-planta. Acesso em: 21 fev. 2022.

[64] VASCONCELLOS, S. Arquitetura no Brasil: sistemas construtivos. Belo Horizonte, Universidade Federal de Minas Gerais – UFMG, 1979.

[65] SOUZA, A. P. C. C. Bambu na habitação de interesse social no Brasil. Cadernos de Arquitetura e Urbanismo, Belo Horizonte, v. 11, n. 12, p. 217-245, dez. 2004.

[65] SOUZA, J.C; SOARES, M. Análise do uso do bambu como painéis e como reforço de ligações entre elementos estruturais. Dissertação de mestrado da Faculdade de Arquitetura e Urbanismo da Universidade Federal de Santa Catarina, Florianópolis, 2011.

Quadro 2: Vantagens do Bambu Como Material de Construção

VANTAGENS DO BAMBU
• Abundância que leva ao baixo custo e à economia
• Não poluente
• Baixo impacto ambiental
• Renovável
• Beleza Estética
• Ecológico
• Prático, podendo ser associado a outros materiais
• Crescimento rápido
• Não precisa ser replantado após o corte
• Produz mais ou menos 20 ton/ha (toneladas por hectare)
• Leve (devido ao baixo peso específico e seção circular oca)
• Fácil transporte e armazenamento
• Boa resistência e flexibilidade
• O bambuzal por si só ajuda na contenção do terreno em casos de erosão e até mesmo terremotos

Quadro 3: Desvantagens do Bambu Como Material de Construção

DESVANTAGENS DO BAMBU
• Quando muito seco pode pegar fogo
• Apodrece se ficar em contato com a umidade
• É propenso a ataques de insetos e cupins
• Não tem uma perfeita linearidade
• Tende a rachar, a fissurar e a esmagar
• Pode se contrair quando usado no concreto armado
• Falta de padronização (maior desvantagem)

O formato cilíndrico das varas e as variações dimensionais de uma peça para outra, e até mesmo na mesma peça são limitações para a construção padronizada. Esta falta de padronização, totalmente natural, já que se trata de uma gramínea que cresce espontaneamente, limita seu uso em estruturas que formam ângulos retos, além de impossibilitar a produção comercial de peças lineares para suprir a indústria da construção civil onde soluções retilíneas e previsíveis são necessárias. Outra dificuldade limitante está nos encaixes das conexões

Figura 6: Bambu naturalmente variado, Floresta de Bambu, Maui, Havaí, EUA. 2019. Fonte: A Autora.

entre as peças. [66] Peças com diâmetros diferentes, mesmo que a diferença seja milimétrica, não se encaixam perfeitamente, desequilibrando todo o conjunto e o tornam pouco eficiente.

O bambu na sua forma natural tem sido utilizado por arquitetos e construtores artesanalmente em projetos únicos e personalizados. Simón Vélez, um premiado arquiteto colombiano, famoso pelo uso de bambu guadua como material de construção predominante em várias de suas obras espalhadas por mais de onze países, é reconhecido internacionalmente por seu trabalho com bambu. Em sua teoria, a arquitetura deveria ser mais vegetariana, principalmente nos países do terceiro mundo onde predominam os minerais como concreto, aço e vidro.[67] Vélez criou elementos de conexões e estruturas de bambu inovadoras em projetos residenciais, comerciais, pavilhões de exposições, museus e templos religiosos. Dentre os mais conhecidos, está o projeto da Igreja de Nossa Senhora da Pobreza, em Pereira, Na Colômbia, mostrado na Figura 7.

---

[66] PEIXOTO, O, L. K. O potencial construtivo do bambu e as vantagens do laminado colado a partir deste insumo. In: Seminário Nacional da Rede Brasileira do Bambu, 2. 2010, Rio Branco. Anais do 2º Seminário Nacional da Rede Brasileira do Bambu, Rio Branco, 2010. P. 129-142.

[67] SIMÓN VÉLEZ. Disponível em: http://www.simonvelez.net/. Acesso em: 01 dex. 2021.

Figura 7: Igreja Nossa Senhora da Pobreza, Pereira, Colômbia, 2016. Fonte: Wikipedia Commons. Projeto de Simón Vélez. Disponível em: https://commons.wikimedia.org/wiki/File:Spiritualspace.jpg. Acesso em: 01 dez. 2021. Autor: NAMAGOOL7 / CC BY-SA (https://creativecommons.org/licenses/by-sa/4.0)

3.4. TÉCNICAS CONSTRUTIVAS PARA CONEXÕES DE BAMBU

Construir com bambu exige o conhecimento de técnicas específicas, dadas as características peculiares do material. Métodos construtivos já testados devem ser empregados especialmente nas conexões, para prevenir rachaduras e esmagamentos. O bambu é um material de seção circular e oco, com diâmetros e espessuras das paredes do colmo que variam muito de uma vara para outra. Essas particularidades dificultam o emprego do bambu com métodos intuitivos de construção. Quando a população local não é familiarizada com as técnicas adequadas, é necessário fornecer treinamento para garantir a qualidade da construção e estabilidade estrutural da edificação.

Tradicionalmente os encaixes dos colmos de bambu são amarrados com cordas, fibras naturais, tiras do próprio bambu, ou pinos e cavilhas de madeira que dão suporte às amarrações para travamento das junções. Ocorre que há um afrouxamento nas amarrações com fibras naturais, apenas dois anos após a construção, quando o bambu começa a secar e a encolher. Há também que se considerar a degradação das fibras orgânicas expostas às intempéries, que se desfazem à medida em que entram em contato com a umidade. O uso de material natural nas conexões deverá ser conjugado com a seleção de colmos de bambu secos que têm menos tendência à retração, a fim de evitar o colapso das conexões.

Em locais que possuem mais infraestrutura, e com acesso ao comércio diversificado, são utilizados cabos de aço, presilhas metálicas, parafusos e fitas de fibra de vidro para unir as peças, conferindo maior resistência e durabilidade às estruturas. Por outro lado, os materiais sintéticos são mais suscetíveis a danificar as fibras do bambu, principalmente os colmos de bambu mais delicados. O uso de brocas mais finas e precisas é recomendável nesses casos para fazer as perfurações. No entanto, essa solução necessita de mais investimento porque eleva os custos da construção.

A quantidade de cortes, entalhes e furações para amarrações diminui extremamente a resistência do bambu. Quando necessários, os furos devem ser posicionados próximos aos nós para evitar que as fibras fissurem.[68] A Figura 8 mostra as conexões mais comumente utilizadas para a construção de abrigos emergenciais com bambu.

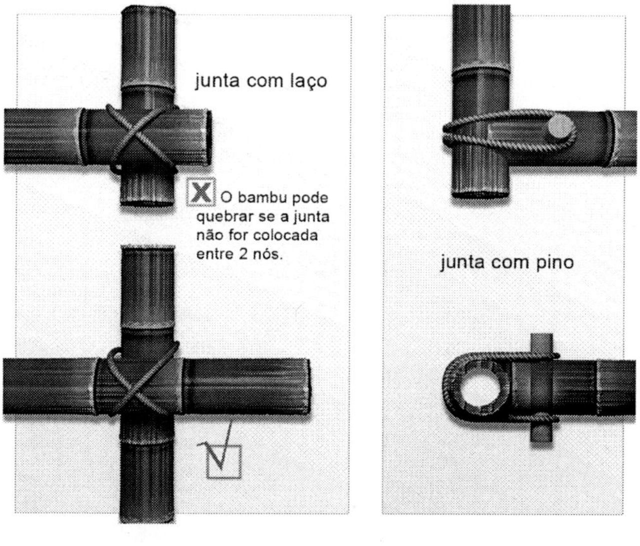

Figura 8: Conexões de Bambu. Fonte: Desenhado por Mattos, D. G. Baseado Em MSF Spain, Small Constructions Manual, 2011, P.42

[68] PADOVAN, Roberval Bráz. O bambu na arquitetura: design de conexões estruturais. 2010. 181 f. Dissertação (mestrado) - Universidade Estadual Paulista, Faculdade de Arquitetura, Artes e Comunicação, 2010. Disponível em: <http://hdl.handle.net/11449/89702>. Acesso em: 01 d ez. 2021.

3.5. INDUSTRIALIZAÇÃO DO BAMBU

O bambu, quando utilizado em construções, deve ser protegido das intempéries, os beirais devem ser longos e as varas afastadas do solo por uma base de material inorgânico. O beiral, de acordo com a definição de Vélez, deve ser "um chapéu de abas largas e a base, botas de cano longo" [69].

Uma outra limitação importante para o desenvolvimento de bambu como um material de construção moderno é a falta de propriedades mecânicas e de dados de engenharia para o bambu estrutural.[70] O bambu estrutural tem sido tradicionalmente usado na China, Filipinas, Índia e América Latina há centenas de anos, mas pouca pesquisa foi relatada no passado. Há pesquisas científicas aprofundadas sobre o bambu como material de construção relatadas por pesquisadores de Hong Kong[71], da Holanda[72], e do Brasil[73], entre outros.

Uma grande quantidade de dados das propriedades mecânicas foi descrita para várias espécies de bambu em todo o mundo, por diversos pesquisadores. O bambu é um material de interesse científico, há muitas universidades, centros de pesquisa e instituições estudando e desenvolvendo pesquisas com materiais de construção não convencionais, sustentáveis e renováveis. Porém, a massificação do uso do bambu como material de construção pela indústria da construção civil depende de padronização. No futuro, pode ser que o maquinário industrial possa se adaptar para alavancar a produção em série, alinhada com o plantio sistematizado para produzir colmos uniformes.

---

[69] ARBOLAVE, C.; FOGUEIRA, L. Casa Claudia-Materiais de Construção, 14 dez. 2016. Disponível em: https://casaclaudia.abril.com.br/materiais-construcao/a-forca-e-a-leveza-do-bambu-na-igreja-de-simon-velez-e-outras-obras/. Acesso em: 01 dez. 2021.

[70] CHUNG, K. F.; YO, W.K.; CHAN, S. L., 2002. Mechanical Properties and Engineering Data of Structural Bamboo, 2002.

[71] AU, F. et al. Report on study of bamboo as a construction material. The Hong Kong Polytechnic, 1978.

[72] JANSSEN, Jules. Mechanical properties of bamboo used in construction. In: Bamboo research in Asia: proceedings of a workshop held in Singapore, 28-30 May 1980. IDRC, Ottawa, ON, CA, 1980.

[73] GHAVAMI, K.; HOMBEECK, R. V. Application of bamboo as a construction material: Part I—Mechanical properties and waterrepellent treatment of bamboo, Part II—Bamboo reinforced concrete beams. In: Latin American Symposium on Rational Organization of Building Applied to Low Cost Housing. 1981. p. 49-66.

Figura 9: Bicicleta italiana feita de bambu, 2014. Fonte: Wikimdia Commons. Autor: LABAMBU / CC BY-SA (https://creativecommons.org/licenses/by-sa/4.0) Disponível em: https://commons.wikimedia.org/wiki/File:Labambu.jpg. Acesso em: 01 dez. 2021.

Na sua forma cilíndrica natural, as bicicletas de bambu são um exemplo de sucesso de produção em série com o material (Figura 9). O bambu é flexível e absorve as vibrações deixando as pedaladas confortáveis. O quadro da bicicleta em bambu supera a resistência do aço em aproximadamente 17%. Um projeto de produção em série foi implantado com bicicletas de bambu desenvolvidas numa iniciativa da Prefeitura de São Paulo, no Projeto Escolas de Bicicletas do Centro Educacional Unificado (CEU) Jardim Paulistano, com o objetivo de fornecer bicicletas de bambu para o transporte de alunos da rede municipal. [74]

O uso industrial do bambu na construção civil baseia-se fundamentalmente em bambus

[74] VIEIRA, V. REVISTA GALILEU – Ed. Globo, Rio de Janeiro, 2013. Disponível em http://revistagalileu.globo.com/Revista/Common/0,,EMI307079-18538,00-DESIGNER+BRASILEIRO+FABRICA+BICICLETAS+DE+BAMBU.html. Acesso em: 01 dez. 2021.

prensados ou laminados, mais conhecidos por BLC (Bambu Laminado Colado). A utilização do bambu em sua forma original é restrita, porque dificulta a produção industrial por não ter diâmetros padronizados e seus colmos não apresentarem linearidade constante.

Outro tipo de beneficiamento do bambu para utilização industrial é a trituração do colmo em partículas. O material após ser triturado é seco em estufa para em seguida ser misturado com o adesivo e prensado, num processo semelhante àquele utilizado para a madeira. Neste processo podem ser adicionados resíduos de compensados e esteiras de bambu para produzir os painéis. O bambu laminado é muito utilizado para a produção de utensílios domésticos e objetos diversos.

O bambu laminado colado também é utilizado como material estrutural. Vigas e pilares de madeira laminada colada (BGBs-*bamboo glulam beans)*, assim como os produtos estruturais chineses GLUBAM (*glued laminated bamboo)*[75], cuja tecnologia foi desenvolvida pela Universidade de Hunan, em Changsha, na China, produz vigas e pilares (Figura 10). A flexibilidade do material permite que a estrutura assuma formatos ousados dando mais liberdade aos arquitetos para criarem, integrando a estrutura com a estética dos projetos.

Figura 10: A) Bambu laminado estrutural Glulam, Sheffield Winter Gardens, Sheffield, Reino Unido. Autor: STEVE, F [CC BY-SA 2.0 (https://creativecommons.org/licenses/by-sa/2.0)] Fonte: Wikimedia Commons. Disponível em: https://commons.wikimedia.org/wiki/File:Sheffield_Winter_Gardens_-_geograph.org.uk_-_702939.jpg. Acesso em: 01 dez. 2021.

[75] XIAO Y., SHAN B., YANG R.Z., LI Z., CHEN J. (2014) Glue Laminated Bamboo (GluBam) for Structural Applications. In: Aicher S., Reinhardt HW., Garrecht H. (eds) Materials and Joints in Timber Structures. RILEM Bookseries, vol 9. Springer, Dordrecht.

Figura 10: B) Vigas de bambu laminado colado com conexões de aço. Ed. Portland, Escola de Arquitetura da Universidade de Portsmouth, Reino Unido, 2008. Domínio público. Fonte: Wikimedia Commons. Disponível em: https://commons.wikimedia.org/wiki/File:Glulam.JPG. Acesso em: 17 nov. 2019.

Outras funcionalidades do bambu industrializado em produtos laminados já são comuns no mercado de construção. Em pisos, chamados de *"Plyboo"* em referência aos laminados de madeira (*"plywood*)", e ripas de bambu laminado que são usadas em revestimentos e forros como utilizado no Aeroporto Internacional de Madri-Barajas, na Espanha (Figura 11). Esses produtos são fabricados em série, de forma padronizada e em grande quantidade. Não há limitação pela falta de uniformidade do formato e do diâmetro das varas porque são fabricados a partir das fibras do bambu.

Figura 11: Aeroporto de Madri-Barajas, Espanha, 2020. Projeto do arquiteto Richard Rogers, 2006. A) Forro de ripas de bambu. Fonte: A Autora

B C

Figura 11: Aeroporto de Madri-Barajas, Espanha, 2020. Projeto do arquiteto Richard Rogers, 2006. B) Detalhe da curvatura; E C) Detalhe da disposição das ripas. Fonte: A Autora

3.6. RESISTÊNCIA E DURABILIDADE DO BAMBU

O emprego do bambu apresenta uma série de vantagens em comparação com a madeira,. Destacam-se entre seus diversos benefícios: baixo custo, leveza, possibilidade de curvatura, superfície lisa, coloração atrativa, resistência à tração comparável à do aço, resistência à compressão superior a do concreto, grande rigor estético e excelentes resultados na fabricação de móveis, estruturas, tubulações, drenos e habitações. [76]

Através de estudos feitos em relação à resistência à compressão, em materiais como a madeira e o concreto, observa-se que o bambu pode ser utilizado como elemento estrutural em substituição a estes materiais, chegando em alguns casos, a fornecer melhores resultados.

[76] PEREIRA, M. A. R.; BERALDO, A. L. Bambu de Corpo e Alma. Bauru, SP: Canal6, 2007.

Porém, as peças de bambu quando sujeitas à compressão, além da análise baseada no limite de resistência do material, que é independente do tamanho e da geometria da estrutura, é preciso considerar a esbelteza do elemento estrutural. Deve-se verificar sempre se há possibilidade do bambu dobrar ou quebrar, falhando por flambagem.[77]

Figura 12: Andaimes de bambu A) Prédio todo preparado para manutenção, Hong Kong, 2011.

[77] GONÇALVESs, 1994 apud TEIXIRA, A. A. Painéis de Bambu para Habitações Econômicas: Avaliação do Desempenho de Painéis Revestidos com Argamassa. Dissertação de Mestrado, Faculdade de Arquitetura e Urbanismo, Universidade de Brasília-UnB, 2006. 204p.

B C

Figura 12: B) E C) Detalhes da amarração dos colmos de bambu para fixação dos andaimes, Hong Kong, 2011. Fonte: A Autora

A relação favorável entre a capacidade de suporte de carga, e peso, qualifica o bambu para a construção de andaimes, mesmo para edifícios muito altos. Os andaimes de bambu têm sido utilizados na China há mais de mil anos, para a construção de edifícios. Atualmente, mesmo com a concorrência aberta com muitos sistemas importados de andaimes metálicos em todo o mundo, andaimes de bambu continuam sendo um dos sistemas preferenciais na construção civil em Hong Kong e de áreas vizinhas (Figura 12). [78]

FOGO

A resistência do bambu ao fogo é considerada relativamente boa devido ao alto conteúdo de ácido silícico em sua superfície externa e alta densidade. O bambu é classificado como inflamável, mas dificilmente combustível, de acordo com a norma alemã de Comportamento ao fogo de materiais de construção (DIN 4102).

Quando preenchido com água, a resistência do colmo de bambu aumenta consideravelmente, e pode suportar a temperatura de 400° C (Centígrados) enquanto a água ferve no seu interior. [79]

---

[78] FU, 1993 apud CHUNG, K. F.; CHANG, S. L., 2002. Bamboo Scaffolds in Building Construction: an alternative and supplement to metal scaffolds. international seminar, Hong Kong, 2002. 52 p.

[79] LAROQUE, P. Design of a Low-Cost Footbridge. Master of Engineering in Civil and Environmental Engineering. Massachusetts Institute of Technology, 2007. 87 p.

UMIDADE

O bambu, quando é disposto internamente, sem contato com umidade, pode resistir centenas de anos. Recentemente foi encontrada na Colômbia, nos municípios de *La Unión* e Cartago, no *Valle del Cauca,* uma casa com estrutura de madeira e paredes de bambu e argamassa de barro, com estrume de cavalo, capim e cal, cujo tempo de construção foi estimado em 230 e 250 anos. [80] A mesma técnica também é encontrada no Japão.

Países asiáticos tradicionalmente utilizam o bambu como material de construção. As vedações em taipa de mão, ou sopapo, é uma técnica mista de terra e bambu tradicional nas construções rurais japonesas. A modularidade pode ser observada nos vãos das paredes que obedecem ao espaçamento padronizado, composto por múltiplos do módulo *ken,* que corresponde ao tatame, descrito no capítulo 5.

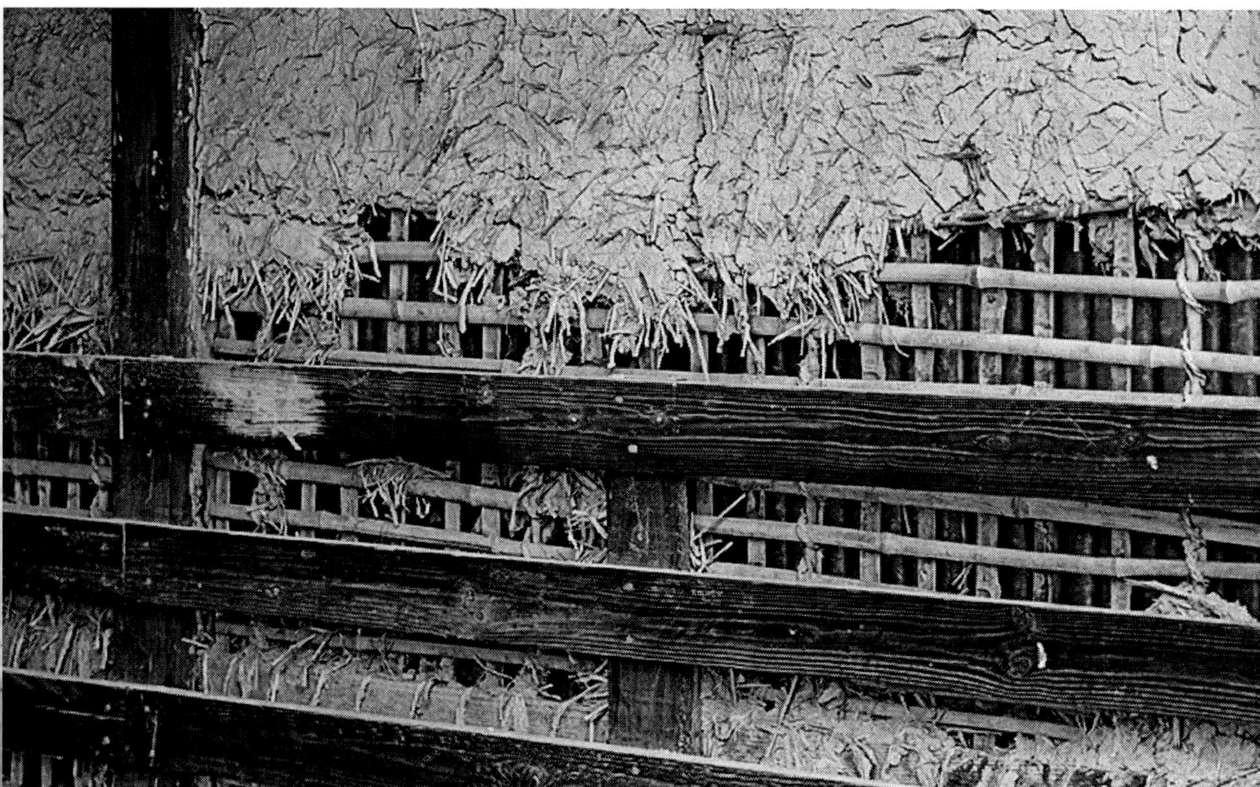

Figura 13: Parede de barro reforçado com bambu, Japão, 2008. Autor: Tennen-Gas [CC BY-SA 3.0 (http://creativecommons.org/licenses/by-sa/3.0/)]. Fonte: Wikimedia Commons. Disponível em: https://commons.wikimedia.org/wiki/File:Japanese_Bamboo_reinforced_mud_wall.JPG. Acesso em: 01 dez. 2021.

[80] VÉLASQUEZ, J.A. Revista Galileu Bambu, no. 202, 2010.

A Figura 13 mostra uma construção baseada no sistema de modulação, que é estruturada por peças de madeira horizontais e verticais que dão sustentação às paredes e ao telhado. O fechamento dos vãos das paredes é composto por uma malha quadriculada de bambus, cortados em meia cana, engastados à estrutura de madeira, que é preenchida com sucessivas camadas de argila misturada às fibras de palha de arroz. As camadas de argila são peneiradas com diferentes granulometrias. Os grãos mais grossos são utilizados nas camadas internas junto à estrutura de bambu, simultaneamente dos dois lados, seguido de grãos intermediários, e os grãos mais finos de argila com areia fina compõem a camada dos revestimentos interno e externo. A palha de arroz também segue o mesmo princípio de redução da espessura progressivamente, da camada interna para as camadas mais externas. E na última camada é aplicada uma caiação para acabamento. [81]

[81] GONÇALVES, Rogério Bessa. A arquitetura dos imigrantes japoneses na cidade de Registro, estado de São Paulo. 2003. 234 f. Dissertação (Mestrado em Arquitetura) - Faculdade de Arquitetura e Urbanismo da Universidade de São Paulo, São Paulo, 2003.

Parte II
Bioconstrução: lições do passado

Os seres humanos têm a capacidade de adaptação ao clima e ao ambiente local de onde vivem, que os animais não possuem. Ao longo de sua existência, os povos do passado criaram, desenvolveram, evoluíram e aprimoraram técnicas de construção de abrigos para suprir suas necessidades de proteção contra o frio ou calor, sol, chuva, vento, insetos e predadores. Encontrei o caminho para o desenvolvimento de abrigos emergenciais sustentáveis nas soluções testadas e aprovadas pelas sociedades do passado.

A situação em que vivem hoje as pessoas em estado de pobreza, sem acesso a materiais industrializados e sem recursos financeiros, em muito se assemelha às condições das populações ancestrais de partes distintas do planeta. O avanço tecnológico ofuscou essa cultura dos nossos antepassados, que criaram suas próprias moradias a partir de materiais locais disponíveis no ambiente que os cercavam, e essa sabedoria precisa ser divulgada. As técnicas de construção desenvolvidas empiricamente e transmitidas de pai para filho ao longo de inúmeras gerações, produzem moradias totalmente adaptadas ao clima e ao ambiente em que estão inseridas. Estes tipos de construção são denominados "arquitetura vernacular". O ambiente onde vai ser construída a habitação e os materiais de construção que a natureza do local pode oferecer definem como será a construção. Em áreas com muita vegetação e árvores são construídas casas vernaculares de madeira, enquanto os locais que não possuem muita madeira, casas vernaculares são construídas de pedra ou terra. Em países orientais, o bambu é a madeira utilizada nas construções.46Assim como a arquitetura vernacular, a bioarquitetura é sustentável e se caracteriza pelo emprego de materiais disponíveis no local, sem esgotar os recursos naturais, para produzir com poucos recursos as construções das edificações que necessitam. As técnicas construtivas utilizadas representam as ideologias e tradições de culturas locais e contam com a sabedoria popular, relativamente ligadas ao folclore da população.

As soluções encontradas pelo homem desde sua existência conhecida, e as lições de bioarquitetura são fontes de consulta para desenvolver um abrigo adaptado ao clima e às condições locais, principalmente em locais de difícil acesso ou com poucos recursos financeiros.

Os materiais utilizados para a construção dos abrigos artesanais, mostrados nesta parte do livro, variam de acordo com a disponibilidade local e a temperatura de cada região. Adobe, madeira, bambu, fibras naturais, junco, argila, pedra, gelo, couro, palhas, piaçava, ou turfa, são materiais disponíveis na natureza que se transformam em abrigos pelas mãos de habilidosos artesãos construtores. Suas técnicas de construção foram aprendidas

---

[46] Arquitetura Vernacular é a representação de fato de uma técnica construtiva e ideologia geral de uma cultura específica. É tudo aquilo que é próprio de um povo ou uma nação, sem estrangeirismos.

PEREIRA, C. M. B.; SCHMID, A. L.; CASTELNOU, A. M. N. . Arquitetura Vernácula: soluções de projeto e construção para uma arquitetura sustentável. In: IV Encontro Latino Americano sobre edificações e Comunidades Sustentáveis, 2011, Vitória ES. Anais do IV ELECS. Vitória ES: Cristina Engel de Alvarez et al., 2011.

e aprimoradas, de acordo com suas necessidades, à base de tentativas e erros e com sua própria experiência de vida.

A moradia reflete o modo de vida das sociedades. A cultura, as crenças e os hábitos das pessoas que transitam pelos espaços edificados são revelados através de sua arquitetura. O clima, os hábitos, as crenças e os materiais disponíveis nas proximidades determinam a forma, a divisão interna, a aparência externa e as técnicas utilizadas na construção de sua habitação. Os diversos tipos de materiais resultam nas mais variadas formas e cores. O modo de vida também pode ser classificado por estilos opostos: sedentário ou nômade, que definem a evolução das técnicas de construção, os tipos de habitação e a organização da sociedade.

Ao longo da história, a humanidade utilizou diversas formas de abrigo em sua trajetória, das cavernas às bases espaciais. Ao contrário das edificações em pedra dos palácios, monumentos, templos, tumbas e prédios públicos que resistem às intempéries e permanecem preservados após milhares de anos, a moradia popular é caracterizada por construções simples, feitas com materiais degradáveis que se deterioram em pouco tempo como a madeira, a palha, o barro e o gelo. Por isso, restam poucos vestígios conhecidos por estudos arqueológicos.

A evolução dos abrigos construídos com recursos limitados, primitivos, disponíveis e as diferentes técnicas de construir desenvolvidas desde as primeiras ocupações humanas são fruto da sabedoria e da experiência de vida dos povos do passado. As lições aprendidas podem ser aplicadas nas futuras construções de abrigos emergenciais.

4. Técnicas autóctones de construção

Ter um lugar para se abrigar é fundamental para a sobrevivência humana. Caverna, refúgio, tenda, cabana, barraca, barraco, moradia, habitação, chalé, casa, apartamento, apart, flat, loft, teto, lar, são diferentes palavras para denominar uma necessidade básica de todos nós: **abrigo**... A espécie humana é vulnerável e precisa se proteger de condições climáticas extremas, ataques de animais, desastres naturais, e violência. Ao longo de sua existência, a espécie humana descobriu a utilidade dos recursos disponíveis e os utilizou para construir abrigos. Inicialmente foram utilizadas as cavidades rochosas naturais, rochas fraturadas sobrepostas, galhos e folhas das florestas, gramíneas, argila, ossos e peles de animais e gelo, que são materiais prontamente disponíveis no seu habitat. Num outro momento da evolução humana, com o aperfeiçoamento das técnicas e ferramentas, a extração e utilização dos recursos foi se aprimorando e foram surgindo materiais mais complexos, como as tramas de lã, os tecidos, os tijolos de barro e palha, e estruturas de madeira. Os grupos nômades necessitavam de abrigos desmontáveis, leves, portáteis e de montagem imediata. O nômades desenvolveram técnicas passivas de controle de temperatura e suas tendas podem suportar bem a maioria das condições e variações climáticas. Os grupos estacionários, utilizavam materiais mais pesados para suas moradias fixas. E utilizavam abrigos temporários em suas caçadas, ou moradias sazonais, em locais distantes dos assentamentos fixos de sua sociedade.

4.1. SOLUÇÕES DE ABRIGO EM FORMAÇÕES ROCHOSAS - CAVERNAS

O estilo de vida das sociedades e a disponibilidade de materiais de cada local, definia a arquitetura das habitações autóctones. Projetos baseados em materiais naturais utilizando técnicas de construção aprendidas com as tradições passadas entre gerações e artesanatos locais, caracterizam a bioarquitetura. A bioarquitetura vem sendo valorizada e revitalizada pelas correntes de pensamento favoráveis ao desenvolvimento sustentável. A escolha de materiais locais, ou não industrializados é incentivada para evitar os efeitos da poluição causada pelos meios de transporte e suas consequências indesejáveis para o meio ambiente.

Figura 14: Caverna natural paleolítica, Matera, Itália, 2019. Fonte: A Autora

Os abrigos naturais eram fixos, em alguns casos úmidos e mal localizados. Ainda sem a capacidade de construir sua própria moradia, humanos habitavam espaços acolhedores proporcionados pela natureza. Na Idade da Pedra Lascada, no Paleolítico, há cerca de 2,5 milhões de anos até o primeiro período de glaciação, o ancestral humano vivia num clima tropical. Não havia necessidade de se aquecer para não morrer de frio, e quando precisava se proteger das intempéries procurava abrigo em cavernas, disputando-as com animais selvagens.

Na pré-história as sociedades eram formadas por grupos de caçadores e coletores que se alimentavam da caça, da pesca e da coleta de frutos e vegetais. Esses grupos se deslocavam constantemente à procura de alimentos para manter sua sobrevivência. Abrigos construídos pela natureza como as cavernas, são amplos, frescos, e estruturalmente resistentes às intempéries. Porém, as cavernas eram habitadas também por espécies animais, e eventualmente havia necessidade de lutar com animais selvagens e Neandertais para disputar o espaço. É possível que Homo Sapiens e Neandertais tenham convivido excepcionalmente na caverna situada no sítio arqueológico de Vindija, na Croácia. Arqueólogos encontraram fósseis e artefatos de

Figura 15: Caverna natural de Vindija, Croácia, 2007. Fonte: Wikimedia Commons. Autor: TOMISLAV KRANJCIC / Cc By-Sa (https://creativecommons.org/licenses/by-sa/2.0). Disponível em: https://commons.wikimedia.org/wiki/File:Vindija_cave.jpg. Acesso em: 29 nov. 2021.

Naquele momento, o cultivo de vegetais e a criação de animais ainda não eram conhecidos. Para garantir sua alimentação após muito tempo de exploração dos recursos disponíveis nas cercanias, havia a necessidade de maiores deslocamentos em busca de alimento.

É interessante observar que, desde os primórdios da civilização, a distância entre a moradia e as tarefas diárias é um fator determinante para a escolha do local de assentamento. Isto nos mostra como é importante a busca por um local de moradia que se adeque ao nosso modo de vida. O tempo consumido com deslocamentos é um fator de alerta para irmos em busca de novas acomodações. No passado eram usados cavalos e carruagens para locomoção. Eram meios de transporte muito lentos, tornavam as distâncias muito maiores, e consumiam muito tempo nos deslocamentos. Hoje temos máquinas velozes, mas os problemas são os mesmos, gastamos nosso tempo de vida presos em engarrafamentos. Evoluímos em todos os sentidos,

---

[82] GUEDES, Maria Helena. Os Ancestrais, Ed. Clube de Autores, p.103.

mas a perda de tempo com deslocamentos é um problema que sempre esteve presente no modo de vida das civilizações.

Na nossa sociedade está estabelecida a cultura de fixação de moradia. As pessoas resistem às mudanças e, de um modo geral, até uma simples mudança de bairro é difícil de ser aceita. Estamos passando por um momento de mudanças e novas propostas habitacionais estão surgindo para se adequarem ao modo de vida da população urbana.

A composição da habitação convencional está se transformando e os valores consolidados são repensados. O papel de arquitetos e urbanistas é criar meios para melhorar a qualidade de vida das pessoas, propondo soluções para inovar os hábitos pessoais, desde a criação de um objeto, um móvel, um imóvel, um jardim, um bairro ou até uma cidade inteira. Mas é a mudança de pensamento do cidadão que impulsiona a criação de novas soluções que venham suprir as necessidades da vida contemporânea.

Figura 16: Abrigo de ossos, exibição Frozon Woolly Mammoth Yuka, Yokayama, Japão, 2013. Autor: Nandaro LICENÇA Cc By-Sa 3.0. Fonte: Wikimedia Commons. Disponível em: <https://commons.wikimedia.org/wiki/File:Mammoth_House_(Replica).JPG> Acesso em: 31 ago. 2022.

Depois das cavernas, a tenda é a mais antiga forma de moradia. A necessidade de estar próximo à fonte de alimentação teria dado origem aos abrigos artificiais, as primeiras tendas que foram construídas para habitação. Grupos de humanos primitivos viviam em acampamentos construídos com peles e ossos de animais para se protegerem do frio. Um abrigo feito com ossos e pele de mamute foi reconstruído e exposto no Museu de História Natural de Kiev, na Ucrânia, para mostrar o modo de vida desses nossos ancestrais. Nas escavações de Mezhirich, na Ucrânia, foram encontradas evidências de abrigos feitos há aproximadamente 26 mil anos, com peles e ossos de mamute.[83]

No período Glacial não havia oferta de materiais de construção, e os humanos construíam abrigos, para sobreviverem ao clima severo, utilizando a matéria-prima disponível no local. Os resíduos da caça se transformavam em insumos. Peles e grandes ossos de animais como o extinto mamute, eram os principais materiais de construção utilizados para a construção de abrigos.

A reciclagem de restos provenientes da caça, como peles, ossos e tripas de animais se convertiam em materiais de construção, como estruturas de sustentação e fechamento de vãos. O resíduo da caça era reaproveitado para a construção de abrigos e, também para confecção de agasalhos que protegiam as pessoas do clima extremo.

Ossos e peles de renas, cavalos e grandes animais que habitavam a Europa na última era glacial foram utilizados para construir alpendres na entrada das cavernas, para proteger do clima frio e seco. Animais de menor porte serviram ao mesmo propósito, há aproximadamente 12 mil anos a.C., período também denominado Paleolítico Superior.

Quando saíam de seus assentamentos à procura de alimentos em locais distantes, os caçadores pernoitavam em barracas portáteis (Figura 17). Foram encontrados restos de uma tenda, na França, em Pincevent (Ile-de-France), distante aproximadamente 300 km (trezentos quilômetros) de Paris. As tendas em formato cônico eram sustentadas por peças de madeira e cobertas com peles. Em seu interior havia uma lareira central e as camas eram feitas com peles. Com suas estruturas móveis, as tendas eram facilmente desmontáveis, transportáveis e remontáveis, fornecendo habitação temporária para grupos humanos caçadores e coletores. [84]

Vivemos atualmente num mundo com muita facilidade proporcionada pelos avanços da ciência e da tecnologia. Porém, os recursos não renováveis estão se esgotando e os resíduos gerados pela indústria e pelo aumento da população poluem o ambiente, e

[83] Wikipedia. Sítio arqueológico de Dolni Véstonice. Disponível em <https://pt.wikipedia.org/wiki/S%C3%ADtio_arqueol%C3%B3gico_de_Doln%C3%AD_V%C4%9Bstonice>.Acesso em: 01 dez. 2021.

[84] Datas em Leroi-Gourhan, Los cazadores de la Prehistoria, p. 141 apud Wikipedia. Disponível em https://pt.wikipedia.org/wiki/Cultura_Magdaleniana. Acesso em: 01 dez. 2021.

inviabilizam a sustentabilidade da vida no planeta. Tanto nas sociedades pré-históricas quanto na sociedade moderna, o reaproveitamento de resíduos ocorre por necessidade de sobrevivência. A reciclagem dos rejeitos tem se tornado um procedimento fundamental para a perpetuação da vida. Os cenários de ontem e de hoje são completamente diversos, porém, com muitas semelhanças na sua essência. Naquele tempo não havia conhecimento nem tecnologia para a extração de recursos e produção de insumos. Hoje, a escassez é fruto da exploração desenfreada dos recursos naturais, e da falta de capacidade de produção para uma superpopulação que cresce exponencialmente.

Figura 17: A) Esquema de montagem da Tenda Magdalenian- Pincevent-França. Fonte: Wikipedia, Desenhado por Mattos, D. G. Baseado em: Locutus Borg, 2012

Figura 17B. Tenda Paleolítica (reconstrução baseada em achados de escavação), Parc Archéologique Asnapio, Vilaneuve-d´Ascq, França, 2010. Fonte: Wikimedia Commons. Autor: Jiel Beaumadier (http://jiel.b.free.fr), CC BY-SA 3.0 <https://creativecommons.org/licenses/by-sa/3.0>, via Wikimedia Commons. Disponível em: <https://commons.wikimedia.org/wiki/File:Jielbeaumadier_asnapio_tente_paleolithique_vda_2010.jpg> Acesso em: 29 de nov. 2021

4.3. SOLUÇÕES DE ABRIGOS DE GALHOS DE ÁRVORES - TENDAS

Os grupos humanos primitivos, caçadores e coletores não se fixavam num mesmo local por muito tempo.

Há aproximadamente 20 mil anos, os humanos viviam de forma primitiva, em grupos nômades, e deslocavam-se constantemente em busca de recursos disponíveis. Não conheciam a agricultura nem domesticação de animais. Dependiam da natureza para sobreviverem, viviam da coleta de frutos, vegetais, raízes e da caça.

Os povos nômades se caracterizam pela não fixação de moradia em nenhum local. Eles possuem essa liberdade de mobilidade por diversas razões: não cultivam, precisam estabelecer fontes migratórias de alimentos; se deslocam periodicamente para encontrarem melhores condições quando há mudanças climáticas; ao se deslocarem, podem praticar o comércio de mercadorias por onde passam; vivem em grupos para assegurar proteção comunitária; e pelo desafio da busca pelo desconhecido.[85]

Os povos nômades são motivados por este conjunto de fatores e continuam praticando o mesmo modo de vida ainda no tempo atual, em detrimento de todos os avanços que a modernidade possa proporcionar à vida humana. Eles são pastores e mudam de lugar constantemente, sempre que as pastagens se esgotam. Para esses povos, a domesticação de animais proporciona a mobilidade, e para tornar possíveis esses deslocamentos, há a necessidade de possuir uma habitação portátil, leve e fácil de montar, desmontar e transportar.

Da mesma forma, os abrigos emergenciais devem se traduzir em habitação portátil, leve e fácil de montar, desmontar e transportar. Essas características da habitação dos povos nômades, são os requisitos necessários à uma habitação emergencial. Quando ocorrem eventos que deixam pessoas desabrigadas se faz necessário prover abrigo imediato.

Ter um local para se abrigar é essencial para a sobrevivência humana, principalmente em lugares com climas adversos à vida. Em situações emergenciais, para garantir a sobrevivência, é necessário que o abrigo seja construído ou montado rapidamente, e que após ter cumprido sua função possa ser transportado com facilidade para outro local para atender às outras pessoas que necessitem de moradia.

4.3.1. TIPIS – NÔMADES DA AMÉRICA DO NORTE

As tribos nômades, nativas da América do Norte, construíam tendas conhecidas como *"tipis"* ou *"teepees"* que na língua *"sioux"* significa casa.[86] As tendas *"tipis"* são resistentes e duráveis, construídas com galhos e couro de búfalo curtido. Há semelhanças com as tendas *"lavvus"* da Lapônia, que correspondem às tendas *"tipis"* da América do Norte.

A sustentabilidade está presente nesta habitação típica das tribos nômades da época. No

[85] SIEGALI, Jennifer. Mobile: the art of portable architecture. Princeton Architectural Press, 2002.

[86] *Sioux*, língua nativa americana, Wikipedia. Disponível *em:* https://en.wikipedia.org/wiki/Tipi. Acesso em: 29 nov. 2021

inverno, as tendas proporcionam aquecimento para o conforto dos usuários, e durante as chuvas pesadas, elas se mantêm secas. No calor do verão permanecem frescas. As tendas "*tipis*" são flexíveis e podem mudar de forma de acordo com as condições meteorológicas. Podem permanecer totalmente fechadas, nos dias frios do inverno, ou podem ter partes semiabertas ou totalmente abertas para promover frescor se ajustando às condições climáticas. A leveza das tendas "*tipis*" e a rapidez com que são montadas e desmontadas facilitam o transporte e o deslocamento para outros lugares onde as tribos decidam se estabelecer. Portabilidade é essencial para o estilo de vida nômade.[87]

O desenho cônico das tendas favorece a resistência, estabilidade, simplifica a montagem, além de utilizar muito pouco material para sustentação do espaço coberto. As tendas "*tipis*" são leves, com estrutura sustentada por galhos amarrados na parte superior, onde são travados, e na base são ancorados à terra. O fechamento de toda a estrutura é feito com peles de animais costuradas que são fixadas nos galhos e no chão. Estes abrigos são facilmente desmontáveis e versáteis o bastante para permitir a rápida desocupação da área do acampamento.

As tendas desses povos são um exemplo de tecnologia de resfriamento passivo.

Figura 18: Vista interna dos galhos travados na parte superior da estrutura de uma "tipi", tenda de nativos norte americanos, 2018. Fonte: RitaPetcu/adobe.stock.com. Licença #269044104.

[87] *Ibidem.*

Atualmente possuímos muita tecnologia baseada em máquinas, queima de combustíveis fósseis, recursos não renováveis e poluentes. O conhecimento das técnicas utilizadas no passado nos ajuda a desenvolver tecnologias sustentáveis, tão necessárias para a preservação dos recursos naturais do presente e garantir um futuro melhor.

Figura 19: Tenda *"Tipi"*. Chefe Me-Nan-Ek De Yakima, Pacífico, 1908. Fonte: Library of Congress.Autor: Gilford, B. A. Domínio Público. Disponível em https://www.loc.gov/item/2018651038/

Acesso em: 29 nov. 2021.

A abertura no topo da tenda tem dupla função: permitir a ventilação cruzada para resfriamento do interior e facilitar a exaustão da fumaça produzida pela fogueira central. Essa função é muito relevante, essa técnica eficiente se assemelha às chaminés das edificações mais recentes. Em dias mais quentes, a parte da cobertura próxima ao solo é levantada para permitir a entrada de ar, forçando a circulação e, consequentemente, obter o resfriamento do ambiente. A mesma técnica de resfriamento passivo é também utilizada pelos Beduínos e pelos habitantes dos abrigos *"yurt"*, na Ásia.

Depois da tenda desmontada, os galhos são dispostos em feixes e a cobertura é enrolada para facilitar o transporte. A montagem das tendas *"tipis"* é feita com três ou quatro suportes de madeira amarrados no topo formando a estrutura principal. Outros suportes são colocados entre os principais para acomodar a cobertura, de pele de animais, atualmente substituída por lona. Após a montagem, as emendas são costuradas para embrulhar a cobertura firmemente em torno da armação. A bainha da capa, na base da tenda, é coberta com terra para evitar que se desmonte com o vento. [88]

Uma pequena fogueira no centro da tenda é acesa para cozinhar ou para aquecer. Uma parte da cobertura de uma tenda *"tipi"* é aberta para servir de entrada, as aberturas do topo e da porta têm aletas ajustáveis para permitir a entrada e saída de ar, para ventilação do interior da tenda. As aletas são fixadas perpendicularmente ao vento, servindo de guia para a saída da fumaça e para evitar uma corrente descendente. O forro interno de tecido funciona como isolante térmico mantendo a tenda fresca no verão e aquecida no inverno.

4.3.2. LAVVUS – NÔMADES DA LAPÔNIA

As tribos nômades da Lapônia habitavam tendas temporárias *"lavvus"*, construídas com galhos e peles de renas. Há evidências de utilização dessas tendas, pelo menos desde o século XVII, que são habitações típicas do povo nativo da Lapônia, do norte da Escandinávia, nas áreas ao norte da Noruega, Suécia e Finlândia, e parte da Rússia. Essa população também chamada de *"Sami"*, constitui um dos maiores grupos indígenas da Europa. Estes abrigos transportáveis eram utilizados para viagens mais longas. Durante sua estadia em lugares com condições climáticas adversas, podia ser coberto com musgo de turfa por cima da pele de rena para melhor isolamento térmico.

[88] KRONENBURG, R. Houses in motion: The genesis, history, and development of the portable building. PUB TYPE: Book (ISBN 1854903950). VOLUME/EDITION: K76, 1995. Citado por Kuusisto, 2010.

Figura 20: Família Sami em frente à uma tenda Goahti, ao fundo, uma tenda Lavvu, Noruega, 1890-1905. Fonte: Wikimedia Commons. Autor desconhecido. Domínio público. Disponível em https://commons.wikimedia.org/wiki/File:Saami_Family_1900.jpg Acesso em: 29 nov. 2021.

A tenda *"lavvu"* tem estrutura semelhante à da tenda *"tipi"*, porém é menos vertical, e por isso mais estável para resistir a ventos fortes. Sua cobertura é sustentada apenas por três ou mais galhos bifurcados. As tendas *"goahti"* são maiores e mais alongadas, com estrutura curva mais complexa. São cobertas por tecido, turfa ou madeira, atualmente são cobertas por lona. As tendas *"goahti"* cobertas com tecido ou lona são muito parecidas com as tendas *"lavvu"*. É possível identificá-las pelo lado externo, e diferenciá-las pelos galhos do topo. Nas tendas *"goahti"* os galhos ficam separados, e nas tendas *"lavvu"*, os galhos são unidos.

Esta habitação temporária é apropriada para as planícies sem árvores do norte da Escandinávia e do alto Ártico da Eurásia, onde há a cultura indígena dos habitantes acompanharem seus rebanhos de renas. As renas transportam os galhos da estrutura das tendas desmontadas. Os galhos curvos das tendas *"goahti"* dificultam o transporte, por este motivo, atualmente as tendas *"lavvu"* são mais usadas como habitação transportável pelos *"samis"*. Este tipo de abrigo tem sido cada vez mais descoberto por pessoas de outras regiões para acampamentos.

Nas tendas *"lavvu"*, assim como nas tendas *"tipi"*, há também uma fogueira no seu interior. O fogo, além de preparar os alimentos, é mantido quente o suficiente para aquecer e espantar os mosquitos. No alto há uma abertura para a saída da fumaça. Em dias frios, a abertura superior pode ser diminuída com uma manta enrolada ao seu redor, deixando apenas uma pequena saída para o ar. Também há uma abertura junto ao chão, usada para a fumaça não se acumular no interior da tenda. Como alternativa, a porta é aberta para forçar a circulação de ar.

Podem ser extraídos do modo de vida desses povos, uma lição de sustentabilidade, observando como usam e otimizam os recursos disponíveis para o provimento das necessidades básicas de sobrevivência.

4.3.3. BEDUÍNOS – NÔMADES DO SAARA

As tendas dos Beduínos têm estruturas simples. Originalmente eram construídas com estrutura de madeira selvagem cobertas com peles de animais, cascas de árvores. Mais tarde, os Beduínos adquiriram conhecimentos técnicos e passaram a beneficiar a lã de seus animais, criar telas entrelaçadas e tapetes. A estrutura tracionada dos suportes e da cobertura têm função estrutural, mas são tão leves que podem ser transportadas por apenas duas pessoas pois utilizam uma quantidade mínima de material. [89]

A cobertura estrutural é a principal parte da estrutura. Tracionada e esticada sobre dois, três ou quatro suportes de madeira erguidos em três fileiras, é fixada ao solo com cordas e cabos de ancoragem (Figura 21-C).

As tendas são pretas, cor do pelo de cabra tecido em uma trama espaçada. Muito engenhosa esta técnica de ventilação natural, que à primeira vista mais parece um contrassenso, utilizar cor preta na cobertura sob o sol escaldante do deserto (Figura 21-A). Porém se trata de uma solução muito criativa para iluminar e refrescar seu interior, que permite a passagem do ar provocando um resfriamento passivo por convecção. À medida que o sol incide sobre a cobertura preta, gera calor que aquece o ar adjacente. Ao mesmo tempo que uma abertura na parte inferior da tenda permite a entrada do ar exterior que é puxado num fluxo de ar ascendente pelo ar aquecido no topo. O ar quente que é mais leve que o ar frio tende a

[89] FAEGRE, T; *Tents:* Architecture of the Noma ds, John Murray (Publishers) Ltd, London, 1979, P1.

subir. Desta forma, o ar do interior é sugado para fora criando uma corrente que faz circular o ar do interior da tenda refrescando o ambiente, mesmo que não haja nenhuma brisa. E, se chover, a trama espaçada do tecido, tecida com tripas de carneiro, quando entra em contato com água, incha e se fecha totalmente, como uma película de tambor, e forma uma proteção natural que não permite que a água molhe o interior da tenda (Figura 21-D). As maiores tendas beduínas podem chegar a 20 m (metros) de cobertura com tecido retangular. Além da cobertura, as paredes são fechadas com um tecido suspenso ao longo do perímetro da tenda. O tecido da parede pode ser enterrado no chão (Figura 21-B) ou, se necessário, enrolado para circulação de ar[90] (Figura 22-A).

O conhecimento das propriedades dos materiais utilizados na construção somado à experiência empírica adquirida ao longo de muitas gerações permite que povos simples utilizem as forças da natureza a seu favor. A civilização moderna perdeu essa interação com a natureza à medida em que máquinas foram desenvolvidas e substituíram a energia limpa que a natureza proporciona.

A civilização atual possui conhecimentos muitíssimo avançados, houve um salto enorme a partir do século XIX nas pesquisas científicas e no desenvolvimento industrial com enormes benefícios nos campos da construção, da saúde, das ciências, da educação, da economia, e tantos outros. Por outro lado, há uma grande preocupação com o desenvolvimento sustentável, e resgatar o conhecimento dos povos primitivos é de extrema importância num momento em que o mundo sente os efeitos negativos da industrialização sobre a qualidade de vida e a saúde da população. É preciso substituir os recursos finitos pelos recursos renováveis para garantir o futuro das novas gerações. Aos poucos a energia gerada pela queima de combustíveis fósseis, que é poluente e utiliza recursos finitos, está sendo substituída pela energia solar, eólica, geotérmica, maremotriz, hidráulica, biocombustíveis etc.

Da mesma forma, a indústria da construção civil também caminha para a substituição de materiais convencionais e recursos finitos largamente utilizados. A sustentabilidade das técnicas de construção tem sido debatida em relação à energia dispendida na fabricação e no transporte de materiais para locais distantes, como: cimento, tijolos, telhas, aço, madeira sem certificação etc., além da utilização de recursos naturais não renováveis como: pedra bruta, pedra decorativa, mármores, granitos, e a água também, que é usada na fabricação e na construção, e não é contabilizada nos custos das obras. O futuro da construção sustentável será a construção seca, reciclagem, reutilização e utilização de materiais renováveis e baixa produção de resíduos na fabricação e no canteiro de obras.

[90] KRONENBURG, R. Houses in motion: The genesis, history, and development of the portable building. PUB TYPE: Book (ISBN 1854903950). VOLUME/EDITION: K76, 1995.

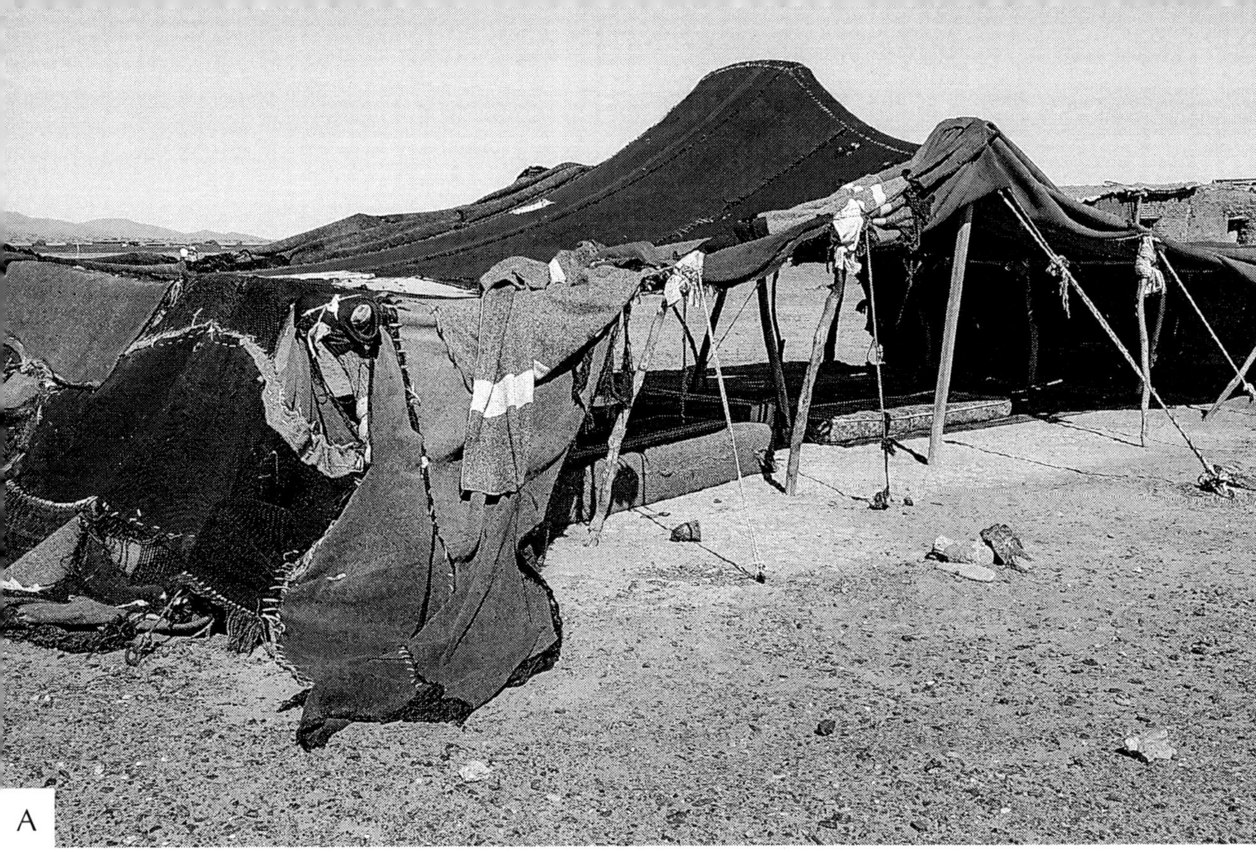

Figura 21: A) Tenda de Beduínos, Bni M'hamed Sijelmassa, Errachidia, Marrocos, 2020. B) Tecido enterrado na areia; C) Esquema de montagem da cobertura estrutural tracionada; D) Trama vazada da cobertura. Fonte: A Autora

Figura 22: A) Tecido suspenso para permitir a entrada do ar frio; B) Acampamento Bérbere; C) Poço para fornecimento de água às famílias de nômades no deserto do Saara; D) Animais pastoreados pelas tribos nômades. Et Taous, Errachidia, Marrocos, 2020. Fonte: A Autora

4.3.4. PAPILIOS – LEGIÕES DO IMPÉRIO ROMANO

Nas investidas militares, há mais de dois mil anos, os romanos usavam tendas desmontáveis. As primeiras tendas, cilindro-cônicas eram sustentadas por um único mastro central.

Com a experiência em campo aberto, os romanos sentiram a necessidade de acomodar mais soldados nos abrigos, e no ano 71 d.C. surge a tenda militar retangular. Por sua forma de dobradura, esta tenda foi apelidada de *"Papilio"*, que significa borboleta, em latim. As tendas retangulares, não fortificadas, com aberturas triangulares em ambos os lados para acessar seu interior, podiam abrigar até oito pessoas e serem expandidas, acrescentando-se outras similares nas suas extremidades.

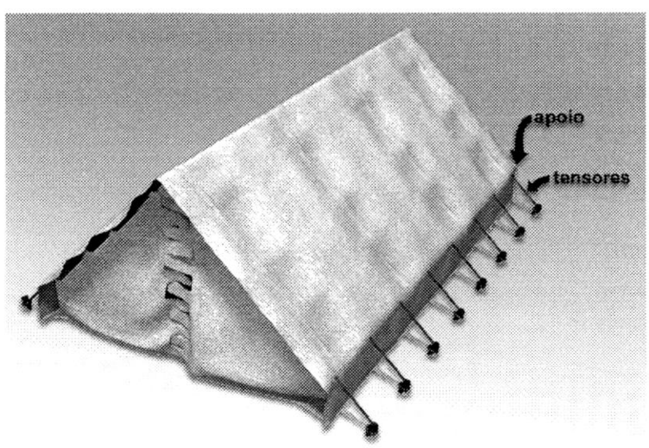

Figura 23: Tenda militar romana: Papilio. Fonte: Desenhado por Mattos, D.G., Baseado em figura do Politécnico de Milão, 2012.

De forma sustentável, os romanos garantiam abrigo e alimentação para seus exércitos. O couro de animais era o material utilizado na cobertura e no fechamento das tendas, principalmente o couro de cabras e bezerros abatidos e usados para alimentação dos soldados. Desta forma, as legiões romanas viviam meses ou anos nestes acampamentos.

Vestígios destas tendas foram encontrados em sítios romanos no século X.

A coluna de Trajano, um dos monumentos famosos de Roma, exibe relevos esculpidos no mármore em comemoração às vitórias nas campanhas militares que também registram as tendas utilizadas como habitação temporária nas batalhas.

As tendas possuíam estrutura simples de madeira, com dois mastros e uma viga central e a cobertura ancorada ao chão presa lateralmente por estacas e cordas.

Após a queda do império romano, as tendas que serviam de abrigo nas incursões militares, na Europa, perderam a utilidade. Somente a partir do século XII, tornaram a ser utilizadas nas constantes guerras que fizeram a história do continente europeu e, também em celebrações e festas públicas.

4.3.5. YURTS – NÔMADES DA ÁSIA CENTRAL

"Yurt" é a denominação dada às tendas nômades encontradas entre os povos da Mongólia e da Turquia.

Os mongóis chamam esse tipo de abrigo de *"ger"*. Porém, *"yurt"* é a denominação mais conhecida. *"Yurt"* é uma denominação de etimologia turca e foi introduzida pelos russos.

Os *"yurts"*, ou *"gers"*, são típicos da Ásia Central, e podem ser vistos desde a Sibéria e Mongólia até o Irã, além de toda extensão até a Anatólia Ocidental, na Turquia. Estima-se que esse tipo de abrigo vem sendo usado há aproximadamente 2 mil e 500 anos.

Os *"yurts"* são leves e resistentes, uma combinação perfeita entre portabilidade e integridade estrutural. [91] As principais características que definem um *"yurt"* são a portabilidade, planta circular, paredes de treliça tensionadas, caibros radiais que levam a um anel de compressão central e toda essa estrutura coberta de feltro, couro, palha ou tecido.

Figura 24: Montagem de um yurt, Rússia, 1984. Fonte: Wikipedia Commons. Autor: JAAN Künnap [CC BY-SA 4.0 (https://creativecommons.org/licenses/by-sa/4.0)] Disponível em: https://commons.wikimedia.org/wiki/File:K%C3%B5rg%C3%B5zstani_jurta_84_III.jpg. Acesso em: 29 nov. 2021.

[93] KRONENBURG, R. Houses in motion: The genesis, history, and development of the portable building. PUB TYPE: Book (ISBN 1854903950). VOLUME/EDITION: K76, 1995.

Figura 25: Vista do interior do yurt com o anel central que conecta a estrutura no alto do "yurt", Turquistão, Casaquistão, 2015. Fonte: MehmetOZB/adobe.stock.com. Licença #358518284.

Os *"yurts"* pesam muito pouco, são desmontáveis e facilmente transportáveis, porque são construídos com bambu, palha e couro de animais. Toda a montagem, desmontagem e remontagem podem ser executadas rapidamente. Dependendo do tamanho, os *"yurts"* podem ser facilmente montados em até três horas, apenas. As paredes são formadas por grades entrelaçadas de madeira ou bambu. As varas que servem de estrutura para a cobertura são conectadas no alto por um anel central e se apoiam nas paredes treliçadas (Figura 25).

Figura 26: Yurt coberto por peles de animais, Quirguistão. Fonte: Kirill/adobe.stock.com. Licença #328845778.

Por cima da estrutura é colocada a cobertura, confeccionada geralmente com peles de animais amarradas com corda, em camadas, como mostra a Figura 26. As camadas podem ser lubrificadas para repelir a água da chuva. No inverno podem conter múltiplas camadas de mantas grossas para isolar o frio. Os abrigos são adaptados de acordo com o clima da ocasião.

Os *"gers"* ou *"yurts"* são típicos do deserto de Gobi. Todo o material da estrutura e do fechamento pesa em média 250 kg (duzentos e cinquenta quilogramas). *"Yurts"* são abrigos práticos e fáceis de montar. É possível desmontar em menos de uma hora. São transportados junto com todos os pertences da família no lombo de seis camelos (Figura 27), ou cavalos, ou em pequenas caminhonetes.

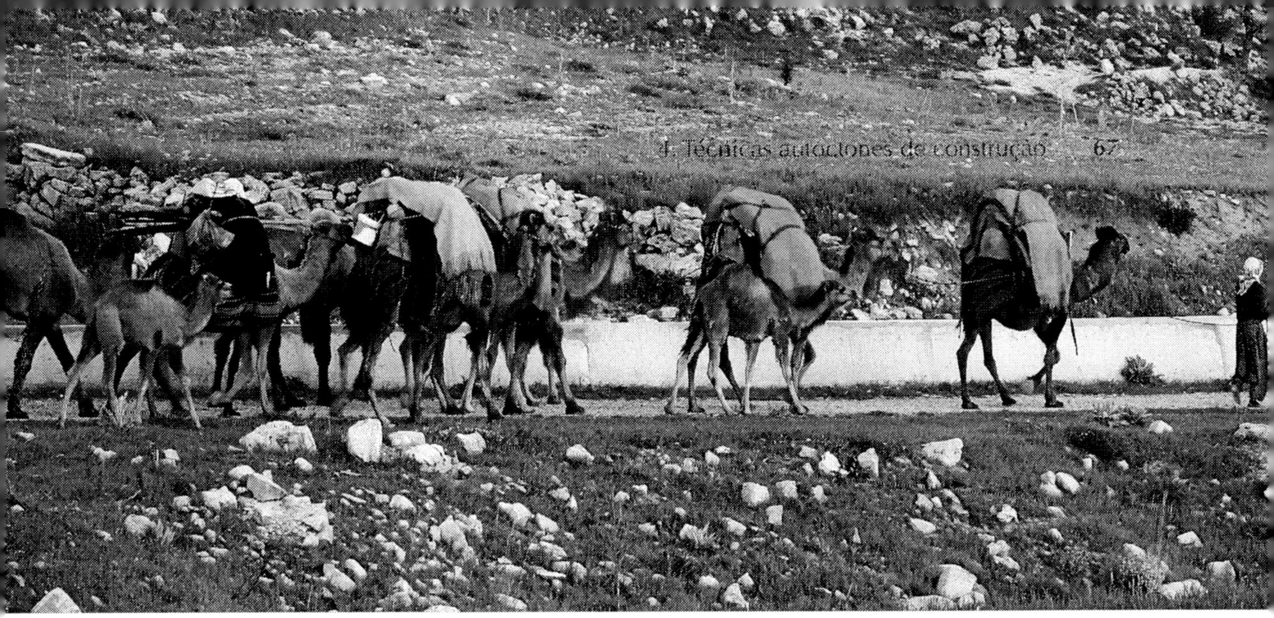

Figura 27: Transporte e portabilidade. Camelos transportando yurts, Turquia, Oriente Médio, 2015. Fonte: Kybele/adobe.stock.com. Licença #328845778.

A montagem dos *"yurts"* obedece às leis do *"Feng Shui"*[92] e a meteorologia. Uma mistura de conhecimentos relacionados à ciência, crenças e experiências, definem o posicionamento dos abrigos. Eles acreditam que a má sorte e os fortes ventos geralmente vêm do Norte ou Noroeste. Por isso, a porta sempre é posicionada na face Sul, ou Sudeste.

A planta interna é baseada nas quatro direções. A porta voltada para o Sul, o lado oposto à porta, Norte, é o espaço sagrado, lugar de introspecção. Quando a família é budista, o altar é colocado no Norte, que também é o lugar de honra para as visitas, virado para a porta de entrada e de frente para o sol.

As denominações dadas às quatro direções dentro dos *"yurts"*, ou *"gers"*, seguem os princípios dos pontos cardeais e correspondem às mesmas direções: o Sul é a frente, o Norte, os fundos, o Leste é direita, e o Oeste, esquerda. Os pertences e as atividades masculinas e femininas também obedecem a este critério, sendo o lado Oeste de domínio masculino, e Leste, de domínio feminino. Os eixos do anel de compressão do teto, da mesma forma são alinhados com os pontos cardeais. A lareira ou fogareiro quadrado, onde o fogo queima, ficam no centro e queimam esterco, para o fogo se manter aceso, aquecendo todo seu interior. [93] (Figura 28).

---

[94] Feng Shui é um termo de origem chinesa, cuja tradução literal é vento e água. Segundo esta corrente de pensamento, Feng e Shui (respectivamente Vento - yang - e Água - yin -), os ideogramas representariam o conhecimento das forças necessárias para conservar as influências positivas que supostamente estariam presentes em um espaço e redirecionar as negativas de modo a beneficiar seus usuários. (Fonte: Wikipedia. Disponível em https://pt.wikipedia.org/wiki/Feng_shui. Acesso em: 29 nov. 2021)

[95] FAEGRE, TORVALD. Tents: Architecture of the Nomads. Kemery, Becky. *Yurts:living in the round*. Ed. Gibbs Smith, 2006, 146 p. ISBN 1586858912, 9781586858919. Disponível em https://books.google.com.br/books?id=JmmFuyKamlYC&pg=PT56&lpg=PT56&dq=yurt+south+door&source=bl&ots=V_YAE4mE1y&sig=ALrdySWUFJvyGmLDF8iSirge2uI&hl=en&sa=X&ved=2ahUKEwjL2JC7gezfAhWKg5AKHY52BA8Q6AEwCXoECAsQAQ#v=onepage&q=yurt%20south%20door&f=false. Acesso em: 29 nov. 2021.

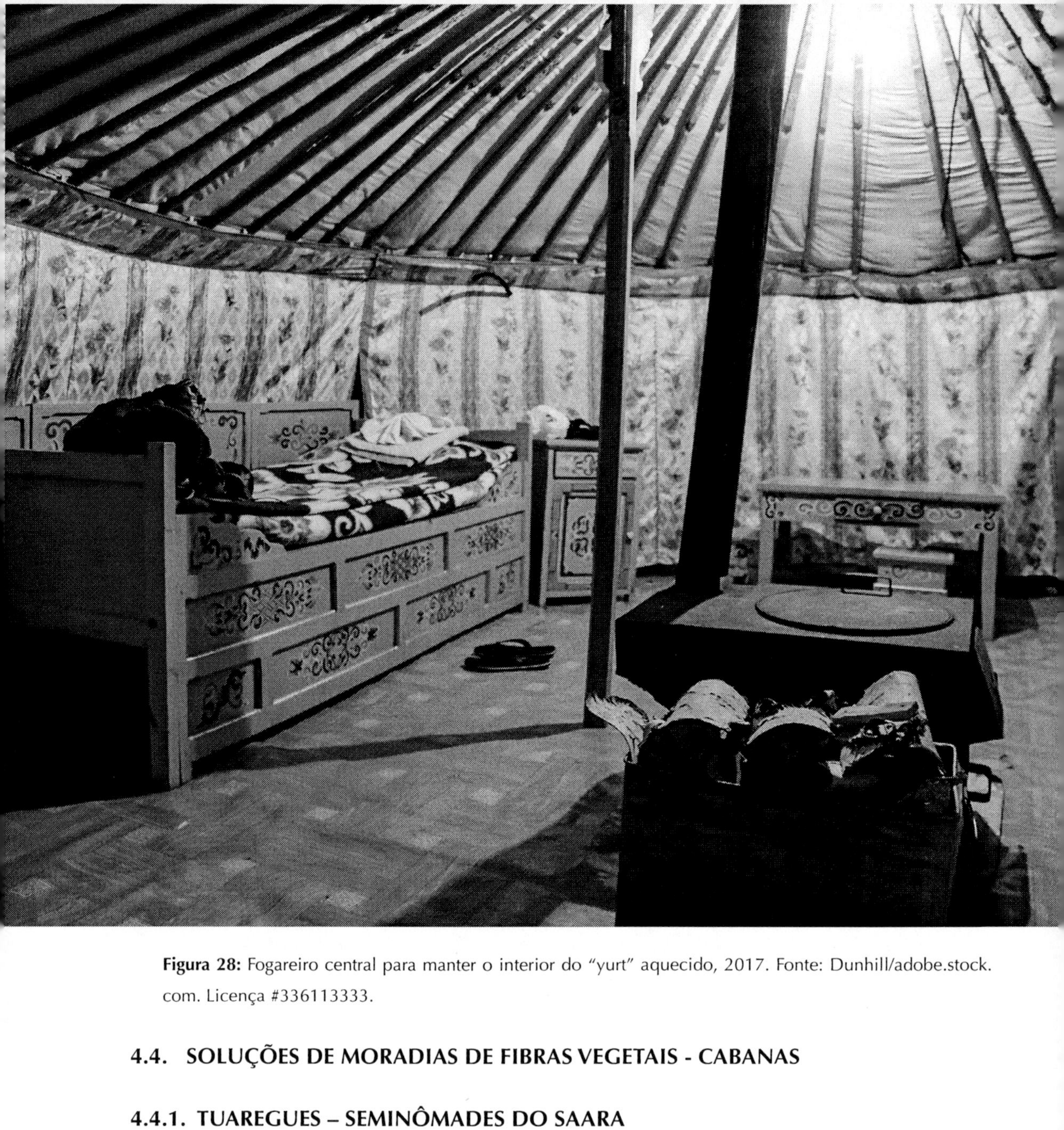

Figura 28: Fogareiro central para manter o interior do "yurt" aquecido, 2017. Fonte: Dunhill/adobe.stock.com. Licença #336113333.

4.4. SOLUÇÕES DE MORADIAS DE FIBRAS VEGETAIS - CABANAS

4.4.1. TUAREGUES – SEMINÔMADES DO SAARA

Os Tuaregues são habitantes do deserto do Saara. Os Tuaregues do oeste da África, são povos berberes espalhados em países como Mali, Níger, Líbia, Chade, Burkina Faso. Vivem como grupos minoritários que não possuem território próprio, assim como seus consanguíneos da Argélia e Marrocos, e outros povos como os esquimós, os índios americanos, os aborígenes australianos, os curdos e tantos outros. Os Tuaregues possuem uma cultura rica e um modo de viver em total harmonia com a natureza do seu ambiente. É um povo que mantém as antigas tradições e que não se deixou influenciar pela modernidade da civilização europeia que dominou os países em que vivem. [94]

[96] PRASSE, Karl-G. The Tuaregs: The Blue People.Museum Tusculanum Press. University of Copenhagen. Dinamarca, 1995.

A população de pastores seminômades com um milhão a um milhão e meio de habitantes, que falam a língua berbere, é composta por agricultores e comerciantes que vivem em tendas desmontáveis, típicas da arquitetura nômade africana. [95] Tradicionalmente, as tendas dos Tuaregues representam uma união. A primeira montagem de uma tenda acontece quando há um casamento. Na cultura tuaregue, a casa é considerada propriedade da mulher casada.

As tendas tuaregues são construídas geralmente por uma cana curva recoberta por peles de cabra, ou tramas de fibras de palma em formato de esteiras, sendo facilmente desmontadas e transportadas em camelos. Essa técnica de tecer é mais simples, mais fácil, e mais rápida de confeccionar que as tendas beduínas, porque utilizam as peles e não os pelos dos animais entrelaçados. São belas construções artesanais e ecológicas erguidas apenas com a mão de obra e materiais locais. As tendas são compostas por estruturas de madeira fincadas ao solo e cobertas por pedaços de peles curtidas costuradas, podendo ser tingidas.

Figura 29: Tenda Tuareg, 1907. Fonte: Wikimedia Commons. POSTCARD Ll. Nr 87. Autor desconhecido. Domínio público. Disponível em https://commons.wikimedia.org/wiki/File:Tuareg_1907.jpg. Acesso em: 29 nov. 2021.

[97] Wikipedia. Creative Commons. Tuaregues. Disponível em https://pt.wikipedia.org/wiki/Tuaregues. Acesso em: 29 nov. 2021.

Alguns povos africanos de pastores seminômades utilizam abrigos feitos de esteiras de junco sobre estrutura de madeira bruta, materiais facilmente encontrados na região. Na cultura de algumas tribos da África, Vietnã e Índia, habitar espaços que foram ocupados por estranhos, fere a honra da família. Por isso, quando precisam se mudar para outro local, eles transportam suas moradias. No Sudão, os abrigos com cobertura de junco são utilizados como abrigos temporários nas estações secas, e são muito leves e fáceis de transportar. Porém são inadequados em períodos chuvosos ou regiões com climas úmidos. Também é um material com alto índice de inflamabilidade.

Nas regiões do Chad e Camarões são utilizadas coberturas trançadas de folhas de palmeiras leves e fácies de transportar confeccionadas por artesãos com material local. A Figura 28 mostra uma cobertura de fibras vegetais entrelaçadas que facilitam a saída do ar e a ventilação das tendas ameniza a temperatura interna. Esta estrutura é mais complexa de que as tendas de peles, ideal para ser utilizada nas estações mais quentes. Tanto as coberturas de peles, que pesam em torno de 22 kg (vinte e dois quilogramas), como as coberturas de fibras vegetais, que são ainda mais leves, facilitam o transporte, tanto manual, como utilizando o lombo de jumentos.[98]

Figura 30: Homem com animal transportando materiais leves, Draa Tafilalet, Iselsane, Marrocos, 2020. Fonte: A Autora

[98] FAEGRE, T; *Tents:* Architecture of the Nomads, John Murray (Publishers) Ltd, London, 1979, P1.

Figura 31: Mulher transportando galhos, Draa Tafilalet, Iselsane, Marrocos, 2020. Fonte: A Autora

Figura 32: Junco colhido pronto para construir, Telouet, Marrocos, 2020. Fonte: A Autora

Figura 33: Homens entrelaçando fibras vegetais para produção de painéis, Draa Talafilet, Ouarzazate, Marrocos, 2020. Fonte: A Autora

Figura 34: Cobertura leve e fácil de ser transportada, Ouarzazate, Marrocos, 2020. Fonte: A Autora

Figura 35: Painéis produzidos em série prontos, Telouet, Marrocos, 2020. Fonte: A Autora

Figura 36: Casa em Bana, pequena Vila de Bana, Camarões, África, 2001. Fonte/: Wikipedia. Disponível em https://pt.m.wikipedia.org/wiki/Ficheiro:Case_%C3%A0_la_chefferie_de_Bana.jpg Acesso em: 29 nov. 2021. Autor: Tatoute, 2001. Domínio público.

Figura 37: Cabanas cilíndricas com decorações geométricas em terra, Burkina Faso, África, 2007. Fonte: BernardoErtl/adobe.stock.com. Licença #7322705.

As casas cilíndricas com beirais profundos de palha são típicas de povoados africanos fronteiriços à savana, como Camarões e Costa do Marfim. Em Angola, na República do Congo e em partes da África Central, o bambu é o material usado por diversos povos para construir suas casas. Painéis de bambu trançado e amarrado com tiras vegetais são usados para fechamento de paredes e a palha para cobrir os telhados pontudos. Um dos maiores grupos étnicos de Camarões, os "*Bamilekes*", constroem casas altas de bambu que chegam a atingir 10 m (dez metros) de altura, com telhados pré-fabricados, em forma de pirâmides, cobertos por palma de ráfia, grama ou folhas de palmeiras (Figura 36). Em povoados de grupos "*Bamilekes*" no Congo, as casas são cilíndricas com telhados cônicos, e as paredes rebocadas com lama e decorações geométricas (Figura 37). A palha, o bambu e a terra, materiais tradicionalmente utilizados nessas construções, são apropriados para o clima quente do continente africano, porque ajudam a manter o ambiente fresco. [97]

---

[99] HESS, J.B; OLIVER, P. ENCYCLOPEDIA BRITANNICA. African Architecture. Disponível em: https://www.britannica.com/art/African-architecture/Forest-dwellings. Acesso em: 29 nov. 2021.

4.4.2. MARSHES – VILAS PANTANOSAS DA MESOPOTÂMIA

Os *"Marshes"* desenvolveram uma técnica de construção sustentável usando o junco encontrado localmente em suas construções. A população árabe conhecida como *"Marsh"* (ou *"Al Ahwar"*, em árabe), vive em uma região pantanosa entre o sul do Iraque e sudoeste do Irã, entre os rios Tigre e Eufrates, na região da Mesopotâmia.

Moradia típica de aproximadamente meio milhão de árabes, estas moradias *"marshes"* são erguidas artesanalmente com junco trançado utilizando antigas técnicas de construção. A habitação dos *"Marshes"*, construída com a vegetação da região, é um exemplo de arquitetura sustentável integrada com o clima local. As casas que carregam as tradicionais técnicas construtivas, também têm um importante significado cultural. O conhecimento nelas registrado foi repassado entre sucessivas gerações através da história por mais de cinco mil anos.

O junco tem propriedades que podem variar de acordo com a quantidade de água contida em suas fibras. É um material durável e sua flexibilidade permite assumir formas variadas permitindo criar volumes com uma beleza plástica que valoriza a construção. O tipo de junco mais comum utilizado nas construções locais é chamado de *"ihdri"*. Este é um vegetal com alta concentração de sílica, que lhe confere excelentes propriedades para ser usado como material de construção. Dentre suas propriedades se destacam: bom repelente contra insetos e roedores, boa resistência à umidade, bom isolamento térmico e acústico.

Assim como o papiro, no Egito, o junco fresco contém muita água. A água que mantém as fibras umedecidas compromete sua flexibilidade. Portanto, quando os arcos são construídos com juncos frescos, não adquirem boa resistência e podem colapsar em pouco tempo. Para solucionar este problema, o junco é misturado com feixes já desidratados, retirados de arcos usados, que trançados juntos compõem o núcleo de um feixe de arco. Desta forma é possível garantir a resistência da estrutura e o equilíbrio do conjunto.

O povo *"Marsh"* construiu sua cidade sobre a terra inundada. As tendas grandes construídas e mantidas pelo sheik de cada vila são chamadas de *"mudhif"*. Essas tendas são utilizadas exclusivamente em cerimônias como casamentos, funerais e outros eventos. Já as tendas utilizadas para habitação dos árabes do pântano são bem menores, com largura de pouco mais de 2 m (metros), por aproximadamente 6 m (metros) de comprimento e um pouco menos de 3 m (metros) de altura. O povoado é muito precário, com casas construídas à beira d'água ou em ilhas temporárias artificiais de junco, ou mais duráveis, em camadas de junco e lama. As casas mais simples são divididas em duas partes por uma tela, de um lado as acomodações da família e do outro abrigo para os animais em dias chuvosos, com entradas pelos dois lados. Nas casas mais sofisticadas essa outra divisão é usada para acomodar hóspedes em assenta-

Figura 38: Marshes colhendo o junco, sul do Iraque, 2003. Fonte: US Federal Government, U.S. Army Corps of Engineers Digital Visual Library. Domínio público. Autor:hassan Janali, U.S. Army Corps of Engineers. Disponível em: https://en.wikipedia.org/wiki/File:Marsh_Arabs_in_a_mashoof.jpg#filelinks. Acesso em: 29 nov. 2021.

mentos que não contêm *"mudhifs"*. Não possuem eletricidade, escolas, nem infraestrutura urbana.Os moradores vivem da pesca, da caça, do cultivo e da criação de búfalos. [98]

As casas, por se localizarem sobre região pantanosa, sofrem constantes inundações. Por outro lado, o junco desidratado é também muito inflamável e se torna perigoso em períodos de seca. O ambiente de águas paradas propicia a proliferação de doenças como malária e esquistossomose, endêmicas no local.

O transporte é feito por barcos que mantém os canais navegáveis pelo tráfego constante. Os canais são abertos pelos búfalos, que são levados pelos criadores, através do pântano de juncos na época das secas[99] (Figura 38).

[100] PARTOW, Hassan (2001). The Mesopotamian Marshlands: Demise of an Ecosystem Technical Report, UNEP/DEWA/TR.01-3 Rev. 1 (PDF). Geneva: UNEP Division of Early Warning and Assessment / International Environment House. ISBN 92-807-2069-4. Disponível em: https://pt.wikipedia.org/wiki/P%C3%A2ntanos_de_Hawizeh#cite_note-Partow-1. Acesso em: 29 nov. 2021.

[101] THESIGER, W. The Marsh Arabs, Penguin, 1967, p.70. Disponível em: https://en.wikipedia.org/wiki/Marsh_Arabs#cite_note-thesigerp70-11. Acesso em: 29 nov. 2021.

Figura 39: Tenda árabe Marsh (Mudhif), Nassiria, Iraque, 2012. Fonte: Homocosmicos/adobe.stock.com. Licença #123907251.

Figura 40: Tenda àrabe Marsh (Mudhif), Nassiria, Iraque, 2012. Fonte: TasfotoNL/adobe.stock.com. Licença #242007709.

Figura 41: Habitação flutuante dos uros, 2005. Fonte: Scottiebumich/adobe.stock.com. Licença #312379167.

4.4.3. UROS – ILHAS FLUTUANTES DO PERU

Os *"Uros"*, na América do Sul, um povo pré-colombiano que habita uma região chamada Puno, no Peru, vive em casas flutuantes, no Lago Titicaca, construídas com vegetação local, o *"totora"*[100], uma planta herbácea aquática, uma espécie de junco típico da região. Com esta planta, eles constroem desde as próprias ilhas, até as casas e barcos. Tudo é feito com essa espécie de palha ou junco. A técnica de trançar o junco para construir é passada de geração em geração desde os antigos ancestrais.

Esta vegetação, utilizada para a construção dos abrigos, é um recurso natural renovável, abundante na região. Os resíduos são utilizados como forração dos pisos, e as palhetas degradadas são reabsorvidas pelo ambiente. As camadas em contato com a água apodrecem periodicamente e logo são substituídas por novas camadas, na superfície, mantendo assim a espessura para garantir a flutuabilidade.

As portas das casas são viradas para o centro para que os vizinhos se cumprimentem pela manhã. Quando há desavenças, a casa pode ser virada na direção oposta à do vizinho. Em caso de desentendimentos mais graves, a ilha é cerrada para que as casas se desgrudem e se separem, podendo se juntar à outras "ilhas".

Os *"Uros"* constroem suas habitações com os materiais que o meio ambiente fornece, e as características para esta arquitetura sustentável são adequadas ao seu estilo de vida.

O ciclo de vida deste material de construção vegetal é curto, as fibras apodrecem e têm que ser substituídas periodicamente. Porém, a temporariedade destas habitações é concomitante com o tempo de vida de seus ocupantes. As fibras apodrecidas são renovadas constantemente para manter a habitação dos moradores, mas quando seus ocupantes morrem, a construção se decompõe na natureza.

[100] Totora (do quechua tutura, Scirpus californicus) é uma planta herbácea aquática, da família das ciperáceas, comum nas regiões de pântanos da América do Sul. Seu talo mede entre 1 e 3 m (metros), dependendo da espécie. É utilizada tradicionalmente na construção de embarcações e ilhas flutuantes no Lago Titicaca e em algumas praias do Peru. (fonte: Wikipédia, 2011)

O mesmo conceito de moradia relacionada ao núcleo familiar é praticado pelos nômades tibetanos e por grupos ciganos. Uma nova tenda é armada para cada nova família que se forma, que se expande com a chegada de mais membros, se retrai quando saem para se casar, e se desintegra com a morte de seus membros originais. [101]As construções efêmeras atendem aos requisitos dos moradores e são construídas de acordo com as necessidades do momento.

No mundo convencional, há famílias que passam toda a vida trabalhando para pagar suas moradias fixas, que ficam pequenas quando a família cresce e ficam grandes quando os filhos saem de casa. As moradias permanentes restringem a mobilidade do cidadão. E, cada vez mais as pessoas estão se deslocando em função de novas oportunidades de trabalho e em busca de melhores condições de vida. No entanto, o investimento e o tempo gastos para adaptar um imóvel às suas necessidades e torná-lo habitável não é contabilizado nas transações. No Brasil principalmente, o conceito de habitabilidade se restringe à integridade física do imóvel. E o mercado imobiliário brasileiro convencionou que o imóvel pode ser entregue vazio, livre de móveis e eletrodomésticos.

O conceito estabelecido, de que a construção deve ser sólida, estável e durável, aprisiona seus usuários a costumes ultrapassados, obriga a constantes renovações, ou deformações, quando os prédios resistem ao abandono ou demolições. Nossos prédios são edificados de acordo com o estilo de vida da época de sua construção, não se enquadram no modo de vida das gerações subsequentes que os ocupam.[102] As construções duráveis sobrevivem aos seus moradores, e se impõem aos futuros ocupantes, restringindo sua liberdade de escolha. Nos centros urbanos, onde vive a maior parte da população mundial, as edificações são duráveis e atravessam gerações.

Essa concepção de habitação tende a mudar radicalmente. As relações das pessoas com o trabalho estão mudando numa velocidade acelerada. A quantidade de trabalhadores remotos, nômades digitais e informais cresce a cada dia, conferindo liberdade geográfica às pessoas e enfraquecendo o conceito de fixação de moradia.

4.4.4. ZULUS - CABANAS ABORÍGENES DA ÁFRICA DO SUL

As fibras vegetais são leves, flexíveis e facilmente disponíveis para a construção de casas em comunidades agrícolas ou aborígenes. Essa forma espontânea de construir, com

---

[103] FAEGRE, T; *Tents:* Architecture of the Nomads, John Murray (Publishers) Ltd, London, 1979.

[104] Idem.

[105] CURNOW, Kathy. The Bright Continent: African Art History. Cleveland State University, 2018. Disponível em: https://pressbooks.ulib.csuohio.edu/bright-continent/chapter/chapter-4-4-art-in-nomadic-societies/. Acesso em: 14 mar. 2020.

materiais disponíveis localmente e técnicas próprias caracterizam a bioarquitetura autóctone. Os materiais utilizados, as técnicas para amenizar os desconfortos causados pelo clima, e as adaptações que atendem ao estilo de vida, à organização social, tamanho das famílias da população, definem a forma e o estilo variado dessas construções de acordo com sua localização geográfica. As estruturas simples podem assumir formatos variados, desde cúpulas e arcos a triângulos, círculos, retângulos e elipses.

Os materiais perecíveis destes tipos de construção, que se deterioram com o tempo, favoreceram a conquista de territórios pelos colonizadores europeus, que julgaram que esses povos eram nômades, não tinham habitações permanentes, e se apropriaram de suas terras.

Nas cabanas dos Zulus, as varas de pequenos arbustos que servem de estrutura são arrumadas em valas escavadas onde é fixada a base da construção. Desta forma, essas peças podem ser envergadas para se entrelaçarem com outras varas de extremidades opostas. A estrutura em forma de arcos proporciona uma boa sustentação treliçada para cobrir o espaço abobadado, com camadas de palha, para ser habitado (Figura 42). Em regiões de clima mais rigoroso, a cobertura de palha podia ser reforçada com peles ou tecidos para proporcionar maior isolamento térmico. A lareira ou fogareiro, como em outros exemplos, estrategicamente é colocada no ponto central do ambiente para fornecer calor aos habitantes do espaço, e a fumaça podia se dissipar através da palha.

O espaço interno da habitação é dotado de objetos como esteiras com travesseiros de madeira e utensílios de terracota. O lado esquerdo da cabana é designado para o homem, essa regra é exigida pela tradição, que determina que a mulher deve dormir à direita do

Figura 42: Cabana zulu tradicional em forma de colmeia, Kwazulu-Natal, África do Sul, 2013. Fonte: Leon/ adobe.stock.com. Licença #159729084.

homem. Na cama da esquerda da cabana, a cama do homem, um cabide artesanal de madeira pendura trajes típicos.

Já nas ilhas Samoa, no sul do Pacífico, as cabanas são construídas utilizando uma técnica diferente. Ocupada há aproximadamente 2 mil e 900 anos[103], a população desenvolveu uma técnica de construção própria que foi passada de uma geração a outra até os dias atuais. A moradia dos nativos é construída utilizando-se diferentes materiais naturais que podem ser encontrados com abundância nas ilhas. Para a construção da base são utilizados materiais sólidos de origem local: pedras, lava, coral e areia. Pequenos troncos de árvores, entre 15 e 30 cm de diâmetro (não flexíveis), são fincados com uma profundidade que varia de 100 cm (cem centímetros) a 120 cm (cento e vinte centímetros) em todo o perímetro, e no centro da construção. A estrutura do telhado é composta pelo mesmo material. As amarrações horizontais que unem o telhado com os suportes, ortogonais ao chão, constituem uma estrutura sólida e resistente, que finalmente é recoberta com palha e painéis de palha trançada nas paredes. As madeiras são colhidas na floresta local. As vigas longas que constituem a forma arredondada da cabana devem ser flexíveis, para esta finalidade são usados os coqueiros. As mulheres desempenham o trabalho de cobrir a cabana utilizando palha seca, preferencialmente extraída da cana-de-açúcar e desidratada. Podem ser usadas também as folhas do coqueiro, que são costuradas e amarradas umas às outras, com uma tira fina retirada das próprias folhas do coqueiro. Desta forma a estrutura é recoberta com a palha, em camadas, começando de baixo para cima e transpassando alguns centímetros para formar uma camada dupla garantindo total vedação. Para proteger contra o sol excessivo, ventos e chuvas, ou obter privacidade dentro da cabana, são utilizadas cortinas de palha que podem ser abertas ou fechadas de acordo com a conveniência do morador. A cabana construída utilizando esta técnica adequadamente pode durar vários anos. [104]

---

[103] GREEN, Roger C.; LEACH, Helen M. (1989). "New Information for the Ferry Berth Site, Mulifanua, Western Samoa". Journal of the Polynesian Society. 98 (3): 319–330. Disponível em: http://www.jps.auckland.ac.nz/document/Volume_98_1989/Volume_98,_No._3/New_information_for_the_Ferry_Berth_site,_Mulifanua,_Western_Samoa,_by_H._M._Leach,_p_319-330/p1?page=0&action=searchresult&target=. Acesso em: 14 mar.2020.

[104] TUVALE, Te'o. An Account of Samoan History up to 1918. New Zealand Electronic Text Collection. New Zealand Creative Commons Attribution Share-Alike License (CC BY-SA)Disponível em: http://nzetc.victoria.ac.nz/tm/scholarly/metadata-tei-TuvAcco.html. Acesso em: 14 mar. 2020.

Figura 43: Cabanas tradicionais, de palha em vila do arquipélago de Manu'a, Samoa, Nova Zelândia, 1890-1910. Fonte: Wikimedia. Domínio público. Disponível em: https://commons.wikimedia.org/wiki/File:Samoan.village.on.the.Manu%E2%80%99a.Island.Group.Andrew.Thomas_1890-1910.jpg . Acesso em: 29 nov. 2021. AUTOR: THOMAS ANDREW (1855-1939)

4.4.5. APACHES – TRIBOS NATIVAS DA AMÉRICA DO NORTE

Figura 44: Tradicional cabana indígena wigwam, de americanos nativos, 2008. Fonte: Zechal/adobe.stock.com. Licença #62321798.

Figura 45: Cabana wickiup apache abobadada, com estrutura de galhos trançados, coberta com cascas de árvores. Plymouth, Massachussets, EUA, 2018. Fonte: EnricoDellaPietra/adobe.stock.com. Licença #250471283.

Figura 46: Estrutura de uma cabana em um assentamento duradouro de uma tribo nativa, Canadá, 2000. Fonte: Christopher Meder/adobe.stock.com. Licença #14581548.

Figura 47: Forma abobadada da cabana wigwam. Plymouth, Massachussets, EUA, 2014. Fonte: BettySederquist/adobe.stock.com. Licença #131938553.

Muitas tribos nativas americanas se abrigavam em estruturas abobadadas temporárias que receberam diferentes denominações, não necessariamente restritos à sua localização ou grupo cultural. Os abrigos utilizados pelas tribos localizadas nas regiões Nordeste dos Estados Unidos, assim como no Canadá, são geralmente denominados *"wigwams"*, e no Sudoeste e Oeste dos Estados Unidos, *"wickups"*. São abrigos abobadados com estrutura de galhos trançados, cobertos por diferentes materiais, de acordo com suas tradições e cultura, e materiais disponíveis no local: grama, arbustos, cascas de árvores, junco, couro ou tecidos (Figura 45).

As cabanas *"wigwams"* ou *"wichups"* eram mais comumente utilizados em assentamentos temporários, mas também é possível encontrar o termo sendo usado para denominar estruturas cônicas e arredondadas de assentamentos mais duradouros de algumas tribos nativas da América (Figura 46). É comum serem confundidas com as tendas tipis (*"teepees"*), porém são bem diferentes, tanto no formato quanto na utilização. As tendas tipis (*"teepees"*) são pontiagudas e cônicas, com a estrutura de galhos convergindo para um único ponto central, são portáteis e revestidas de peles de animais. A estrutura das cabanas *"wigwams"* é mais complexa que das tendas tipis (*"teepees"*), e a montagem completa demora mais tempo, aproximadamente três dias.[105]

As cabanas *"wigwams"* não são portáteis, a estrutura de galhos é coberta com vegetais. A forma arredondada com cobertura abobadada as torna muito eficiente em diferentes condições climáticas. No clima frio do Nordeste dos Estados Unidos, funciona bem para evitar o acúmulo de neve (Figura 47).

Em dias chuvosos a trama vegetal é coberta por fora com pele de animais, para evitar que a água chegue ao interior do abrigo. A estrutra da cabana é composta por galhos, com comprimento entre 3 m (três metros) a 4,5 m (quatro metros e meio), fincados no solo na forma de círculo, que pode variar de 3 m (três metros) a 5 m (cinco metros) de diâmetro aproximadamente. As varas são curvadas em forma de arco e fincadas do lado oposto, na mesma direção. Os galhos maiores são colocados no centro, e os menores nas extremidades, para formação da cobertura curvilínea. [106] As cabanas *"wingwam"* não são portáteis como as tendas, sua estrutura é estacionária e as fundações são conectadas com certa profundidade no solo". [107]

4.5. SOLUÇÕES DE MORADIAS DE TERRA CRUA

No período glacial, aproximadamente 10 mil anos a.C., houve uma mudança do comportamento humano, provavelmente provocada pela escassez de alimentos e necessidade de proteção contra o frio. Após esse período, o clima ficou mais favorável e a disponibilidade de solos férteis mudou o modo de vida dos grupos de humanos. A atividade de coleta de alimentos durante um longo período contribuiu para o surgimento da agricultura, estabelecendo a fixação de assentamentos humanos.

No período Neolítico, há aproximadamente 8 mil anos a.C., acontece a descoberta da agricultura e a domesticação dos animais. O estilo de vida deixa de ser nômade, e os grupos se tornam sedentários, fixando moradia. Essa mudança de comportamento acontece com a

---

[105] OPLER, Morris E. (1941). An Apache life-way: The economic, social, and religious institutions of the Chiricahua Indians. Chicago: The University of Chicago Press. (Reprinted in 1962, Chicago: University of Chicago Press; 1965, New York: Cooper Square Publishers; 1965, Chicago: University of Chicago Press; & 1994, Lincoln: University of Nebraska Press, ISBN 0-8032-8610-4) apud Wikipedia.

[106] Native Languages of Americas: Preserving and promoting American Indian languages. Disponível em: http://www.native-languages.org/houses.htm. Acesso em: 26 mar. 2020.

[107] WikiHow. How to make a wigwam. Disponível em: https://www.wikihow.com/Make-a-Wigwam. Acesso em: 26 mar. 2020.

maioria dos antigos povos nômades, que se torna sedentária após o evento da descoberta da agricultura. No entanto, ainda hoje subsistem sociedades nômades, como algumas tribos do Saara.

O estilo de vida sedentário criou condições de crescimento populacional. A construção das habitações também se adaptou ao novo estilo de vida. Materiais mais pesados facilmente encontrados na natureza como: madeira, terra e pedra são mais duráveis e foram utilizados para a construção de moradias. Com estes materiais se tornou possível construir habitações fixas e sólidas que oferecem mais proteção contra as intempéries. Na região do Saara, África Central e Oriental onde não há abundância de pedra nem de madeira, as construções foram erguidas com terra e palha, facilmente encontradas em seu entorno. Até mesmo os grandes impérios, tais como: persa, egípcio e chinês, empregaram a terra crua na construção de fortes, castelos, muralhas, templos, habitações e outras edificações complementares. A terra compactada provou ser um excelente material de construção, adquire enorme resistência e durabilidade. Como pode ser constatado nas muralhas da China, a taipa foi utilizada como técnica construtiva em extensas partes. Mais tarde as muralhas de terra foram revestidas com pedra na parte externa, e resistem até hoje. [108]

Figura 48: Muralhas da China, Huairou, China, 2011. Fonte: A Autora

[108] PACHECO TORGAL, F.; JALALI, S. Construção em terra: o passado, o presente, o futuro. 2009, Universidade do Minho, Portugal.

4.5.1. BANPO - AGROVILA NA CHINA

O sítio arqueológico chamado *"Vila Banpo"*, é um assentamento do período Neolítico que foi encontrado em 1953 na China, durante uma escavação para a construção de uma fábrica. O canteiro da obra deu lugar às escavações de cientistas da Academia Chinesa de Ciências, em 1954. Atualmente, há no local um museu que expõe ao público os achados arqueológicos. *"Banpo"* era uma sociedade agrícola, sua população viveu há aproximadamente 6 mil e 800 anos, entre os anos de 3 mil e 5 mil a.C. As casas da vila foram construídas com terra em formato de tijolos de adobe. O sítio é o maior e mais importante dentre, aproximadamente, 400 sítios localizados ao longo do vale do Rio Amarelo, com cerca de 50 mil m^2 (metros quadrados). O museu está localizado próximo à cidade de Xi'An, antiga capital da China, que é muito conhecida por seu *"Exército de Terracota"*.[109]

No local foram encontradas ruínas de 46 casas, alguns currais para animais domésticos, tanques para armazenamento, cemitério e fornos. Objetos cerâmicos bem acabados também foram encontrados nas escavações, tais como: jarros coloridos de vermelho e cinza, tigelas, e objetos decorados com figuras geométricas. Algumas ferramentas eram confeccionadas com pedras e ossos de animais. Com esse material encontrado os arqueólogos puderam conhecer a cultura e o estilo de vida dos habitantes do local no passado. [110]

Os habitantes deste sítio eram agricultores, tendo no cultivo primário do milho sua principal base alimentar.

Segundo dados colhidos no Museu *"Vila Banpo"*, a população que viveu no local pertencia à raça mongol, com características físicas semelhantes ao povo atual do Sul da China. Somente um pequeno número possuía características físicas mais próximas dos habitantes modernos do Norte da China. A população vivia cerca de 30 a 40 anos, os homens chegavam à estatura de 1,70 m (um metro e setenta centímetros), aproximadamente. Sua alimentação era composta por animais selvagens, plantas e alguns poucos animais e plantas domesticadas.

---

[109] Coleção de esculturas de terracota representando os exércitos de Qin Shi Huang, primeiro imperador da China.

[110] PLETCHER, K.; LOTHA, G. Banpo Site, Archeological Site, China, Encyclopedia Britannica.,2010. Disponível em: https://www.britannica.com/place/Banpo-site. Acesso em: 21 abr. 2020.

Figura 49: Homens caçando animais selvagens, Museu Vila Banpo, Xi'An, China. Fonte: Museu Vila Banpo, Xi'na. Foto da Autora, 2011.

Figura 50: Homens cultivando e colhendo, Museu Vila Banpo, Xi'An, China. Fonte: Museu Vila Banpo, Xi'na. Foto da Autora, 2011.

Habitavam em dois tipos de casas, havia as casas de base retangular e base redonda, sendo estas últimas as mais comuns. As casas arredondadas tinham entre 12 e 30 m^2 (metros quadrados) e as retangulares entre 12 e 40 m^2 (metros quadrados). No centro da vila ficava a maior casa, pertencente ao chefe do vilarejo, com aproximadamente 160 m^2 (metros quadrados). Eventualmente a casa do chefe sediava eventos públicos, para reunir os aldeões. Eles tinham algum conhecimento de geometria, mas as ferramentas para preparação do terreno para construção eram rudimentares.

51

52

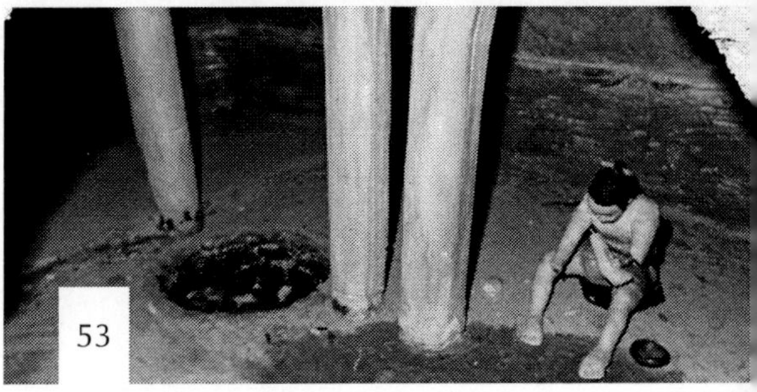

53

Figura 51: Habitação de base retangular, Museu Vila Banpo, Xi'An, China. Fonte: Museu Vila Banpo, Xi'An. Foto da Autora, 2011. **Figura 52:** Habitação redonda de base circular, Museu Vila Banpo, Xi'An, China. Fonte: Museu Vila Banpo, Xi'An. Foto da Autora, 2011. **Figura 53:** Fogueira centralizada na habitação, Museu Vila Banpo, Xi'An, China. Fonte: Museu Vila Banpo, Xi'An. Foto da Autora, 2011.

O uso do solo como material de construção pode ser constatado nas casas da vila, que tinham estrutura de madeira apoiada em base de pedra e telhado de palha. Cada casa podia ter de um a seis pilares para sustentar o telhado de palha, que era reforçado com argila. O caimento do telhado era bastante acentuado, provavelmente para evitar acúmulo de neve sobre ele. Todas as casas continham fogareiros e locais para armazenamento. O piso e as paredes eram revestidos de terra misturada com palha. Uma ou mais fogueiras ou lareiras de terra ficavam no centro da casa e serviam também para aquecimento do abrigo, espalhando o calor para o ambiente. Essa prática era comum também entre as tendas de compartimento único, utilizadas por povos como: os nativos americanos, os Lapões, os Beduínos, os Tuaregues e os Mongóis, comentadas anteriormente nessa obra.

A maioria das casas era semienterrada, quase subterrâneas, apenas um pequeno número era construído no mesmo nível do terreno. O nível do piso dessas casas ficava um metro abaixo da superfície do terreno, para proteção durante o inverno, proporcionando uma barreira natural contra o clima frio e o vento. A argila extraída na escavação, que funciona muito bem como isolante térmico, era reforçada com o cozimento nos fornos da aldeia para a construção das paredes. O povoado era cercado por um fosso, provavelmente para defesa dos seus habitantes. No perímetro externo ao fosso situavam-se o cemitério e os fornos cerâmicos.[111]

4.5.2. MUSGUM - CASAS-BANANAS DE CAMARÕES

A terra é um material natural sustentável muito utilizado no passado, que vem sendo reconhecido como uma alternativa sustentável de material de construção do futuro. Centros de pesquisa e universidades de diversos países desenvolvidos da América e da Europa já estudam a terra como uma das opções de materiais não convencionais sustentáveis. A terra é considerada uma opção para substituir materiais que emitem altas taxas de CO_2 (dióxido de carbono) e poluentes gerados em sua fabricação, como o cimento e seus derivados.

O povo "*Musgum*" que vive na África Central Francesa, possui engenhosidade e constrói suas moradias de terra com muita habilidade artesanal e extrema beleza plástica. As casas-bananas do povo "*Musgum*" são moldadas manualmente com terra misturada à areia e palha, com conhecimento técnico adquirido empiricamente resultando em formas capsulares com suas funcionalidades muito interessantes.

A estrutura da edificação é autoportante, apesar das paredes serem muito finas no topo. Para garantir estabilidade do abrigo em forma de concha, a parede da base é mais espessa. Sua forma semielíptica em arco, com curvas e sulcos, permite que a parede tenha uma espessura

[111] JARZOMBEK, M. M.; PRAKASH, V. (2011-02-09). A Global History of Architecture. pp. 8–9. ISBN 9780470902455. Disponível em: https://en.wikipedia.org/wiki/Banpo#cite_note-ching2-5. Acesso em: 29 nov. 2021.

muito fina e obtenha rigidez máxima utilizando o mínimo de material. O arco, com formato aproximado do arco da catenária[112], distribui os esforços de compressão garantindo rigidez à estrutura e resistência da edificação, sem momentos de torção ou flexão.

Para iniciar a construção, a terra é misturada com água para formar uma lama que é colocada sobre uma palha de juncos secos amarrados. A partir do chão, as fileiras de adobe de aproximadamente 50 cm (centímetros) são assentadas em camadas, em espiral formando a base circular. Após a secagem de cada camada, outras camadas são acrescentadas formando a estrutura da casa, que exibe desenhos geométricos.

Na parte externa da estrutura de terra são posicionados elementos em alto-relevo em forma de "V", como conchas cônicas invertidas. Altamente decorativos, estes relevos possuem uma função técnica. Servem para desviar a água da chuva em diversas direções evitando o desgaste do material. As gotas de água da chuva que caem sobre a camada externa do abrigo são dispersadas pela superfície, e não causam impacto nem erosão nas paredes da edificação.

A admirável criatividade desse povo deve ser objeto de estudo. Os relevos da fachada são elementos que têm dupla função: além de direcionarem a água da chuva também servem de escada de acesso ao topo do domo, quando há necessidade de executar serviços de manutenção na construção. A simplicidade e a funcionalidade das construções do povo *"Musgum"* são icônicas e sua beleza estética singular.

Figura 54: Povoado Musgum, Camarões, África, 1887-1950. Fonte: Customs of the world, 1912. Autor: Percy Amaury Talbot (1877-1945). Editado por Walter Victor Hutchinson. Domínio público. Disponível em: https://commons.wikimedia.org/wiki/File:Banana_Houses,_Musgum.jpg. Acesso em: 29 nov. 2021.

[112] WIKIPEDIA. Catenária: Aplicação: *"Uma força aplicada em um ponto qualquer da curva é distribuída igualmente por todo material, proporcionando maior estabilidade à estrutura. Por isso é amplamente utilizada na construção de arcos arquitetônicos, domos de catedrais e até iglus."* Disponível em: https://pt.wikipedia.org/?title=Caten%C3%A1ria. Acesso em: 29 nov. 2021.

O material utilizado em toda a construção é terra, escavada no próprio local. Essa tecnologia autóctone, ancestral, desenvolvida pela sabedoria popular, transmitida sucessivamente por gerações, resulta numa construção acessível e ecológica: não polui, não desmata, não intoxica, é reciclável, proporciona conforto térmico e não gera resíduos.

A terra também funciona muito bem como isolante térmico. Em locais onde há grande amplitude térmica, como os dias quentes e as noites frias do deserto, as construções de terra funcionam como um regulador de temperatura. A terra tem a capacidade de armazenar o calor durante o dia mantendo o ar interno fresco, e liberar à noite, aquecendo o ambiente. A altura dessas casas, que pode chegar até 9 m (metros), é outro fator que contribui para manter a temperatura interna confortável, mesmo nos dias mais quentes. As paredes de terra crua absorvem a umidade do ambiente, liberando quando o ar se torna ressecado, proporcionando mais conforto. Essa troca de umidade com o ambiente é importante para evitar a condensação e a expansão do material.[113]

No alto do domo há uma pequena abertura circular para saída do ar quente, que flui por convecção, e provoca movimento e uma corrente de ar refrescante. Essa abertura também tem a função de escape, em caso de inundações, para saída emergencial. Em dias chuvosos a abertura é tampada com uma pequena cúpula, ou uma simples panela, para evitar que a água molhe o interior da cabana. Há somente uma única porta de entrada em toda a edificação. Uma porta estreita até a altura dos joelhos, e mais larga na altura dos ombros, como um buraco de fechadura invertido.

As aldeias são compostas por celeiros, diversas unidades habitacionais e um pátio central, de uso exclusivo dos habitantes. Todo o aglomerado é protegido por cercas. Um espaço próximo às habitações é reservado para expansão das moradias. À medida em que as famílias vão crescendo, filhos que nascem, ou novos membros se agregam, cada nova esposa, ou noras que chegam, novos domos são construídos junto aos núcleos familiares.[114]

---

[113] SALGADO, F. A. Análise macromecânica do comportamento da terra como revestimento externo, com ou sem reforço de fibras vegetais. Mestrado (Dissertação). Pontifícia Universidade Católica do Rio de Janeiro, 2010.

[114] Wikivisually. *Musgum mud huts*. Disponível em: https://wikivisually.com/wiki/Musgum_mud_huts. Acesso em: 29 nov. 2021.

Figura 55: Casas-banana, Camarões, África, 1887-1950. Fonte: 2DDANGA / CC BY-SA (https://creativecommons.org/licenses/by-sa/4.0). Disponível em: https://commons.wikimedia.org/wiki/File:Cases_traditionnelles_du_Peuple_Mousgoum_1.jpg. Acesso em: 29 nov. 2021.

4.5.3. KASBAHS - CIDADELAS DO MARROCOS

Na base da cadeia montanhosa do Alto Atlas, no Marrocos, na província de Ouarzazate, nasceu à beira do rio Ounila, a cidade fortificada de Ait-Ben-Haddou, no século XVII. A cidade surgiu do comércio das caravanas do antigo Sudão que percorriam o Vale do Draa, e por ali passavam em direção à Marraquexe. O *"Kasbah"* de Ait-Ben-Haddou é o mais famoso e mais representativo exemplo da arquitetura de terra sul-marroquina. O conjunto arquitetônico é composto por habitações e edifícios públicos e comunitários, que incluem uma mesquita, uma praça, um cemitério judeu e um muçulmano, e uma área de debulha de grãos, fora das muralhas. Atualmente o *"Kasbah"* ainda é habitado por cerca de oito famílias, que permaneceram na cidadela quando a maioria dos habitantes migrou para uma aldeia mais moderna do lado oposto ao rio. [115]

[115] UNESCO-World Heritage Convention.United Nations Educational, Scientific and Cultural Organization Ksar of Ait-Bem-Haddou, 1987. Disponível em: https://whc.unesco.org/en/list/444/. Acesso em: 29 nov. 2021.

Figura 56: A) Cidade fortificada de Ait-Ben-Haddou, Ouarzazate, Marrocos, 2020. Fonte: A Autora. B) Construções de terra, cidade Draa Tafilalet-Ting, Marrocos, 2020. Fonte: A Autora

Figura 57: Kasbah Amridil, Skoura, Marrocos, 2020. Fonte: A Autora

No Marrocos há inúmeros *"Kasbahs"* espalhados por todo o Sul país. O método construtivo utilizado com seus traços e adornos são a base da arquitetura tradicional marroquina. Os *"Kasbahs"* têm origem berbere, eram edificações utilizadas para defesa contra ataques e invasões inimigas, ou para proteção contra o frio e tempestades de areia. Ao redor dos povoados que se formavam, muralhas eram construídas para proteção e podiam chegar até 10 m (metros) de altura e 2 m (metros) de largura.

Como não há na região disponibilidade de pedra e madeira, que são materiais de construção consagrados em outros países, a terra e a palha de trigo foram os materiais utilizados nas edificações. A seleção desses materiais se explica pela abundância dessa matéria-prima, que são adequadas para o clima seco e suas propriedades, tais como: resistência ao fogo, facilidade de moldagem, capacidade de isolamento térmico, durabilidade, resistência, e menor peso em relação à pedra. Todas essas conveniências em conjunto com a necessidade de construir, fizeram com que os blocos de terra se tornassem a solução para as edificações nesse ambiente.[116] O uso da terra crua como matéria-prima permite sua reutilização infinitas vezes, dado que ao final da vida útil da edificação, a terra retorna ao seu estado original.

As partes mais altas e os adornos decorativos da fachada são construídos com tijolos de abobe produzidos no local, e a base das paredes, para garantir maior estabilidade, é moldada com a técnica da taipa de pilão. Os períodos de seca são ideais para a fabricação dos blocos de adobe e para as construções. O barro em processo de cura não deve ser exposto à chuva para não se desintegrar, e após essa fase adquire resistência e durabilidade.

[116] SALGADO, F. A. Análise macromecânica do comportamento da terra como revestimento externo, com ou sem reforço de fibras vegetais. Mestrado (Dissertação). Pontifícia Universidade Católica do Rio de Janeiro, 2010 apud Lourenço 1999.

Figura 58: Detalhe de adobe, Kasbah Amridil, Skoura, Marrocos, 2020. Fonte: A Autora

Figura 59: Detalhe do revestimento do muro de adobe, Et Taous, Draa Tafilalet, Marrocos, 2020. Fonte: A Autora

Os blocos de adobe podem ser maciços, ou conter furos que não ultrapassassem 15% da superfície. As suas dimensões não são restritas, há variações, de acordo com o local em que são produzidos. Alguns pesquisadores recomendam que a massa de terra descanse por um período de 24 horas, antes de ser colocada nas formas para a fabricação dos blocos. Esta técnica evita a retração excessiva após a produção, e melhora a qualidade do material acabado.[117] Após secagem ao sol por aproximadamente 10 dias, dependendo do clima da região, este material adquire uma durabilidade que pode durar séculos, com apenas uma pequena manutenção. A durabilidade é maior principalmente em regiões secas.

As fundações são executadas com pedras. As paredes devem ficar afastadas do solo aproximadamente 60 cm (centímetros) para protegê-las da umidade ascendente. A taipa de pilão é uma técnica monolítica de construção onde as paredes são levantadas com a compactação da massa de terra misturada à palha, cascalhos e areia. A massa é colocada em formas de madeira assumindo função estrutural para sustentação do edifício, como acontece com os blocos de adobe.

Quando a massa atinge a altura de 2/3 (dois terços) da forma de apiloamento, são inseridas madeiras transversalmente, para transportar a forma até a parede em construção. Essas madeiras usadas para transporte da forma cheia de massa, geralmente são enroladas em folhas de árvores, ou palha, para facilitar sua posterior retirada. A terra batida depois de comprimida fica aglutinada e compacta, e pode ser transportada sem desagregar.

117 PINTO, A. R. A. G. Fibras de curauá e sisal como reforço em matrizes de solo. Mestrado (Dissertação). Pontifícia Universidade Católica do Rio de Janeiro, 2008 apud DOAT et al, 1979.

Figura 60: Forma para parede de taipa de pilão, Kasbah Amridil, Skoura, Marrocos, 2020. Fonte: A Autora

Figura 61: Parede de taipa de pilão e laje plana, Kasbah Amridil, Skoura, Marrocos, 2020. Fonte: A Autora

Figura 62: Camada de terra de cobrimento da laje, Kasbah Amridil, Skoura, Marrocos, 2020. Fonte: A Autora

Figura 63: Estrutura de madeira da laje, Kasbah Amridil, Skoura, Marrocos, 2020. Fonte: A Autora

O telhado é composto por uma laje plana, estruturada com uma trama de madeira, junco ou bambu e coberta por folhas de palmeiras e pela mesma massa de terra e palha. A palha misturada à terra aumenta a resistência à tração e reduz substancialmente a ocorrência de fissuras pela retração após a secagem. As fibras podem ser longas, maiores que 7 cm (centímetros), ou curtas, até 6 cm (centímetros). As curtas são mais fáceis de manusear e podem ser misturadas aleatoriamente. A fibras longas necessitam de mais cuidado, devem ser posicionadas longitudinalmente e com espaçamento predefinido. A camada externa do revestimento que também é de terra e palha de fibras curtas, descola com a ação das intempéries, e necessita de manutenção esporádica. O método usado tradicionalmente pelos construtores da África e da Índia para aumentar a resistência da superfície externa contra a erosão pelo vento e pela chuva, é a compactação. Enquanto o revestimento ainda está úmido e maleável, utiliza-se pedras arredondadas para socar com movimentos circulares a parede, que não pode ter fissuras ou poros aparentes. A porosidade natural do material, terra crua, possibilita a dispersão dos vapores de água evitando a condensação, especialmente em climas frios. [118]

64

65

Figura 64: Revestimento de parede de taipa de pilão, Kasbah Amridil, Skoura, Marrocos, 2020. Fonte: A Autora **Figura 65:** Detalhe de revestimento de parede de taipa de pilão, Kasbah Amridil, Skoura, Marrocos, 2020. Fonte: A Autora

[118] SALGADO, F. A. Análise macromecânica do comportamento da terra como revestimento externo, com ou sem reforço de fibras vegetais. Mestrado (Dissertação). Pontifícia Universidade Católica do Rio de Janeiro, 2010 apud Lourenço 1999, apud Minke 2000.

Figura 66: Decoração interna, Kasbah de Telouet, Alto Atlas, Marrocos, 2020. Fonte: A Autora

As pequenas fortalezas geralmente têm plantas quadrangulares com paredes largas e compactas, um pátio central e quatro torres para segurança nas extremidades. Nas partes altas ficam os terraços com seteiras para vigilância. Essas cidadelas possuíam um senhorio, que habitava a maior e mais imponente construção. As casas dos senhorios tinham uma grande sala, normalmente usada para receber e tratar de assuntos, somente entre os homens. No pavimento térreo havia um curral para recolher o gado em dias frios. No entorno dessas fortalezas se formavam vilas rurais cujo desenvolvimento dependia do poder do proprietário.[119]

[119] GARCIA-LÓPEZ, S. Vivir em el Sahara:adaptación del hombre a la diversidade de um cambio climático.Universidad de Oviedo, Espanha, 2005, p.77-78.

A arquitetura berbere dos edifícios construídos com terra contrasta com o interior ricamente decorado, como no "Kasbahs" de Telouet, ou Glaoui, junto à vila berbere de mesmo nome, no Alto Atlas. Essa fortaleza está posicionada numa antiga rota comercial transaariana, por onde passavam as caravanas levando mercadorias das zonas de abastecimento para o outro lado das montanhas do Atlas.

A influência da arquitetura islâmica pode ser observada no segundo pavimento da edificação destinado à recepção de visitantes e aposentos da família. A parte inferior das paredes é adornada por "zelliges", que são azulejos típicos marroquinos, moldados em argila, esmaltados, talhados e dispostos formando figuras geométricas. Na parte superior, as paredes são ornamentadas com arabescos de caligrafia árabe e motivos florais de estuque, trabalhados manualmente. Conta a lenda local, que 300 artesãos entalharam durante três anos a decoração interna do palácio. Os adornos utilizados na decoração têm formas geométricas e inanimadas obedecendo à lei islâmica que proíbe a representação de pessoas ou animais. Os ladrilhos também têm função térmica auxiliando o resfriamento do ambiente para amenizar o clima árido do deserto. Um meticuloso trabalho em madeira enfeita o forro colorido em cedro entalhado.

67

68

Figura 67: Zellige, preparação dos azulejos, Fes, Marrocos, 2020. Fonte: A Autora.

Figura 68: Montagem das figuras geométricas com os azulejos talhados, mostrando a parte posterior que receberá a argamassa ligante, Fez, Marrocos, 2020. Fonte: A Autora

A técnica de fabricação do *"zellige"* consiste no preparo da massa de argila cinza, moldagem em placas planas, de formato quadrado, com 10 cm (centímetros) de lado. Após a primeira fornada, as placas recebem uma camada de esmalte na cor desejada, produzida com pigmentos naturais, e retornam ao forno. Os moldes geométricos são desenhados nas placas para posterior corte manual. As peças são cortadas em formato cuneiforme, criando vazios na parte dos fundos, que serão preenchidos pela argamassa de cimento e argila que irá unir o quebra-cabeças. Desta maneira, na parte visível do desenho, as peças aparecerão encaixadas em uma superfície plana e não apresentará rejuntes, como mostra a Figura 70.

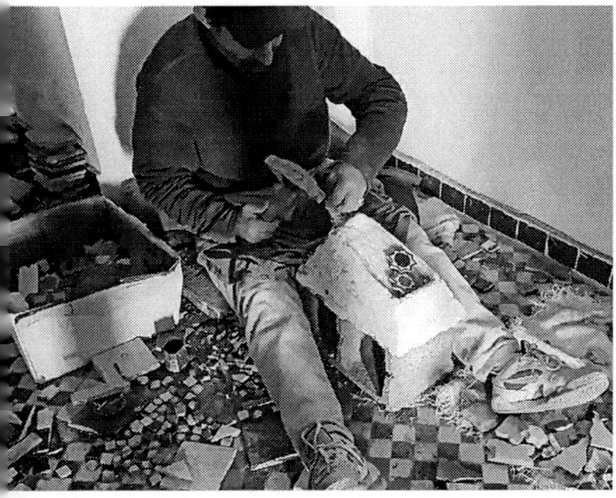

69

70

Figura 69: Artesão preparando as peças do zellige, Palácio Bahia, Marrakesh, Marrocos, 2020. Fonte: A Autora.

Figura 70: Detalhe do zellige na decoração interna, Palácio Bahia, Marrakesh, Marrocos, 2020.Fonte: A Autora

A arquitetura rural residencial berbere, encontrada nos aglomerados da região montanhosa do Alto Altas, tem como característica marcante de construção, casas compactas, compartilhadas entre as pessoas e os animais numa única edificação, em pavimentos distintos. O térreo é reservado aos animais e à estocagem de ração vegetal, e os pavimentos superiores são reservados aos moradores. Em muitos casos, um único acesso é dividido entre animais e pessoas. Esse modelo de casa de bloco com planta de base quadrada ou trapezoidal caracteriza as aldeias do Alto Atlas. Devido à abundância de diferentes tipos de rochas dessa cadeia de montanhas, as casas rurais combinam paredes de pedra e de terra. Nas casas de terra, a estrutura de madeira composta por pilares e vigas de madeira dá sustentação às paredes e lajes. [120]

[120] COSTA, A. R.; BATISTA, D. Paisagem Cultural e Arquitetura. Critérios para o estudo do patrimônio construído nas regiões de montanha de Portugal e Marrocos, 2016. Universidade do Algarve, Portugal..

Figura 71: Casas rurais, Alto Atlas, Marrocos, 2020. Fonte: A Autora

4.5.4. NÚBIOS – VILAS ABOBADADAS NO EGITO

Esta técnica de construção com terra reforçada com fibras também pode ser encontrada no Egito.

Os egípcios construíram monumentos extraordinários de pedra, mas não possuíam habilidade com carpintaria, porque seu território desértico não produz madeiras de boa qualidade. A pedra e a terra são os materiais mais abundantes na região. A pedra foi utilizada para edificar as construções de grandes proporções, como templos e pirâmides. Para alcançar grandes alturas, e trabalhar nas partes mais altas das edificações, eram construídas rampas de barro como alternativa aos andaimes, pela indisponibilidade de madeira na região. Ao término das obras, as rampas de barro eram demolidas. Nas demais construções residenciais e militares, a lama extraída do rio Nilo misturada com palha servia para moldar os tijolos que eram utilizados depois de secarem ao sol. Os tijolos de adobe não eram cozidos. Para serem assentados, era utilizada uma argamassa de argila com areia fina para unir os blocos. As paredes e muros inclinados eram conseguidos através do empilhamento deslocado dos blocos.

O triângulo, por ser um polígono indeformável, era uma figura geométrica muito utilizada nas construções egípcias. Por motivos técnicos, ou religiosos, também representava o trino de divindades: os deuses Osíris, o pai; Ísis, a mãe; e Hórus, o filho.[121]

No Vale dos Reis, no Egito, foi utilizada a técnica de cobertura abobadada no Centro Funerário de Ramsés, construído há mais de 3 mil 300, conhecida como abóbadas núbias. [122] Em Luxor foram encontrados vestígios milenares que comprovam o conhecimento da técnica de construção de coberturas abobadadas. Hassan Fathy, um premiado arquiteto egípcio, realizou um importante trabalho de resgate de técnicas tradicionais de construção em terra crua para solucionar um problema habitacional de uma área rural de seu país. Em 1969, Fathy resgatou o conhecimento do povo Núbio, de construção de arcadas, para viabilizar seu projeto de construção de casas populares de baixo custo. Ao mesmo tempo treinou a mão de obra local, para baixar os custos transferindo tecnologia. Esse belo projeto de arquitetura social capacitou e deu autonomia a essa população para exercer essa atividade profissionalmente. A redescoberta gerou muito interesse nos círculos acadêmicos, incentivando pesquisas da técnica de construção com terra crua, que foi muito estudada e difundida. 123

Figura 72: Construção em adobe, Assuã, Egito, 2011. Fonte: A Autora

[121] ROCHA, M. B.; A Arquitetura Egípcia. Textos Históricos. Disponível em: http://www.territorios.org/teoria/H_C_egipcia.html. Acesso em: 29 nov. 2021.

[122] PONCE, A. R. Curvas de suspiro e barro. O tijolo recarregado; uma técnica milenar moderna. Revista Vitruvius, Arquitextos 028.03, 03/09/2002. Disponível em: https://www.vitruvius.com.br/revistas/read/arquitextos/03.028/750/pt. Acesso em: 29 nov. 2021.

[123] FATHY, H. Construindo com o povo: arquitetura para os pobres – tradução de Maria Clotilde Santoro – Rio de Janeiro: Salamandra; São Paulo: Editora da Universidade de São Paulo, 1980. Disponível em: http://www.arqpop.arq.ufba.br/construindo-com-o-povo--arquitetura-para-os-pobres. Acesso em: 29 nov. 2021.

Figura 73: A) Construção em adobe, detalhe. Assuã, Egito, 2011. Fonte: A Autora. B) Abóbada núbia em adobe, Assuã, Egito, 2005.Fonte: Wikimedia Commons. Autor: ALAIN GUILLEUX CC BY-SA (https://creativecommons.org/licenses/by-sa/3.0/deed.en). Disponível em: https://commons.wikimedia.org/wiki/File:Voute_nubienne_egypte.jpg. Acesso em: 29 nov. 2021.

Figura 74: Vila núbia, Assuã, Egito, 2011. Fonte: A Autora

Os nômades árabes ao mudarem seu estilo de vida construindo moradias fixas, perderam o hábito de apreciar diariamente a abóbada celeste. O desejo de aproximar seus lares da imensidão de céu, que ficou do lado de fora, foi materializado na construção. Sua nova moradia tinha abóbadas apoiadas em colunas, numa tentativa de simbolizar o cosmos. As abóbadas núbias são construídas utilizando a técnica do arco sem cimbramento, com tijolos assentados de face e sobreposto em ¾ (três quartas) partes. Com blocos de adobe secos ao sol, feitos com terra pisada, palha e esterco, a abóbada é construída a partir de um arco que se apoia em uma parede. A colocação dos blocos de forma inclinada contra esta parede torna desnecessário qualquer escoramento, é pela inclinação das fiadas de tijolos que constituem o arco que o peso se transfere para a parede de suporte. Os tijolos são sulcados para melhor aderência à argamassa que é colocada entre as fiadas sem necessidade de argamassa entre os tijolos de mesma fiada.[124]

Figura 75: Interior de uma casa núbia, Assuã, Egito, 2011. Fonte: A Autora

[124] PENHA, M.E.R.R.; SANTOS, I.R.C.; SANTOS, I.J.V. Arquitetura de terra e diferentes maneiras de construir. Artigo publicado nos ANAIS do 7º Congresso de Arquitetura e construção com terra no Brasil, 2018, Rio de Janeiro: TerraBrasil/UFRJ, 2018. 738 p. ISSN 2178-1729

Os Núbios que migraram para o Egito são egressos de um povo milenar do nordeste da África. Expulsos pela inundação do local para a construção da Barragem de Assuã, tiveram que abandonar suas casas. Ao chegarem no Egito, os Núbios se instalaram nas areias quentes do deserto, na margem árida do rio Nilo.[125] Retornaram ao ambiente que habitaram seus antepassados nômades, e construíram uma vila singular para viverem, trazendo junto com eles sua história e sábia cultura.

4.6. SOLUÇÕES DE MORADIAS TROGLODITAS

A arquitetura rudimentar troglodita foi a forma de moradia de diversas civilizações ao longo da história. Diz-se trogloditas, àqueles que moram em habitações subterrâneas ou escavadas em rochas. Essas cavernas são escavadas em rochas macias, geralmente sedimentares, de formação calcárea, arenítica ou vulcânica, em regiões e climas variados.[126]As cavernas foram a forma de habitação mais utilizada por grupos humanos durante milhares de anos, seja como abrigo temporário ou moradia permanente.

Uma evolução habitacional pode ser observada entre a fase das cavernas naturais usadas como refúgios, a fase da mobilidade das moradias nômades, e a fase da habitação escavada em rochas. Essa última, a partir de acréscimos para expandir cômodos, vão se descolando da rocha para o ambiente externo, até que se tornam habitações independentes, construídas acima do solo.

A segurança e a proteção que esses abrigos naturais primitivos proporcionavam às populações pré-históricas se estenderam ao longo do tempo, vindo a se tornar a solução de moradia para outras civilizações. Os diferentes materiais, climas e topografias demonstram a grande capacidade das pessoas de se adaptarem ao ambiente em que vivem e de lidarem com suas adversidades. Sejam terrenos planos ou acidentados, com topografias variadas, escarpas, platôs, penhascos, vales, e materiais diversos não são empecilhos, sempre são encontradas soluções para habitação. Há habitações trogloditas em vários países do Ocidente e do Oriente (Figura 76).

As moradias escavadas são um exemplo de habitações sustentáveis. Não há gastos com aquisição, não há queima de combustível com transporte, nem gasto energético com a produção de material para a construção. Este tipo de edificação é uma construção seca, tendo em vista que não é necessário o uso de água. É uma construção que não gera resíduos, já que o material extraído da escavação da rocha é utilizado como material de construção na parte externa das cavernas, para ampliação de moradia.

---

[125] MARTIN, I.J. Museu em Assuão tenta preservar história do povo núbio no Egito. Cultura. Agência EFE Brasil. Disponível em: https://www.efe.com/efe/brasil/educacao/museu-em-assu-o-tenta-preservar-historia-do-povo-nubio-no-egito/50000242-3549449#. Acesso em: 29 nov. 2021.

[126] Wikipedia. Habitat troglodytique. Disponível em: https://fr.wikipedia.org/wiki/Habitat_troglodytique. Acesso em: 29 nov. 2021.

Figura 76: Cavernas escavadas na montanha, Vila Dogon, Mali, África, 2009. Fonte: MicheleAlfieri/adobe.stock.com. Licença #35495976.

A climatização passiva do ambiente habitado dispensa ou reduz os gastos com energia que seriam necessários para amenizar a temperatura interna. A rocha atua como um envelope externo que envolve a habitação, e funciona como um isolante térmico natural que evita a troca de calor com o ambiente externo. A inércia térmica da massa desse invólucro natural mantém o ar interior da casa agradável, tanto no frio como no calor, e proporciona conforto ambiental. [127]

Granada, Espanha.

Em Granada, na Espanha, a arquitetura subterrânea é fruto das mudanças históricas, sociais e econômicas ocorridas na região. As cavernas do bairro de Sacromonte, chamadas de *"cuevas"*, eram utilizadas inicialmente como esconderijos por uma parte da população, e mais tarde como única forma de abrigo para a população mais carente. Na Idade Média as *"cuevas"* tinham caráter defensivo, eram pontos de vigilância isolados, escavados na montanha e difíceis de localizar, com acesso exclusivamente pelas janelas, por meio de cordas ou escadas. Nos séculos XI e XII, com a chegada dos muçulmanos, houve uma mudança na função das *"cuevas"*. A população de moçárabes, os árabes católicos convertidos, sentiu-se ameaçada por sua divergência religiosa e se refugiou nas cavernas, onde podiam continuar a praticar sua fé.

---

[127] ARECCHI, Alberto. Arquitetura Escavada na Rocha. Ed. Elemental Editoração, 2018. ISBN 9781370514274.

Com a conquista de Granada pelos reis católicos, Fernão de Aragão e Isabel de Castela, no século XV, os mouros escaparam para as cavernas escavando massivamente novas moradias na rocha para construírem seus abrigos. Mais tarde, grande parte da população muçulmana foi forçada pelas autoridades a evadir do centro da cidade para as zonas periféricas, alegando motivos de segurança.

A partir do século XVII, chegaram os moradores católicos vindos de outras regiões. Ocuparam o vazio deixado pelos mouros, expulsos da Península Ibérica pelo rei Felipe II. Os católicos repovoaram as moradias subterrâneas abandonadas.

A ocupação mais recente das "*cuevas*", ocorreu no final do século XIX e início do século XX, com o crescimento demográfico e o empobrecimento da população. Na mesma situação se encontravam os imigrantes que não podiam arcar com os custos de morar próximos ao centro. As "*cuevas*" se tornaram a solução de habitação para essa população composta por pessoas economicamente humildes e socialmente excluídas, em busca de moradia barata. A partir de 1950 houve a última escavação maciça de "*cuevas*" com finalidade habitacional. As sucessivas ondas de ocupação de populações de diferentes culturas e tradições que moraram nas "*cuevas*" modificaram as características milenares originais com adaptações, a fim de incorporar novos serviços de infraestrutura urbana disponíveis ao seu modo de vida.

Figura 77: Cavernas escavadas na montanha, fachada, Museo Cuevas del Sacromonte, Sacromonte, Granada, Espanha, 2020. Fonte: A Autora

Figura 78: Covas escavadas na montanha, interior, Museo Cuevas del Sacromonte, Sacromonte, Granada, Espanha, 2020. Fonte: A Autora

Matera, Itália

Figura 79: Catedral e cidade de Matera, Basilicata, Itália, 2019. Fonte: A Autora

A cidade de Matera, localizada na região da Basilicata, sudeste da Itália, possui uma enorme riqueza histórica e um patrimônio arquitetônico singular implantado num ambiente natural. Os primeiros habitantes chegaram e se instalaram em Matera no período Paleolítico. Há cerca de 9 mil anos, período Neolítico, até meados do século XX, o local foi habitado ininterruptamente, mas sua ocupação foi intensificada a partir do século VIII d.C., com a construção da catedral no topo da montanha. Em sucessivos períodos da história, as cavernas naturais e, posteriormente as casas escavadas nas rochas, foram usadas como moradias por diversos grupos populacionais. Porém, as características do assentamento troglodita mais preservado do Mediterrâneo se mantêm originais atraindo muitos pesquisadores e visitantes curiosos. Os *"Sassi di Matera"* são dois bairros pedregosos que compõem a cidade, o *"Sasso Caveoso"* e o *"Sasso Barisano"*. *"Sassi"* é o plural de *"sasso"*, em italiano, que significa rocha ou pedra.[128] As habitações em cavernas escavadas que se instalaram nessas montanhas calcárias à beira do rio Gravina são perfeitamente adaptadas ao meio ambiente.

A cidade troglodita é composta por mais de mil habitações, além de estabelecimentos comerciais, igrejas, monastérios, entre outros, todos escavados nas rochas. O entorno da cidade se caracteriza por um vale aberto profundo de rocha calcária, com um rio correndo na sua parte mais profunda. A parte alta da formação rochosa é formada por platôs cobertos por vegetação rasteira, com poços, trilhas de pastoreio, igrejas muito antigas e fazendas fortificadas. A profundidade do vale favorecia a proteção da população local contra inimigos e desastres naturais. As primeiras habitações escavadas do povoado foram simples cavernas cercadas por paredes. Os blocos de pedra retirados da escavação eram usados na construção de paredes de proteção e na expansão da habitação para a área externa.[129]

[128] Sassi, plural de sasso que significa rocha, pedra, em italiano. MICHAELIS. Dicionário Escolar Italiano. Disponível em: https://michaelis.uol.com.br/palavra/OyZIL/sasso/. Acesso em: 29 nov. 2021.

[129] UNESCO-World Heritage Centre.The Sassi and the Park of Rupestrian Churches of Matera. Disponível em: https://whc.unesco.org/en/list/670/. Acesso em: 29 nov. 2021.

80

81

82

Figura 81: Habitações trogloditas ancestrais, cavernas escavadas na rocha. Matera, Basilicata, Itália, 2019. Fonte: A Autora.

Figura 80: A cidade de Matera atual, com as ampliações edificadas com o material retirado das edificações das escavações das cavernas. Basilicata, Itália, 2019. Fonte: A Autora

Figura 82: Cisterna no interior de uma casa caverna, para armazenamento de água da chuva coletada pela superfície coberta da habitação, para uso doméstico. Matera, Basilicata, Itália, 2019. Fonte: A Autora.

Os antigos habitantes de Matera viviam da agricultura, da caça e da criação de animais. Na região de Matera chove muito em algumas épocas do ano, mas é muito seca no resto do ano. Esses antigos construtores utilizaram um conhecimento técnico criativo para captação, armazenamento e distribuição de água para as moradias. Essa estrutura foi fundamental para a implantação e o desenvolvimento do povoado. O rio que corta o fundo do vale é a fonte natural de abastecimento de água mais próxima, porém o desnível acentuado de aproximadamente 400 m (metros) abaixo das moradias impossibilitava a captação, com os recursos disponíveis à época. A solução encontrada foi a instalação de cisternas em forma de sino, escavadas na rocha, no interior das habitações para armazenamento de água proveniente das chuvas. Um sistema engenhoso de coleta de água da chuva para o abastecimento de água cresceu junto com o povoado se expandindo para as outras habitações. Esse robusto sistema de abastecimento ainda está presente nos *"sassi"*, em cavernas da cidade antiga.

Figura 83: Fachada de uma casa caverna de Matera, Basilicata, Itália, 2019. Fonte: A Autora

O formato cônico das montanhas favoreceu o posicionamento das cavernas onde se instalaram os *"sassi"*. As moradias escavadas de forma escalonada possibilitam que cada terraço receba água da chuva, favorecendo sua coleta. Com o crescimento das escavações de novas moradias, os terraços das habitações, que têm a função de telhado, adquiriram a função de pisos de entrada das habitações imediatamente acima, e mais tarde ruas, escadas ou jardins. Formou-se uma trama de túneis e um desenvolvimento subterrâneo onde foram construídas 80 igrejas e mais de 3 mil casas, sendo mais da metade escavadas.[130]

[130] GHIRLANDA, Ilaria. Urbismap. Matera história, cultura, arquitetura e Urbismap.16 de maio de 2019. Disponível em: https://www.urbismap.it/news/matera-su-urbismap/. Acesso em: 29 nov. 2021.

Nas áreas de pastoreio ainda podem ser encontradas microcisternas e bebedouros que foram construídos para armazenar a água coletada da chuva, a fim de saciar a sede dos animais que por ali passavam em rebanhos. Os alimentos eram estocados e conservados em covas chamadas *"neviere"*, onde a neve coletada no inverno era armazenada. Esses frigoríficos naturais eram construídos no topo da encosta para facilitar o fluxo da água resultante do derretimento da neve acumulada, escoando, por gravidade, pelo dreno central localizado na base.[131] As necessidades de proteção e conforto térmico dos indivíduos que se encontravam naquela região foram supridas com a criação de espaços no interior das rochas para utilização como abrigo, e caracterizam a arquitetura bioclimática de Matera. No verão, o calor é armazenado nas estruturas maciças das rochas e mantém agradável a temperatura interna. No inverno, esse calor armazenado é liberado mantendo o ambiente aquecido. O invólucro dessas cavernas escavadas, é a grande massa rochosa, que regula naturalmente a temperatura no interior das habitações. As moradias escavadas nas rochas apresentam um bom desempenho energético e proporcionam conforto higrotérmico adequado às condições climáticas locais, com invernos moderados e verões quentes, típicos de clima Mediterrâneo. Em períodos muito quentes, a temperatura interna se mantém em equilíbrio térmico sem necessidade de suporte de equipamentos para resfriamento artificial. Os ambientes internos das cavernas escavadas permanecem em condições de conforto mesmo quando a temperatura externa ultrapassa os 35° C (trinta e cinco graus centígrados). Em períodos extremamente frios, com temperatura próxima de zero grau, é possível manter o ambiente agradável com sistemas artesanais de aquecimento. Um fogo aceso na cozinha, que fica no centro da casa, como na maioria das habitações vernaculares primitivas, gera calor para aquecer o ambiente nos dias frios. O desempenho térmico dessas habitações é considerado ótimo pois só há necessidade de aquecer os ambientes durante a noite, na época mais fria do ano. Esta é uma propriedade das habitações escavadas porque as montanhas rochosas possuem uma massa térmica muito alta que torna possível manter a temperatura interna quase constante.[132] Para não haver perda de calor, as fendas abertas para acesso, iluminação e circulação de ar nas fachadas ou chaminés que alcançam o nível do solo externo, são pequenas e ajudam a manter a temperatura estável.

---

[131] CASCIONE, Donato. Water-harvesting systems of Matera, from the Neolithic to the first half of XX century (the Evolution of Sassi's ecosystem). Museo Laboratorio dela Civiltá Contadina ONLUS, 2007-2017.

[132] CARDINALE, N.; ROSPI, G.; STEFANIZZI, P. Building and Environment. Energy and microclimatic performance of Mediterranean vernacular buildings: The Sassi district of Matera and the Trulli district of Alberobello. Ed. Elsevier, vol 59, jan 2013, p.590-598.

84

85

86

Figura 84: Um quarto troglodita, Matera, Basilicata, Itália, 2019. Fonte: A Autora.

Figura 85: Uma cozinha troglodita, Matera, Basilicata, Itália, 2019. Fonte: A Autora.

Figura 86: Um banheiro troglodita, Matera, Basilicata, Itália, 2019. Fonte: A Autora

Nas camas, havia um colchão de palha de milho sobre tábuas para manter o morador afastado da umidade do piso. Pequenos estábulos dentro da casa abrigavam animais utilizados no trabalho diário do proprietário, que com sua respiração e fezes ajudavam a aquecer o ambiente interno das moradias, mas esse costume trazia enfermidades às famílias.

No início do século XIX o povoado passou por um empobrecimento devido ao declínio da agricultura, entre outras crises. As péssimas condições de higiene em que vivia a população que habitava as cavernas, seu estado de miséria, com animais dividindo os mesmos espaços que os moradores, sem saneamento básico, causaram um aumento na mortalidade infantil transformando Matera em vergonha nacional. As pressões forçaram o governo, em 1952, a transferir metade da população, mais de 15 mil pessoas, para uma cidade que foi construída especificamente para este fim, com um plano urbanístico regulatório.[133]

[133] Storica Casa Grotta Di Vico Solitario. La Casa Grotta: Matera, i Sassi e la vita nelle grotte. Disponível em: http://www.casagrotta.it/index.php?option=com_content&view=article&id=104&Itemid=135&lang=it. Acesso em: 29 nov. 2021.

87 **88**

Figura 87: Igreja rupestre de Santa Maria de Idris, Matera, Basilicata, Itália, 2019. Fonte: A Autora.

Figura 88: Interior da igreja rupestre de Santa Maria de Idris, Matera, Basilicata, Itália, 2019. Fonte: A Autora

Após anos de abandono, obras de infraestrutura de esgotamento sanitário foram realizadas, e o patrimônio foi recuperado com financiamento do governo. A cidade, outrora vergonhosa, junto com o Parque das Igrejas Rupestres foram declarados Patrimônio Mundial da Unesco, em 1993, e em 2019, Matera foi eleita Capital Europeia da Cultura.

A implantação da cidade, e o uso dos recursos naturais na sua construção, representam uma relação sustentável e harmoniosa da ocupação humana com o meio ambiente. A originalidade de Matera e a preservação do ambiente arquitetônico milenar serviram de cenário para a indústria cinematográfica na realização de filmes, como: "A Paixão de Cristo", de Mel Gibson, "O Evangelho segundo Mateus", de Pier Paolo Pasolini, "*The Nativity Story*" de Catherine Hardwicke, "Mulher-Maravilha", de Patty Jenkins, e "*No Time to Die*", de Cary Joji Fukunaga[134]

[134] Wikipedia. *Sassi di Matera*. Disponível em: https://pt.wikipedia.org/wiki/Sassi_di_Matera. Acesso em: 29 nov. 2021.

Figura 89: Muralhas de Micenas, Micenas, Grécia, 2016. Fonte: Pavel Kirichenko/adobe.stock.com. Licença #131031890.

4.7. SOLUÇÕES DE MORADIAS DE PEDRAS SECAS

A arquitetura vernacular de sobreposição de pedras é um método muito perspicaz. A construção de elementos de uma edificação como: paredes, arcos, colunas e domos, obteve sucesso intuitivamente, até alcançar o equilíbrio das pedras e estabilidade das estruturas.

A alvenaria de pedras sem argamassa, quando executada com grandes blocos de pedras de formatos naturais, ou talhadas para ajustamento de encaixes, também é denominada alvenaria ciclópica ou alvenaria seca.

A cidade de Micenas, (Figura 89), na Grécia continental, produtora de óleos aromáticos, foi construída no século XVII a.C., cercada de muralhas muito altas e largas, com cerca de 5 m (metros) de espessura, por 12 m (metros) de altura. As muralhas foram construídas com pedras brutas muito grandes, pouco trabalhadas e sem argamassa em toda a sua extensão, com exceção das áreas junto aos portões de entrada. O complexo de palácios e túmulos, com muitas estratégias de defesa, era também protegido pela topografia. A cidade foi posicionada em um local elevado, entre montanhas e ravinas, cercado por fortificações e muralhas.

A denominação alvenaria ciclópica está associada aos blocos de pedras utilizados na construção das muralhas de Micenas. O tamanho descomunal dos blocos impressionou os gregos de tal forma que eles acreditaram ser uma obra realizada por Cíclopes.[135] Ao redor de Micenas havia moradias e túmulos de forma circular, onde foi encontrado, por volta de 1330 a.C., o *"tholos"* conhecido como Tesouro de Atreu, que é um túmulo em formato de colmeia (Figuras 90 e 91). A vultuosa abóbada com 14,60 m (metros) de diâmetro e 13,40 m (metros) de altura, (Figura 92), que foi erguida utilizando o método construtivo de falsos arcos, em alvenaria de pedra seca, com fiadas em balanços sucessivos, está muito bem preservada. Este mesmo método foi empregado por construtores megalíticos pré-históricos do norte da Europa e pedreiros egípcios da Quarta Dinastia.[136]

Na Grécia antiga, os *"tholos"*, ou *"tholoi"* no plural, eram tumbas montadas com a sobreposição de pedras secas, em forma de colmeia, ou falsas cúpulas, sem utilização de argamassa entre as pedras.[137] A chamada falsa cúpula é uma cobertura que começa na base da construção, junto ao solo, e termina com uma ou duas pedras no topo, fechando o vão. As falsas cúpulas são estruturas predominantemente construídas com a denominada técnica da "pedra seca", nas quais são ausentes as argamassas de união.[138]

Figura 90: A tumba "Tesouro de Atreu", Micenas, Grécia, 2019. Fonte: Jekatarinka/adobe.stock.com. Licença #312570213.

[135] Ciclopes-designação comum aos gigantes com um olho único e redondo na testa, os quais se caracterizam pela força prodigiosa e pelo gênio laborioso, na mitologia grega. HOUAISS, A.; VILLAR, M.S. DICIONÁRIO HOUAISS DA LÍNGUA PORTUGUESA. Instituto Houaiss de Lexicografia e Banco de Dados da Língua Portuguesa S/C Ltda. Rio de Janeiro. Editora Objetiva, 2001.

[136] FAZIO, M.; MOFFETT, M.; WODEHOUSE, L. A história da Arquitetura Mundial 3ed. Editora AMGH, 2011, 58-66, 616p.

[137] WIKIPEDIA. Beehive tomb. Disponível em: https://pt.qwe.wiki/wiki/Beehive_tomb. Acesso em: 27 jun. 2020.

[138] OLIVEIRA, J.; SOARES, C.M.; GOUFA, E.; LOVEGROVE, S. As construções de falsa cúpula ou chafurdões no contexto da Alta-Idade-Média, na serra de S. Mamede. SCIENTIA ANTIQUITATIS, No. 1. 2018. Universidade de Évora.

Figura 91: Detalhe da porta de entrada da tumba "Tesouro de Atreu", Micenas, Grécia, 2016. Fonte: Tauav/adobe.stock.com. Licença #122515180.

Figura 92: Interior da tumba de Agamemnon "Tesouro de Atreu", Micenas, Grécia, 2019. Fonte: Karl Allen Lugmayer/adobe.stock.com. Licença #289462510.

Na Europa, a técnica foi trazida pela civilização micênica, aproximadamente entre 1600-1100 a.C. Em Micenas e Tirinto cidades gregas desse período, e na antiga Etrúria, mais especificamente na região dos Apeninos, é possível perceber uma evolução da técnica, que em grego é denominada *"moenia"*. Na cidade de Tirinto, as pedras possuem formato irregular e os vazios entre elas é preenchido com pedras menores (Figura 93). Nas cidades de Larissa (Figura 94), Argos e Tirinto, na Grécia, também se encontram muralhas com pedras trabalhadas de formato poligonal e encaixes perfeitos. Assim como nas muralhas do tesouro de Atreu, em Micenas. Já as pedras da Porta dos Leões (Figura 95) são colocadas com seu eixo horizontal paralelo ao solo, de maneira quase regular, provavelmente pela característica do material, e com as juntas verticais ou oblíquas.

Figura 93: Muralhas da Fortaleza e do Palácio de Tirinto, Grécia, 2019. Fonte: Steheap/adobe.stock.com. Licença #271682529.

Figura 94: Antigo Anfiteatro de Larissa, Grécia, 2011. Fonte: Pavel Hdesislava/adobe.stock.com. Licença #269458837.

Figura 95: Porta dos Leões, Micenas, Grécia, 2015. Fonte: Sergii Figurnyi/adobe.stock.com. Licença #103102814.

Figura 96: Muralhas do Parthenon, Atenas, Grécia, 2022. Fonte: A Autora

A técnica de alvenaria ciclópica continuou a ser utilizada durante muito tempo na Grécia e pode ser vista em construções posteriores como as muralhas do Parthenon, em Atenas.[139] (Figura 96)

A técnica de construção seca com pedras empilhadas também era conhecida pelos construtores da Roma Antiga e muito utilizada no centro da Itália até o século II a.C. em muros de defesa. A justaposição de pedras soltas, simplesmente por gravidade e encaixadas após pequenos cortes, é uma das mais primitivas técnicas de construção, disseminada por muitos locais do mundo, com variações adaptadas às condições locais de relevo, clima, materiais e ferramentas disponíveis. [140]

A civilização Maia, deixou um legado de edificações com pedras secas do período de 200 a.C. a 900 d.C., na América Central. Estruturas construídas há milhares de anos. que se mantiveram íntegras, dentre habitações, templos, muros, túmulos, silos e equipamentos rurais, são objeto de estudos em diversas áreas de pesquisa.

O reconhecimento da técnica de construção de alvenaria seca, foi reivindicado por países como: Croácia, Chipre, França, Grécia, Itália, Eslovênia, Espanha e Suíça, que em 2018, foi inscrita na UNESCO como bem intangível. A construção de estruturas por meio da sobreposição de pedras sem a utilização de qualquer tipo de material para assentamento, e a arte das

[139] ALVAREZ, J.A.S. Alvenarias e Argamassas anteriores ao Império Romano. 2º. Congresso Nacional de Argamassas de Construção da Associação Portuguesa de Argamassas de Construção, 2007. Disponível em: https://www.apfac.pt/congresso2007/comunicacoes/Paper%2051_07.pdf. Acesso em: 29 nov. 2021.

[140] Wikipedia. Pedra Solta. Disponível em https://pt.wikipedia.org/wiki/Pedra_solta. Acesso em: 29 nov. 2021.

paredes de pedra seca foi tombada como Patrimônio Imaterial da Humanidade. Este método construtivo foi muito utilizado desde a pré-história, em zonas rurais predominantemente. Na Europa Ocidental e nos Balcãs foram construídas cercas, habitações, construções rurais, túmulos, templos, cercas e muros desempenhando a importante função de contenção de deslizamentos e avalanches em regiões montanhosas.

4.7.1. CLOCHÁN – CASAS DE PEDRA NA IRLANDA

Figura 97: Cabana clochán, Irlanda, 2004. Fonte: Geograph. Autor: Rob Burke (CC-BY-AS/2.0) - geograph.org.uk/p/36532. Disponível em: https://www.geograph.ie/photo/36532. Acesso em: 29 nov. 2021

As cabanas de pedra em formato de colmeia que se encontram ao longo da costa sudoeste da Irlanda, conhecidas pelo nome de *"clochán"*, são abrigos que foram usados por monges cristãos e eremitas, como residência. As moradias de pedra que pertencem a um mosteiro no monte *"Skellig Michael"*, na Irlanda, foram construídas em 588 e ocupadas até o século XII. Em 1996, as cabanas *"clocháns"* foram inscritas no Patrimônio Histórico da Humanidade pela UNESCO. [141]

A construção em formato de casa de abelhas das cabanas *"clocháns"* requer um método mais complexo de construção. O assentamento é feito em círculos a partir da base. A cada camada, as pedras são sobrepostas com um pequeno deslocamento em direção ao centro, formando anéis horizontais, ou espirais até seu fechamento no ponto mais alto. Embora este assunto seja pouco estudado pela comunidade científica, alguns autores entendem que a estabilidade deste tipo de estrutura se explica pela combinação da transferência vertical de forças para a base da construção, e nas ações horizontais resultantes do intertravamento e do atrito entre as pedras, para alcançar o equilíbrio do conjunto.[142]

[141] Wikipedia. Skellig Michael. Disponível em https://pt.wikipedia.org/wiki/Skellig_Michael. Acesso em: 29 nov. 2021.

[142] JUVANEC, B. Transformation between corbelling and lintel: Abrigo e Espigueiro.VERSUS2014 – Vernacular Architecture – Towards

A escolha das pedras é fundamental para a estabilidade da estrutura. A pedra seguinte deve sempre ser selecionada pelo seu formato, de forma a garantir que tenha uma grande superfície de contato com as pedras adjacentes, para que não escorregue e obtenha um encaixe mais preciso durante a montagem da estrutura, favorecendo a coesão entre as peças.[143] A técnica exige que as maiores pedras sejam colocadas junto à base para prover mais apoio para o empilhamento das pedras. A junção entre as pedras não deve coincidir com as fileiras imediatamente acima e abaixo da pilha. As pedras devem ter uma forma planificada, e o maior lado deve ser colocado com a face voltada ao interior da cúpula. Em alguns casos, as paredes são duplas, com o interior preenchido com pedras menores. [144]

Os abrigos *"clochán"* são construídos com pedras sobrepostas sem utilização de argamassa, pelo método construtivo da alvenaria seca. Os *"clocháns"* encontrados mais comumente no sudoeste da Irlanda, são cabanas arredondadas em sua maioria, e possuem paredes muito largas, de até um metro e meio de espessura. Internamente alguns impressionam pela grandiosidade, com alturas que podem chegar a 5 m (metros) de pé-direito, compatível com hipótese de haver um pavimento intermediário.

No passado, as paredes dos *"clochán"* eram cobertas por terra misturada com palha e gramíneas, com a finalidade de selar os orifícios entre as pedras e evitar a troca de ar com o exterior, proporcionando melhor proteção térmica. As janelas são sempre bem pequenas e profundas, pelo mesmo motivo, para proteger o ambiente interno do frio, da chuva e dos fortes ventos do inverno. Não há na literatura, referências a instalações sanitárias. Acredita-se que os moradores eliminavam o lixo em áreas próximas e os dejetos eram usados como fertilizantes nos campos de cultivo. Em relação às cabanas em formato de colmeia, não há referências concretas sobre sua data de origem. Pesquisadores atribuem a construção destes abrigos aos celtas, por volta do ano 700 d.C. As construções retangulares são associadas à influência romana após o século XII. Há relatos históricos e etnográficos que descrevem o modo de vida dos habitantes dessas cabanas, como comunidades autossuficientes que viviam isoladas.[145]

---

a Sustainable Future, 2015, no. C, p393-396 apud BARROSO, C. E.; RIVEIRO, B.; OLIVEIRA, D.V.; RAMOS, L.F.; BARROS, F.C.; LOURENÇO, P.B. Survey and Characterization of Corbelled Dome Architecture in Northwestern Portugal. Escola de Engenharia – Universidade do Minho, 2016.

[143] UNESCO-United Nations Educational, Scientific and Cultural Organization. Intangilble Cultural Heritage. Art of dry stone walling, knowledge and techniques. Disponível em: https://www.jb.com.br/ciencia_e_tecnologia/2018/11/960664-unesco-reconhece--construcoes-de-pedras-secas-como-patrimonio.html. Acesso em: 29 nov. 2021.

[144] VEGAS, F.; MILETO, C.; CRISTINI, V. Corbelled dome architecture in Spain and Portugal. Universidade Politécnica de Valencia, Espanha. Earthen domes and habitat. Disponível em: http://personales.upv.es/cami2/investigaci%C3%B3n/articulos%20en%20pdf/MILETO%20Y%20VEGAS%20-%20EARTHEN%20DOMES%201.pdf. Acesso em: 29 nov. 2021.

[145] FENNELL, Chris. Tradition and Modernity on Great Blasket Island, Ireland.

O formato arredondado das cabanas é um fator que facilita o aquecimento interno pela ausência de quinas. O ar não fica retido nos cantos, favorecendo a circulação pelo ambiente, desta forma o calor é distribuído uniformemente no interior do abrigo. O ar aquecido fica confinado no ambiente interno entre as paredes espessas. O revestimento de terra misturada à palha e gramíneas veda os orifícios entre as pedras e impede a troca de calor com o exterior, fortalecendo o isolamento térmico da construção.

Para a população que vivia nos "*clocháns*" esta forma natural de isolamento térmico supria a ausência de energia e de equipamentos para resfriamento, ou aquecimento dos abrigos, garantindo a sobrevivência dessa civilização.

A escassez de recursos, de transporte, de máquinas e ferramentas, favoreceu o emprego de técnicas sustentáveis nas construções desses abrigos. O gasto de energia e as emissões de gases poluentes para transportar materiais de construção são fatores relevantes para medir o impacto ambiental das construções. E neste caso, todo o material necessário para a construção dos abrigos pode ser encontrado na natureza, está disponível no próprio local.

A construção com pedras secas é 100% (cem por cento) reciclável e facilmente desmontável. O material desmontado está pronto para ser reutilizado, renovando indefinidamente esse ciclo. É uma tecnologia sustentável, as paredes de pedra são construções verdes, não há emissão de CO2 em sua composição. Não necessita de argamassas nem de concreto, que são poluentes no processo de fabricação, no transporte ao local de construção, e quando desmanchados, geram resíduos. A pedra é o único material necessário para a construção e não necessita de muitas pessoas para erguerem a edificação. Havendo uma manutenção periódica, sua durabilidade se torna maior do que de paredes com argamassa. A parede construída com pedras secas não retém a umidade, não dilata, e não deixa a umidade do solo penetrar no interior da edificação, se construída corretamente.[146]

A perfeita harmonia entre estas civilizações do período pré-histórico e a natureza pode ser constatada por meio dos métodos e práticas utilizados para organizar seus ambientes de moradia e trabalho, com aproveitamento sustentável e racional dos recursos naturais e humanos.

A camada de terra com gramíneas utilizada pelos povos da antiguidade, tem a mesma função dos telhados verdes que ressurgiram recentemente. Essa é uma tecnologia passiva de isolamento para controle de temperatura que tem sido bastante incentivada em busca de conforto térmico e economia de energia.

---

[146] DSWAI – The Dry Stone Wall Association of Ireland. Benefits of a dry stone wall. Disponível em: https://d1396e74-dc2a-4ace-aec9-d771c6fe2ab8.filesusr.com/ugd/d103f0_957b42b5a17b46c9a0d7b9d62b198b7f.pdf. Acesso em: 27 jun. 2019.

4.7.2. TRULLI – CASAS DE PEDRA DA ITÁLIA

A técnica de construção com pedras secas ainda é viva e presente em construções atuais, como o modelo de muro de pedra da Figura 98, sem nenhum material ligante entre as pedras, em um muro recente de uma construção, na cidade de Alberobello, cidade da região da Apúlia, sul da Itália.

Figura 98: A) Muro de pedra seca, Alberobello, Apúlia, Itália, 2019. B) Detalhe: Fonte: A Autora

Abrigos temporários construídos pelos camponeses em meados do século XVI, na região da Apúlia, são exemplos remanescentes de bioarquitetura. No Vale de Ítria, na mesma região, surgiram as primeiras edificações abobadadas pré-históricas. As técnicas de construção milenares podem ser conferidas nas edificações da cidade de Alberobello, que concentra a maior parte de "*trulli*" da Itália. A cidade concentra mais de 1600 unidades, as mais preservadas da Europa, em áreas urbanas. As técnicas de construção pré-históricas utilizadas produziram edificações que resistiram ao tempo e perduram em sua forma original, com edificações homogêneas, ocupadas e funcionais, listadas no Patrimônio Mundial da UNESCO. O material de construção utilizado para a construção dos "*trulli*" provém da formação geológica da área, que é composta por blocos de pedra calcária em camadas de espessuras variadas. Da pedra em camadas paralelas foram extraídas as placas que podemos observar nos telhados preservados das edificações. A construção seca é uma característica marcante dessas edificações, que não utilizavam argamassa para unir as placas de pedra.

Conta a lenda que os donos das terras impunham aos colonos esse método para facilitar o desmonte dos telhados e evitar os impostos cobrados pelo Reino de Nápoles relativos às habitações. Desta forma as casas arredondadas passariam por silos para armazenamento de grãos e materiais da fazenda.[147]

[147] Agenzia Nazionale Turismo Italia. *Descubra a Italia: a história dos trulli de Alberobello*. Disponível em http://www.italia.it/it/sco-

Figura 99: Trulli, Alberobello, Apúlia, Itália, 2019. Fonte: A Autora

A arquitetura dos *"trulli"*, com seus telhados cônicos de cor cinza e paredes brancas, tem um importante valor cultural, além de evidenciar os hábitos e costumes da época, que são revelados através das autênticas habitações pré-históricas. A fachada dos *"trulli"*, que só ocorrem nessa região da Europa, tem formato cilíndrico encimada por um cone. Essa configuração externa é uma derivação dos *"tholos"*, que são estruturas arredondadas de sepulturas e templos gregos com planta circular e telhados abobadados sustentados por colunatas.[148] Os *"trulli"* foram construídos com pedras encaixadas sem reforço de argamassa nem madeira, ferro, ou qualquer tipo de apoio ou conexão. A arte de conseguir estabilidade com as pedras numa construção seca é denominada "Estereotomia", uma ciência que estuda as formas de talhar os elementos de uma estrutura para resolver um problema estático que foi desenvolvida no período pré-histórico.[149] A técnica consiste em projetar, lavrar e empilhar pedras para compor um sistema arquitetônico estável, muito utilizada pelos mestres artesãos da Mesopotâmia, Egito, Grécia, Itália e Oriente que usavam conhecimentos de matemática e geometria para construir edificações de pedras encaixadas que se mantêm íntegras atravessando séculos. [150]

---

pri-litalia/puglia/poi/la-storia-dei-trulli-di-alberobello.html#:~:text=La%20storia%20dei%20trulli%20di%20Alberobello,usate%20per%20seppellire%20i%20defunti. Acesso em: 14 jun. 2020.

[148] Wikipedia. Tolo (arqueologia). Disponível em https://pt.wikipedia.org/wiki/Tolo_(arqueologia). Acesso em: 29 nov. 2021.

[149] TUTTO ALBEROBELLO. Il portale dela capitalle dei trulli. I trulli di Alberobello: I trulli. Baseado no livro "Alberobello, a cidade de Trulli", do Prof. Gino Angiulli. Disponível em: http://www.tuttoalberobello.it/it/pagina.asp?a=Alberobello&p=Trulli. Acesso em: 29 nov. 2021.

[150] REVISTA PESQUISA FAPESP. Um saber (quase) morto. Estudo recupera técnica milenar de construções em pedra. Por MARCOLIN, Neldson. Ed 183, maio de 2011. Baseado na tese de doutorado de Raphael, Dalton Almeida. A Estereotomia; um aspecto da História

Figura 100: Pináculo, Alberobello, Itália, 2019. Fonte: A Autora

Os pináculos, nome dados aos elementos no topo da cobertura dos *"trulli"*, geralmente são compostos por três pedras sobrepostas. A Figura 100 mostra uma composição com uma pedra cilíndrica na base, uma pedra em forma de estrela no meio e uma esfera no topo. A maioria dos pináculos tem um a pedra cilíndrica na base, no meio, uma pedra em forma de tigela ou prato, e uma pedra esférica na ponteira. Curiosamente, todos os *"trulli"* da região da Apúlia possuem um pináculo no fechamento do telhado cônico. A origem e o significado deste pináculo são desconhecidos, mas há algumas hipóteses para explicar esse detalhe intrigante. Alguns acreditam que o pináculo tenha um significado místico, relacionado a valores mágicos, outros entendem ser algum tipo de identificação imposta pelos governantes, e os mais pragmáticos o consideram um elemento estético sem nenhuma função, mas simplesmente uma peça ornamental.

Há também a hipótese, de acordo com a lenda do desmonte rápido para evitar a cobrança de impostos, que o pináculo seja a pedra angular que mantém estáticas as pedras do telhado. Pois bastaria retirá-lo para desmontar o telhado rapidamente, fazendo com que a construção, sem telhado, com pedras amontoadas e paredes cilíndricas, passasse por um local de depósito de ferramentas, perante o fiscal de tributos.[151]

Outra versão para os pináculos está associada à habilidade do mestre artesão responsável pela construção do *"trullo"*, no entalhamento das pedras, representando uma espécie de selo de qualidade. Os trabalhadores mais experientes eram capacitados para entalhar formas mais

---

das Técnicas utilizadas em Arquitetura no Brasil, até o século XIX. HCTE-COPPE/UFRJ, 2009.

[151] TUTTO ALBEROBELLO. Il portale dela capitalle dei trulli.: I pinnacoli. Baseado no livro "Alberobello, a cidade de Trulli", do Professor Gino Angiulli. Disponível em: http://www.tuttoalberobello.it/it/pagina.asp?a=Alberobello&p=Trulli. Acesso em: 29 nov. 2021.

Figura 101: Símbolo, Alberobello, Itália, 2019. Fonte: A Autora

complexas, como uma estrela, uma pirâmide ou uma cruz. Consequentemente a qualidade de toda a construção estaria representada pelo pináculo, acompanhando o padrão mais sofisticado, e o pináculo seria a etiqueta com a marca do construtor. Naturalmente as casas construídas pelos trabalhadores mais qualificados eram mais caras e somente as famílias mais ricas poderiam pagar. Desta forma, os pináculos também passaram a ser um sinal de distinção entre as classes sociais da época.[152]

Os símbolos pintados nas pedras do telhado dos "*trulli*" têm uma função apotropaica e bem intencionada, como a invocação de proteção para a família ou de uma boa colheita, fertilidade, amor, união da família, por exemplo. Os símbolos eram escolhidos de acordo com as crenças de seus habitantes, provenientes de diferentes origens: pagãs, religiosas cristãs ou judaicas. O castiçal representando o judaísmo, a cruz cristã irradiada, o coração flechado de

---

[152] SANTORI, I. I trulli di Alberobello, Libreria dello Stato, Istituto Poligrafico e Zecca dello Stato, Roma, 2003.
SISTO, O.; ANGIULLI, G. *Alberobello, la città dei Trulli*, Tip. De Robertis, Putignano, 1961. Disponível em: https://www.patrimonionellascuola.it/i-trulli-di-alberobello-2/UNESCO. Patrimônio Mondial nella #scuola. Os Trulli de Alberobello. Acesso em: 16 jun. 2020.

Maria. Os pagãos representados pela letra grega "*zeta*" simbolizando o deus Zeus, ou Júpiter para os romanos, o tridente significando a Trindade, ou Netuno etc. Em primeiro plano vemos o símbolo com as letras IHS inscritas num sol[153], da frase em latim "*Iesus Hominum Salvator*", que significa "Jesus Hóstia Santa" [154], e em segundo plano o símbolo de Júpiter.

Essa prática representa os costumes de uma época em que havia uma conexão profunda do ser humano com o meio ambiente, e a crença da transmissão de seus desejos por mensagens simbólicas, rituais e gestos. Pode-se dizer que as simbologias expressas na pintura do telhado em conjunto com o formato do pináculo identificam a família residente na habitação.

Os elementos construtivos e as técnicas de construção dos "*trulli*" utilizam conceitos de construções sustentáveis. A água da chuva é coletada através de sulcos contidos na base do telhado conectados a um sistema de canalização que direciona à uma cisterna subterrânea. Os materiais utilizados nas edificações são extraídos do próprio local. A madeira e as pedras calcárias são extraídas dos campos próximos e das bacias hidrográficas da região. As edificações são ancoradas sobre a rocha firme, e têm os muros da base, as paredes, os pisos, os arcos, as chaminés e os telhados compostos por pedras calcárias talhadas manualmente. Os equipamentos de monta-carga, os andaimes, as formas para moldagem de arcos e cúpulas e os pisos dos mezaninos são de madeira.

Toda a montagem das paredes e cúpulas é erguida utilizando a técnica de encaixe das peças pelo corte meticuloso e preciso das pedras. O processo de edificação ocorre sem a utilização de água no canteiro de obras, chamada construção a seco, porque não há utilização de argamassa para aglutinação de materiais de assentamento. As paredes sem argamassa são caiadas de branco, interna e externamente, com o pó calcário, reaproveitado do resíduo dos cortes das pedras.

Este tipo de construção sem utilização de água vem ganhando espaço na indústria atual da construção civil pela sustentabilidade na redução do consumo de água, e pela baixa produção de resíduos provenientes da obra. A utilização da pedra como principal elemento construtivo dos "*trulli*" contribui para a eficiência energética do imóvel à medida em que reduz a troca de calor com o ambiente externo, mantendo estável a temperatura interna. As paredes duplas e as janelas pequenas ajudam a manter o ambiente interno aquecido no inverno e fresco no verão, além de proporcionarem melhor isolamento térmico e acústico. As lareiras, os nichos, os fornos são construídos na espessura das paredes. Embora os materiais e os métodos construtivos sejam completamente distintos, os efeitos do sistema construtivo dos "*trulli*" e as características termoacústicas e energéticas da edificação final podem ser

---

[153] ANGIULLI, Gino; SISTO, Oronzo. "Alberobello, la Città dei Trulli". Ed. Litografia Artigiana - Bari, 1989.

[154] HOLGUÍN, Pe Henry Vargas. Você sabe o que significam JHS e IHS? Aleteia Brasil, 15 mai. 2017. Disponível **em:** https://pt.aleteia.org/2017/05/15/voce-sabe-o-que-significam-jhs-e-ihs/. Acesso em: 29 nov. 2021.

comparados às construções secas do nosso tempo que utilizam o sistema de construção a seco CES – Construção Energitérmica Sustentável[155], por suas características de sustentabilidade.

4.8. SOLUÇÕES DE MORADIAS DE ÁGUA

4.8.1. IGLUS – CABANAS DE GELO NO ÁRTICO

Figura 102: Iglu, um abrigo efêmero. Fonte: Administração Nacional Oceânica e Atmosférica, Estados Unidos, 2005. Domínio público. Disponível em: https://en.wikipedia.org/wiki/Igloo#/media/File:Igloo.jpg. Acesso em: 29 nov. 2021.

O ambiente inóspito do Ártico, com temperaturas congelantes, ventos devastadores e tempestades inesperadas, é desafiador à sobrevivência humana. Nos meses frios as noites são intermináveis, e nas outras épocas do ano o sol nunca se põe. A luz não se recolhe, desprezando a necessidade de descanso das pessoas. A capacidade de construir um abrigo para se proteger do clima implacável se torna um teste de resiliência. As árvores não crescem, não

[155] O Sistema CES, Construção Energitérmica Sustentável, tem como principal característica o uso de uma estrutura de perfis leves de aço (Steel Frame) ou de madeira (Wood Frame) contraventadas com placas estruturais. AECWEB- Portal de Arquitetura, Engenharia e Construção. Disponível em: https://www.aecweb.com.br/prod/e/sistema-ces-construcao-energitermica-sustentavel_16148_18228. Acesso em: 15 jun. 2020.

é fácil de encontrar qualquer tipo de vegetação. Os primeiros habitantes do Ártico vieram da Ásia, atravessaram o Estreito de Bering caminhando, quando a Rússia e o Alasca eram unidos por uma faixa de gelo, afirmam cientistas. Os agrupamentos separados geograficamente se autodenominam *"inuítes", "inupiates", "iupiques"* ou *"kalâtdlites",* palavras que significam "O Povo Real". A população dos esquimós tem características genéticas e culturais distintas, embora compartilhem os mesmos traços de linguagem: o idioma *"inuktitut"*, pertencente à família linguística escaleuta. Algumas vezes consideram que o termo "esquimó" ofensivo, por seu significado "comem carne crua", e não representa sua etnia.[156] Porém este é o termo utilizado de forma geral na literatura e deve ser entendido como uma referência aos povos que habitam o Ártico. Os *"inuítes"* são os grupos do Leste, com o maior número de indivíduos espalhados pelo norte do Canadá e pela Groenlândia. Essa etnia predominante entre os esquimós conta com cerca de dois terços da população. Entre os *"inuítes"* há os subgrupos: *"inupiates"* e *"inuvialuites"*.

Os esquimós do Oeste são os *"iupiques"*, grupos predominantes da Sibéria e do Alasca, subdivididos entre os *"naukanes"* e os *"alutiques"*. Os *"Iupiques"* fixaram moradia e se estabeleceram em locais com abundância e diversidade alimentar, próximos às áreas costeiras e solos férteis. Nos períodos de escassez abandonavam suas casas de madeira ou pedra e se deslocavam para locais com maior oferta de alimentos, e retornavam quando o clima se tornava mais favorável.[157] Os esquimós, termo utilizado por americanos e europeus, que perteciam aos grupos *"inuítes"*[158], se estabeleceram há aproximadamente quatro mil anos nas terras mais geladas, vivendo isolados em casas construídas com gelo. As suas casas, autodestrutíveis nas estações mais quentes, impõem a prática de nomadismo. Essas habitações efêmeras, conhecidas como *"iglus"*, são sazonais, apropriadas ao meio ambiente e ao clima. As construções autóctones dos povos do Ártico se mantêm íntegras no inverno, entre os meses de outubro (ou novembro) e abril (ou maio). Na primavera derretem naturalmente com o aumento da temperatura. Depois têm que ser reconstruídas novamente, com gelo, o material que domina as paisagens. A neve abundante do inverno é o único material acessível para construir as residências dos esquimós que vivem nos locais mais remotos.

Para sobreviverem num ambiente de condições climáticas extremas, completamente afastado de zonas urbanas, e sem acesso a ferramentas e equipamentos industrializados,

[156] WIKIPEDIA. Esquimós. Disponível em: https://pt.wikipedia.org/wiki/Esquim%C3%B3s. Acesso em: 29 nov. 2021.

[157] RUESCH, H. No País das Sombras Longas. Ed. Record, 1974. BEST, G. The Three Voyages of Martin Frobisher in Search of a Passage do Catchai and India by the Northwest. Ed. Adamant Media Corporation, 2001. Disponível em: https://aventurasnahistoria.uol.com.br/noticias/reportagem/historia-vida-dos-esquimos.phtml#:~:text=Um%20dos%20mais%20antigos%20s%C3%ADtios,de%203%2C8%20mil%20anos. Acesso em: 29 nov. 2021.

[158] WIKIPEDIA. Membros da nação indígena esquimó que habitam as regiões árticas do Canadá, Alasca e Groenlândia. Inuítes. Disponível em: https://pt.wikipedia.org/wiki/Inu%C3%ADtes#:~:text=Os%20inu%C3%ADtes%20(tamb%C3%A9m%20chamados%20de,do%20Alasca%20e%20da%20Gronel%C3%A2ndia. Acesso em: 29 nov. 2021.

os povos do Ártico aprenderam a extrair da natureza tudo que fosse necessário para suas tarefas essenciais. Reciclando ossos e peles de animais, usando as pedras e o gelo disponíveis no local, os esquimós inventaram ferramentas, fabricaram equipamentos, produziram vestimentas e construíram casas. Essa população descobriu muitas técnicas de sobrevivência observando o comportamento dos animais marinhos e terrestres que viviam na região. Os iglus provavelmente replicam o modelo das covas dos ursos, que são escavações arredondadas, afundadas na neve.

Figura 103: Iglu festivo gigantesco, construído para fins turísticos. Fonte: New Brunswick Tourism, Canadá, 2011. Disponível em: https://commons.wikimedia.org/wiki/File:Large_igloo_New_Brunswic.jpg. Autor: New Brunswick Tourism / CC BY (https://creativecommons.org/licenses/by/2.0). Acesso em: 08 jul. 2020.

O projeto e a construção dos iglus atendem às necessidades básicas dos *"inuítes"*. Essas habitações temporárias, cujo projeto e método construtivo são adaptados às condições climáticas, cumprem as funções de abrigar das intempéries e proteger dos perigos os habitantes locais. Edificar utilizando somente água, o material de construção, aparentemente mais inusitado que existe, parece inverossímil. No entanto, a água quando congelada oferece imensa resistência. O domo, no formato mais resistente da natureza, o arco de catenária[159], em seção, confere enorme capacidade estrutural ao iglu, composto somente por blocos de gelo.

As configurações dos iglus são caracterizadas tradicionalmente por três tipos diferentes. Os iglus grandes, geralmente construídos em pares, são usados para eventos comunitários e festas. O iglu de Brunswick, Canadá, mostrado na Figura 103, foi construído por 40 pessoas para fins turísticos e pode acomodar até 300 pessoas. Esta edificação não configura o modo de vida habitual dos esquimós, mas mostra até onde a técnica construtiva rudimentar pode alcançar. O maior iglu registrado foi construído em 2011, com 9,20 m (nove metros e vinte centímetros) de diâmetro interno e 5,30 m (cinco metros e trinta centímetros) de altura.[160] O maior iglu comunitário tradicional encontrado por pesquisadores construído pelos esquimós tinha 9,00 m (nove metros) de diâmetro e 3,15 m (três metros e quinze centímetros) de altura.

As casas de inverno são os iglus de tamanho intermediário, normalmente ocupadas por duas famílias simultaneamente[161]. São unidades que têm diâmetro entre 3,60 m (três metros e sessenta centímetros) a 4,50 m (quatro metros e cinquenta centímetros), de modo geral.[162] Os iglus de menor tamanho são abrigos efêmeros, usados pelos esquimós somente para algumas noites, durante as caçadas. Os esquimós normalmente escolhem o mar ou a superfície de um lago congelados para construírem os iglus, por serem locais próximos às fontes de alimentos como mostra a Figura 102. Faz parte de sua cultura abrir um buraco no gelo no piso do iglu, sobre o mar, para pescarem de dentro de casa sem terem que enfrentar o clima adverso do lado de fora. A opção de construir iglus sobre a água congelada tem razões técnicas. A profundidade do gelo nessas áreas é menor do que nas camadas de gelo sobre a terra, e o calor interno produzido nos iglus pode ser conservado por mais tempo.

---

[159] WIKIPEDIA. Catenária: Conceito. *"Em matemática, catenária é a curva assumida por uma corrente, ou cabo flexível, suspensa, fixada apenas por suas extremidades e sujeita somente à força de seu próprio peso (gravidade). A curva catenária tem um formato semelhante à letra U ou a um arco de parábola e é bastante comum, estando presente, por exemplo, no design de alguns arcos arquitetônicos."* Disponível em: https://pt.wikipedia.org/wiki/Caten%C3%A1ria. Acesso em: 29 nov. 2021.

[160] GUINNESS WORLD RECORDS – Science & Technology – Structures – Largest Dome Igloo. 2007. Guinness World Records. Disponível em: https://www.guinnessworldrecords.com/world-records/largest-dome-igloo-(ice). Acesso em: 09 jul. 2020.

[161] POLARPEDIA. Igloo. Disponível em: https://polarpedia.eu/en/igloo/. Acesso em: 02 jul. 2020.

[162] HANDY, R.L. The Igloo and the Natural Bridge as Ultimate Structures. Engineering Research Institute and Civil Engineering Dept. Iowa State University, Ames, USA, 1973 apud Stefansson, 1927, apud Boas, 1888. Disponível em: http://www.arch.mcgill.ca/prof/sijpkes/aaresearch-2012/in-extremis-file/Igloo-mathematics.pdf. Acesso em: 29 nov. 2021.

Figura 104: Inuítes construindo um iglu. Fonte: Divisão de impressões e Fotografias da Biblioteca do Congresso, Washington, EUA, 1924. Domínio Público. Autor: Frank E. Kleinschmidt. Disponível em: https://commons.wikimedia.org/wiki/File:Inuit-Igloo_P.png. Acesso em: 29 nov. 2021.

No passado, ossos de animais se tornavam ferramentas que eram produzidas artesanalmente. Atualmente, os esquimós cortam os blocos de gelo para construírem os iglus utilizando facas. Os blocos, com tamanho aproximado de 1,20 m (um metro e vinte centímetros) e altura de 20 cm (vinte centímetros), são extraídos de locais previamente selecionados a partir das características do gelo. A estrutura é montada com a sobreposição dos blocos de gelo, empilhados em círculos concêntricos. Para iniciar a curvatura, os blocos são cortados em forma de cunha e dispostos numa espiral contínua, que se fecha para formar um domo autoportante. A coesão do conjunto é assegurada por ranhuras nas áreas de contato dos blocos, que provocam o derretimento do gelo entre as peças. O gelo derretido funciona como material ligante, criando aderência. Os espaços vazios entre os blocos de gelo são rejuntados com o próprio gelo, que ao derreter com o calor interno, preenche as lacunas e congela naturalmente. Forma-se uma camada de gelo nas paredes que funciona como barreira contra as bolhas de ar deixadas antes do congelamento, reforçando o isolamento térmico natural.

O interior do iglu tem plataformas escalonadas em três níveis para usos distintos: um nível na base, conectado à entrada, outro nível para a área social e mais um nível para a área de dormir. A entrada do abrigo geralmente é escavada e se aprofunda para atingir a base. Uma porta de entrada na extremidade de um túnel estreito leva ao interior da cabana num nível bem inferior à área externa. Esta técnica permite aprisionar o calor na zona mais próxima ao topo, onde o ar quente se concentra. Esta área mais aquecida do ambiente é dedicada às funções de maior permanência das pessoas, os dormitórios. Essa plataforma mais alta, fica aproximadamente 60 cm (centímetros) acima do piso intermediário, é o local mais quente do iglu. Para ajudar a isolar o frio, as camas são forradas com peles de focas, baleias ou renas, sobre galhos muito bem arrumados para impedir o contato do corpo com o gelo. A base é escavada como um poço abaixo do nível do túnel de acesso. Sua função é reter o ar frio que vem de fora quando a porta é aberta. O nível intermediário é reservado às atividades sociais e laborais. É também o local tradicionalmente destinado ao fogo, originado por uma pequena lamparina alimentada à base de óleo animal. Estrategicamente o fogo é posicionado no centro do iglu para que o calor se espalhe uniformemente.[163]

O calor da lamparina acesa e o próprio calor corporal das pessoas colaboram para o aquecimento do ambiente interno. Os esquimós empiricamente descobriram que o ar quente se concentra na parte superior do abrigo, e souberam aplicar esse fenômeno da convecção para evitarem a hipotermia, garantindo maior conforto durante o sono. O ar frio é mais denso que o ar quente, essa diferença de densidade direciona os fluxos ascendentes e descendentes no ambiente. Pequenos dutos de ventilação na parede do iglu evitam o derretimento do gelo em consequência do vapor quente emanado pela lamparina e pela respiração das pessoas. A troca de ar permite a entrada de ar fresco, que ajuda a manter secas as paredes internas.

A bioarquitetura dos iglus favorece a proteção dos habitantes contra o frio. O formato arredondado das paredes impossibilita que o calor se concentre nos cantos, ajudando a manter o interior do ambiente aquecido. A forma de tambor funciona como um forno capaz de manter uma temperatura interna de mais de 10 graus Celsius, mesmo que a temperatura externa esteja inferior a 45 graus.

O professor do Instituto de Física da USP, Claudio Furukawa, afirma que *"o gelo é um excelente isolante térmico. Segura o calor 100 vezes mais que o alumínio"*.[164] O gelo poroso, em forma de neve, também é um bom isolante térmico. A neve fresca e não compactada, retém um percentual de 90 a 95% de ar entre os cristais de gelo. Este ar, que fica confinado nos espaços entre os flocos de precipitações recentes, não encontra caminhos para se deslocar facilmente e formar uma corrente de ar. Por conseguinte, a transferência de calor é bastante reduzida. Outro fator relevante para obtenção de mais aquecimento, de forma natural, é o conhecimento de que quanto mais profunda e quanto mais próxima ao solo a neve estiver, mais quente será a temperatura, porque o calor que incide sobre o solo durante o verão fica ali armazenado e se dissipa lentamente. Desta forma, a temperatura da neve próxima ao solo é bem mais alta que a temperatura da superfície. Os esquimós provavelmente aprenderam

---

[163] POLARPEDIA. Igloo. Disponível em: https://polarpedia.eu/en/igloo/. Acesso em: 02 jul. 2020.

[164] CLÁUDIO FURUKAWA, físico, Universidade de São Paulo (USP), 2011, em entrevista concedida ao jornalista André Santoro, publicada em 18/04/2011, na revista Super Interessante: Cultura Mundo Estranho: Como são construídos os Iglus. Disponível em: https://super.abril.com.br/mundo-estranho/como-sao-construidos-os-iglus/. Acesso em: 29 nov. 2021.

com os animais, que instintivamente usufruem das qualidades isolantes da neve hibernando enterrados nas covas que escavam para se protegerem do frio durante o inverno.[165]

Os esquimós desenvolveram técnicas autóctones para a construção dos iglus. Por tentativas e erros, descobriram que os blocos extraídos de diferentes precipitações não possuem boa coesão e tendem a fissurar entre as camadas de neve. A neve homogênea tem mais qualidade, e para produzir os melhores blocos de gelo, deve pertencer ao mesmo fluxo de precipitação. Perceberam também, que a neve antiga se torna um gelo muito duro, compacto, difícil de cortar, e se torna escorregadio prejudicando a aderência entre os blocos. Por outro lado, a neve muito fresca e macia não pode ser usada porque o bloco não se consolida e se desmancha. E a neve que entra em contato com o gelo marinho não é adequada, se desintegra como pó. No entanto, a neve do topo dos blocos de gelo marinho apresenta boa estrutura e normalmente é aproveitada.

Grandes casas de gelo configuradas para acomodar até vinte pessoas são características dos iglus utilizados para habitação. Durante o inverno, os habitantes destas regiões geladas se tornam sedentários e se protegem no ambiente interno. Os iglus temporários e pequenos que os caçadores utilizam quando viajam e pernoitam, afastados de suas residências, podem ser construídos por um único esquimó experiente. O método construtivo é tão simples e rápido que é possível construir um iglu sozinho. Embora as mulheres também sejam capazes de construir iglus, quase sempre o trabalho é executado por homens, geralmente dois, eventualmente ajudados pelas mulheres, até mesmo pelas crianças.[166]

No verão, o clima mais ameno possibilita aos grupos de "*inuítes*", que se tornam nômades, percorrerem grandes distâncias em busca de alimentos. Nessa atividade de caça e pesca em locais distantes, habitam tendas transportáveis como abrigos, um modelo de abrigo típico também do mundo antigo, nos continentes europeu e africano.

---

[165] NATIONAL SNOW & ICE DATA CENTER-NSIDC. All about snow: Snow Characteristics: Snow and Insulation. 10 de janeiro de 2020. Boulder, Colorado, USA. Disponível em: https://nsidc.org/cryosphere/snow/science/characteristics.html.Acesso em: 29 nov. 2021.

[166] YUE, C.; YUE, D. The Igloo. Ed. Houghton Mifflin Harcourt, 1988, 117p.

Figura 105: Acampamento inuíte encontrado próximo ao lago Aajuitsup, Tasia, Oeste da Groenlândia. Fonte: Wikimedia. Autor: Chmee2/Valtameri / Cc By (Https://Creativecommons.Org/Licenses/By/3.0). Disponível em: https://commons.wikimedia.org/w/index.php?search=Inuit%27s+camping+site+near+Aajuitsup+Tasia &title=Special:MediaSearch&go=Go&type=image. Acesso em: 29 nov. 2021.

A capacidade de construir abrigos adequados ao meio ambiente foi fundamental para a sobrevivência dos ancestrais dos povos "*inuítes*". A perpetuação das gerações subsequentes por mais de quatro mil anos dominou toda a extensão do Ártico devido à sua capacidade de se adaptar ao clima extremo do inverno.

Os povos do Estreito de Bering, há aproximadamente dois mil anos, desenvolveram técnicas de construção utilizando materiais permanentes em suas habitações baseadas nos mesmos princípios de aquecimento passivo dos iglus de gelo. As técnicas foram disseminadas entre os "*inuítes*" no Norte e do Leste do Canadá que habitavam regiões com maior abundância de outros materiais próprios para construção. Chamados também de iglus, essas casas sólidas construídas com troncos de madeira, pedra e ossos de baleia eram a moradia onde os grupos permaneciam em todas as estações. A linguagem bioarquitetônica dos "*inuítes*" não se resume aos iglus de gelo com formato semiesférico. O iglu, que significa casa, no idioma inuíte, é a moradia, não importa o formato nem o material que foi utilizado na construção.

Os "*inuítes*" que vivem em delta do rio Mackenzie, noroeste do Canadá, se autodenominam "*siglits*". Em suas habitações, os "*siglits*" utilizam predominantemente madeira como material de construção, que é abundante nas margens dos rios e nas regiões costeiras da região. Nessas aldeias permanentes, mais de dois mil "*inuítes*" passavam o inverno se alimentando

Figura 106: Casa de inverno de esquimós, baía de Plover (Provideniya), Chukotka, Rússia, 1899. Fonte: Wikimedia Commons.[82] Autor: Edward S. Curtis. Domínio público. Disponível em: https://commons.wikimedia.org/wiki/File:Plover_Bay_winter_house.jpg. Acesso em: 10 jul. 2020.

de carne das baleias caçadas durante o verão, até a chegada de comerciantes, exploradores, missionários e baleeiros do Sul, no final do século XIX.

Não há muita informação na literatura sobre as habitações dos *"siglits"* do passado. Sabe-se no entanto, que a bioarquitetura das habitações dos *"siglits"* foi concebida para atender às particularidades do meio ambiente. Da mesma forma que os iglus de gelo, os métodos construtivos, as técnicas de aquecimento e de isolamento térmico desenvolvidos pelos *"siglits"* possibilitaram sua adaptação e permanência na região durante o inverno rigoroso.

As casas eram semienterradas para conservar o calor, estruturadas com ossos de baleia, troncos de árvores ou pedras. Os vãos eram preenchidos com musgos, líquens e argila, cobertos por uma camada de neve e lama para vedação hermética da edificação. A unidade habitacional podia acomodar uma família, um casal, ou dois casais. A entrada abaixo do nível do solo formava uma barreira de ar frio que impedia o ar quente de escapar do interior da residência.

A técnica de construção dos telhados, geralmente muito inclinados, tem a função de reduzir o volume de ar interno, e deixar menos área de parede exposta ao tempo. Esse

[82] Publicado em: "The Harriman Expedition: The Harriman Alaska Series. (1901-1910). New York: Doubleday, Page & Company. Vol I: Narrative, Glaciers, Natives.

modelo construtivo favorece a economia de calor gerado dentro da habitação. O isolamento é proporcionado por uma espessa camada de grama envolvendo o telhado, reforçada pela neve infiltrada entre as placas de grama que veda possíveis frestas ao congelar. A planta baixa em formato cruciforme, reduz a área de piso interno, consequentemente economizando também, volume de ar e calor. Um fogareiro central acima do nível do piso produzido pela queima de óleo iluminava e aquecia o ambiente. No nível do piso, onde o ar frio se deposita, é o local que tem temperatura apropriada para conservar alimentos e armazenar as carnes. Como nos iglus de neve, na parte mais alta da estrutura, onde se concentra o ar quente, são localizados os dormitórios.

Há indícios de que dutos de ventilação no telhado eram utilizados para evitar a formação de goteiras pela condensação do vapor. Esses dutos, que podiam ser fechados oportunamente, também serviam para exaustão da fumaça e renovação do ar interno. O caráter perecível do material utilizado nessas construções milenares dificulta a interpretação dos vestígios deixados. Os trabalhos de pesquisa são baseados em escavações nos sítios arqueológicos, associadas a relatos deixados por visitantes que estiveram na região buscando vestígios para tentar desvendar a cultura deste povo. [167]

Na Rússia, no final do século XIX, os esquimós também habitavam casas com paredes estruturadas por ossos de baleia, seladas com uma camada de grama e musgos para impedir a entrada de ar frio, cumprindo a função de isolantes térmicos. Esses abrigos de inverno eram cobertos com as peles das morsas caçadas no mar, apoiadas sobre galhos. Uma pequena abertura que servia de porta também era coberta com pele de animais.

Na mesma época, as tradições e a população dos esquimós do Canadá entraram em declínio. O contato com desbravadores americanos e euro-canadenses vindos do Sul trouxe doenças que não existiam no seu ambiente. Os recém-chegados comerciantes, religiosos e caçadores de baleias trouxeram inovações e introduziram bens, até então inacessíveis, que transformaram o estilo de vida dos *"siglits"*. Essas facilidades que a modernidade proporciona, aos poucos foram substituindo a cultura tradicional. As novas doenças atingiram os organismos despreparados e indefesos com consequentes impactos negativos nas comunidades esquimós. O convívio com essa pluralidade étnica e seus valores teve um efeito devastador nas comunidades locais e em sua herança cultural. [168] Na segunda metade do século XX, foi incorporada a arquitetura estruturada em hábitos euro-canadenses compartimentada em quartos, cozinha, sala, varandas, adaptada ao estilo de vida dos

[167] ARNOLD, C.D.; HART, E.J. The Mackenzie Inuit Winter House. Prince of Wales Northern Heritage Centre. Department of Culture and Communications. Government of the Northwest Territories. Yellowknife, Northwest Territories, Canadá, 1991. Disponível em: https://dalspace.library.dal.ca/bitstream/handle/10222/71430/vol16_2_35_39.pdf?sequence=1&isAllowed=y. Acesso em: 29 nov. 2021.

[168] Ibidem, ARNOLD, C.D.; HART, E.J., 1991.

"Inuítes" do Ártico canadense. Do mesmo modo, os novos conceitos de família, sociedade, economia e burocracias administrativas foram introduzidos.[169]

As doenças foram controladas a partir do século XX com a chegada de assistência médica, revertendo a situação. As tribos cresceram em tamanho e população. No final do século se transformaram em pequenas cidades. Os esquimós passaram a habitar casas de madeira com aquecimento central, equipadas com eletrodomésticos e geradores de energia movidos a combustíveis fósseis inseridas num contexto urbano dotado de infraestrutura com escola, comércio, internet. Atualmente há aproximadamente 150 mil esquimós vivendo na região do Ártico. A maioria da população abandonou a religião xamânica de seus antepassados e se converteu ao cristianismo.[170] Os trenós puxados por cães deram lugar às motos de neve, arpões de caça foram trocados por rifles, barcos a motor substituíram os remos, e os esquimós passaram vestir roupas industrializadas de tecidos sintéticos comprados em lojas. O consumo gerou a necessidade de dinheiro, inexistente na sua economia tradicional. O estilo de vida nômade para caçar perdeu o sentido para muitos esquimós, que foram absorvidos pelo mercado de trabalho formal, em minas e exploração de petróleo. No Canadá, mais especificamente, grupos mais conservadores criaram cooperativas de pesca, artesanato e turismo para comercializarem seus produtos. Em 1999, o governo do Canadá criou o território Nunavut para ajudar a revitalizar, apoiar e preservar a autêntica cultura tradicional dos esquimós na América do Norte.[171] Território este que, por ser constituído de gelo em quase toda sua totalidade, decresce a cada ano, derretendo pelos efeitos do aquecimento global.

Os métodos de bioconstrução, os materiais e as técnicas de aquecimento passivo, desenvolvidos pelo povo do Ártico, se perpetuaram ao longo de milhares de anos. Apesar do isolamento e de recursos módicos, o objetivo de providenciar abrigo e proteção contra os perigos do clima extremo foi cumprido de maneira eficiente pelos habitantes das regiões geladas do norte do planeta.

Os iglus são habitações que se enquadram perfeitamente nos princípios de bioarquitetura e construção sustentável. O material de construção ofertado pela natureza é reciclável e colhido no próprio local. O processo construtivo não polui, não esgota os recursos naturais e

[169] DAWSON, P.C. (2008) Unfriendly Architecture: Using Observations of Inuit Spatial Behavior to Design Culturally Sustaining Houses in Arctic Canada, Housing Studies, 23:1, 111-128, DOI: 10.1080/02673030701731258. Disponível em: https://www.tandfonline.com/doi/abs/10.1080/02673030701731258. Acesso em: 29 nov. 2021.

[170] RODRIGUES, A. Aventuras na História: Abaixo de Zero: A Vida dos Esquimós. Disponível em: https://aventurasnahistoria.uol.com.br/noticias/reportagem/historia-vida-dos-esquimos.phtml#:~:text=Um%20dos%20mais%20antigos%20s%C3%ADtios,de%203%2C8%20mil%20anos. Acesso em: 29 nov. 2021.

[171] THE EDITORS OF ENCYCLOPEDIA BRITANNICA. Eskimo. Ed. Encyclopedia Britannica, Inc., 2020. Disponível em: https://www.britannica.com/topic/Eskimo-people Acesso em: 27 jul. 2020.

não agride o meio ambiente. As habitações construídas totalmente com gelo, como os iglus do extremo Norte, têm a peculiaridade de não gerarem nenhum tipo de resíduo sólido. O principal rejeito de toda a vida útil da construção é a água, livre de resíduos, um ciclo de vida compatível com os conceitos de sustentabilidade. Intuitivamente e artesanalmente, com ferramentas improvisadas, os esquimós desenvolveram um método construtivo autóctone para construírem habitações adequadas ao seu estilo de vida, ao ambiente e ao clima local, proporcionando abrigo, suprindo suas necessidades e garantindo a sobrevivência e perpetuação da população.

Entretanto, na Grã-Bretanha, por exemplo, região com toda tecnologia e recursos humanos disponíveis, cujas cidades possuem um Índice de Desenvolvimento Humano (IDH) avançado, há relatos do governo de que mais de 80% das novas casas construídas entre 2002 e 2008 para a população, não atenderam às necessidades de seus moradores. [172]

A massificação da arquitetura distancia a habitação de sua função fundamental que é proporcionar abrigo, segurança, temperatura confortável, iluminação e espaços adequados às atividades básicas desempenhadas por seus moradores.

4.8.2. BIOARQUITETURA EM MARTE

O gelo é um material de construção que tem propriedades isolantes importantes que vão muito além do isolamento térmico desfrutado pelos esquimós. O projeto de uma casa de gelo venceu o "Desafio do Centenário da NASA", destinado a equipes com capacidade criativa para o desenvolvimento de um abrigo a ser implantado em Marte. Os competidores enfrentaram o desafio de uma disputa para a criação de uma solução inovadora que atendesse às necessidades tecnológicas do planeta. O projeto vencedor foi a habitação apelidada de "Mars Ice Dome", ou "Domo Marciano de Gelo", selecionado pelo Fundo de Inovação do Centro da Direção de Missão de Tecnologia Espacial (STMD). Os pesquisadores do Langley Research Center da NASA (National Aeronautics and Space Administration), em Hampton, Virginia, concluíram que o gelo é o melhor material para a construção de uma estação espacial avançada para abrigar os astronautas em uma habitação sustentável e segura em Marte.

O "Planeta Vermelho" tem temperaturas extremas e alta radiação de energia que não são filtradas por sua atmosfera. Um abrigo enterrado seria uma solução adequada para oferecer essas proteções, porém demandaria equipamentos pesados, e necessariamente, teriam que ser transportados da Terra.

---

[172] CRUICKSHANK, D. BBC NEWS MAGAZINE. What house-builders can learn from igloos. 02 de abril de 2008, Reino Unido. Disponível em: http://news.bbc.co.uk/2/hi/uk_news/magazine/7326031.stm. Acesso em: 10 jul. 2020.

A solução apresentada atendeu aos requisitos tecnológicos em vários aspectos. Foram definidos pela equipe do projeto somente materiais translúcidos, com o objetivo de permitir a incidência de iluminação natural no interior do abrigo. Para filtrar a radiação foi prevista uma calota espessa de gelo que atende também ao mesmo conceito de luminosidade, permitindo a entrada de luz necessária às atividades internas. O gelo cria um escudo capaz de isolar os raios cósmicos galácticos, porque é rico em hidrogênio, por ser formado por moléculas de água. A arquitetura translúcida em formato de domo é leve, fácil de ser transportada e pode ser montada com recursos simples de robótica. Uma camada de CO_2 (dióxido de carbono) isolante, que também é abundante em Marte, foi projetada para controlar a temperatura interna conferindo habitabilidade para o abrigo.

O material utilizado na construção precisa suportar as radiações de partículas carregadas, radiação ultravioleta, oxigênio atômico, percloratos, tempestades de poeira. A vida útil de uma estação construída em Marte deve ser longa para permanecer por muitos anos no planeta atendendo às equipes de pesquisa. A solução de engenharia possibilita, portanto, produzir uma construção sustentável, utilizando material disponível no local, o gelo marciano, que já faz parte e resiste ao ambiente hostil de Marte.[173]

Figura 107: Abrigo conceitual de gelo para Marte, 2016.Fonte: Wikimedia Commons. Autor: Nasa/Clouds AO/SEArch / Public domain. Disponível em: https://commons.wikimedia.org/wiki/File:Mars_Ice_Home_concept.jpg. Acesso em:10 set. 2020.

[173] GILLARD, E. Moon to Mars: A New Home on Mars: NASA Langley's Icy Concept for Living on the Red Planet. NASA Langley Research Center, 2017. Disponível em: https://www.nasa.gov/feature/langley/a-new-home-on-mars-nasa-langley-s-icy-concept-for-living-on-the-red-planet. Acesso em: 29 nov. 2021.

5. Modulação na Antiguidade

O tratamento do espaço urbano influencia e se reflete no comportamento das pessoas. O planejamento dos espaços construídos é fundamental para se obter cidades organizadas, saudáveis e amigáveis à vida humana. Nações antigas sabiamente desenvolveram e sociedades modernas adotaram a normatização e a padronização dos elementos construtivos para alcançar bons resultados. Esse cuidadoso planejamento da construção, desde o tijolo até uma cidade inteira, não é perceptível para o cidadão, que em seu cotidiano que usufrui do espaço com segurança e bem-estar. Por outro lado, quando o espaço é desordenado, causa muito desconforto e inquietação no ambiente. O espaço público desordenado favorece à criminalidade. "À medida que um espaço público se degrada, cresce, na mesma intensidade, a criminalidade." [177]

Do mesmo modo que, um espaço planejado, organizado e bem cuidado, como numa praça pública, onde o jardim é bem cuidado, a grama é mantida aparada, e o mobiliário limpo e conservado, mostram uma organização que instintivamente inibe os maus hábitos dos cidadãos. As pessoas ficam constrangidas de jogar lixo no chão, por exemplo. O comportamento humano é influenciado pelo entorno. Este fato pode ser observado nas estações de metrô e dentro dos vagões cariocas. Não é raro ver os mesmos usuários de outros espaços sujos e desorganizados acostumados a jogarem lixo nas ruas, se transformarem ao entrarem no metrô, se comportando de maneira adequada.

5.1. SISTEMAS MODULARES DO OCIDENTE E DO ORIENTE

A modulação já era conhecida desde o século III a.C. na Mesopotâmia, na Península Ibérica e na África. Também utilizada no século I a.C., pelos gregos e pelos romanos. Historicamente, o uso do módulo aparece na arquitetura numa abordagem estética dos gregos, sob um aspecto estético-funcional pelos romanos; e sob um caráter funcional pelos japoneses.[178] Já na África, o módulo era o tamanho da forma utilizada nas construções de terra, material predominante das edificações, socada em formas até sua compactação para moldar as paredes.

---

[177] DELGADO, R. M. Espaços Urbanos e Criminalidade, um estudo do ambiente urbano como fator criminogênico, 2014. Disponível em https://jus.com.br/artigos/35064/espacos-urbanos-e-criminalidade. Acesso em: 29 nov. 2021.

[178] GREVEN, H.A; BALDAUF, A.S.F. Introdução à Coordenação Modular da Construção no Brasil: Uma Abordagem Atualizada. Coleção Habitare/FINEP. Porto Alegre, 2007, pág. 35, apud Rosso, 1976.

Figura 108-A: Entasis na colunata grega modulada, com vão menor na extremidade Partenon, Atenas, Grécia, 2022. Fonte: A Autora.

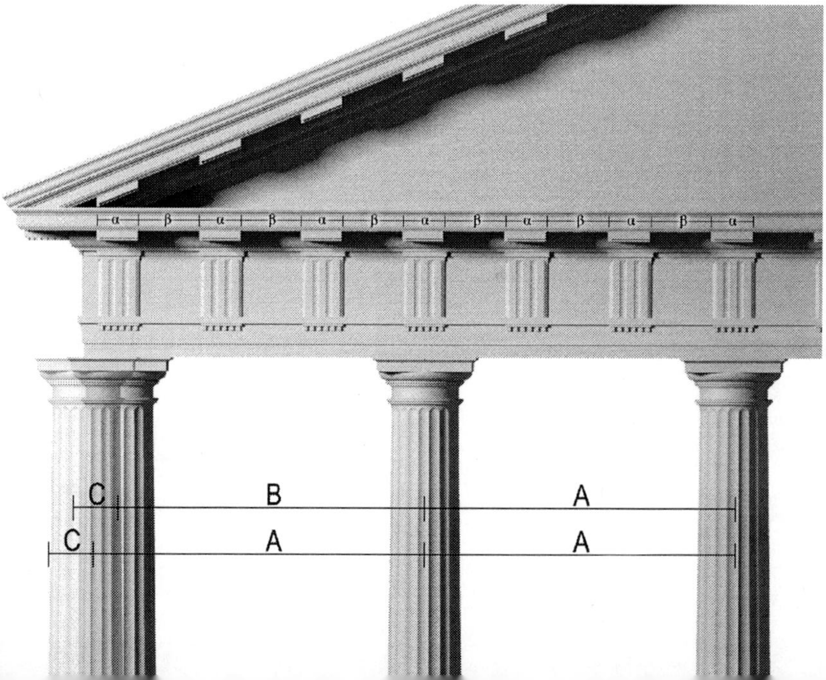

Figura 108-B: Colunata grega com medidas padronizadas e, quina diferenciada. Fonte: Desenhado por Mattos, D.G. Baseado em Nissen, 1976, Apud Greven&Baldauf, 2007. A) Entasis na colunata grega modulada, com vão menor na extremidade. Partenon, Atenas, Grécia, 2022. Fonte: A Autora.

SISTEMA GREGO

Na antiga sociedade grega, os componentes de pedra utilizados nas construções dos templos e edifícios eram "pré-fabricados" para serem posicionados posteriormente nos lugares definitivos.

Para os gregos, o módulo básico de toda a construção era o diâmetro da coluna. A partir do diâmetro da coluna, todas as peças eram dimensionadas, inclusive as partes da própria coluna: fuste, capitel e base. O espaço entre as colunas também seguia esse mesmo padrão. Porém nas pontas das fachadas, o espaço entre as colunas tem o vão reduzido para que os componentes pré-fabricados, que são do mesmo tamanho, se encaixassem perfeitamente.[179], como mostra a Figura 108-A. As colunas do peristilo nas grandes fachadas horizontais, como nos templos gregos, com várias colunas dispostas sistematicamente, ocorre uma ilusão de ótica, que dá ao observador a impressão de que o terço inferior da coluna afina. Os gregos corrigem esse efeito aplicando no terço inferior da coluna, uma curva convexa que a torna mais larga, de forma que o observador tenha a falsa percepção de linhas paralelas. A esta técnica se dá o nome de *"entasis"*, que em latim significa dilatação. A *"entasis"* é um recurso utilizado por gregos, romanos e mesopotâmios, com a finalidade única de proporcionar uma harmonia estética.[180]

No traçado urbano, a modulação se representa reticulado ortogonal que foi idealizado pelo filósofo e arquiteto grego Hipódamo de Mileto, inventor da divisão regular da cidade. Hipódamo também criou o zoneamento, dividindo o solo urbano em três zonas: sagrada, pública e privada. A malha ortogonal de Hipódamo foi implantada em Mileto, no século V a.C. por ocasião da reconstrução da cidade, destruída pelos persas. As quadras foram divididas em retângulos de 30 m (trinta metros) por 52 m (cinquenta e dois metros).

Esta concepção ficou consagrada como Sistema Hipodâmico tendo sido desde então adotado no planejamento urbano de diversas cidades pelo mundo. [181]

SISTEMA ROMANO

As unidades de medida criadas pelos romanos eram muito acuradas e foram bem documentadas. O sistema foi criado a partir do sistema grego, que foi influenciado pelos egípcios.

---

[179] GREVEN, H.A; BALDAUF, A.S.F. Introdução à Coordenação Modular da Construção no Brasil: uma abordagem atualizada. Coleção Habitare/FINEP. Porto Alegre, 2007. pág. 35, apud Nissen, 1976.

[180] SEQUEIRA, J. M. Os desenhos do de Architectura (arcitektouikh) The Deawings of de Architectura. Faculdade de Arquitetura da Universidade Técnica de Lisboa. AE Revista Lusófona de Arquitectura e Educação n.4, 2010.

[181] ABIKO, A.K.; ALMEIDA, M.A.P.; BARREIROS, M.A.F. Urbanismo: história e desenvolvimento. Escola Politécnica da Universidade de São Paulo. Departamento de Engenharia de Construção Civil, 1995.

O sistema da Roma Antiga era antropométrico. Os romanos se baseavam no corpo humano para projetar as cidades e as edificações utilizando uma malha quadriculada conhecida como *"passus romano"*, cujo módulo base era a medida do pé humano, denominada *"pes"*.

O pé humano equivalia a unidade de medida 1. A partir desta medida todos os componentes eram fabricados. As outras medidas eram derivadas deste parâmetro, proporcionalmente, com nomes em latim: *"digitus"* ou dígito (1/16), *"uncia"* ou polegada (1/12), *"palmus"* ou palmo (1/4), *"cubitus"* ou côvado (1 1/2), *'gradus"* ou passo simples (2 1/2), *"passus"* ou passo duplo (5), *"pertica"* ou vara (10), *"actus"* ou tiro de besta (120), *"stadium"* ou estádio (625), *"millarium"* ou milha (5000), *"leuga"*. ou légua (7500).[182]

O côvado romano correspondia à medida de 6 palmos, ou 24 dígitos, aproximadamente 17,5 a 18'' (polegadas), ou 1,50 pés, ou 45 cm (centímetros). Na Bíblia, um côvado correspondia à medida da distância entre o dedo médio e o cotovelo e foi usado como unidade de medida por babilônios, egípcios e hebreus.[183] Os tijolos baseados nessa medida, eram padronizados em duas medidas básicas: *"bipetalis" e "sesquipetalis"*. Com a definição destes módulos, os romanos produziam todos os outros materiais de construção, como: tubos cerâmicos, telhas, colunas, ladrilhos, e objetos como ânforas, copos e pratos.

A tecnologia romana era muito avançada, seu sistema modulado já considerava as juntas e a sobreposição de peças. Não havia um módulo, mas uma medida padrão, o *"ratio symentrarum"* e os componentes eram múltiplos desta medida. Utilizando essa técnica, os romanos aplicaram uma modulação flexível que contemplava desde o pequeno componente até as grandes cidades. A atual capital da Eslovênia, a cidade de Ljubljana, quando fazia parte do Império Romano e se chamava Emona, teve seu traçado baseado no módulo de 60 *"passus"* formando um reticulado de 360 *"passus"* por 300 *"passus"*, na proporção de 6:5 (seis para cinco).[184]

SISTEMA ISLÂMICO

No Mediterrâneo, as casas moduladas de terra provavelmente foram trazidas pelos fenícios, antes da chegada dos romanos à Península Ibérica e à África. As casas moduladas de taipa eram feitas com terra reforçada com fibras vegetais. O módulo básico da construção era definido pelo tamanho da madeira utilizada para fazer a forma, geralmente entre 2 m (metros) e 3 m (metros) de comprimento e entre 75 cm (centímetros) e 90 cm (centímetros) de altura. A determinação do tamanho destes módulos também pode estar relacionada aos

---

182 WIKIPEDIA. Disponível em: https://pt.wikipedia.org/wiki/Unidades_de_medida_da_Roma_Antiga. Acesso em: 11 set. 2020.

183 WIKIPEDIA. Disponível em: https://pt.wikipedia.org/wiki/C%C3%B4vado. Acesso em: 29 nov. 2021.

184 GREVEN, H.A; BALDAUF, A.S.F. Introdução à Coordenação Modular da Construção no Brasil: Uma Abordagem Atualizada. Coleção Habitare/FINEP. Porto Alegre, 2007, pág. 19.

sistemas islâmicos de construção. O sistema islâmico é baseado no côvado romano *"cubit"*, dividido em *"rasasi"* e *"maamuni"*. Em alguns lugares, o côvado ou *"cubit rasasi"*, usado principalmente no Califado Andaluz e durante o Emirado, mede 70 cm (centímetros). Mas a medida básica mais comumente adotada é um pouco superior a 50 cm (centímetros).

No côvado ou *"cubit maamuni"*, a medida do módulo é de 47 cm (centímetros), no máximo. Os dois subtipos são múltiplos do *"pe"*, do *"palmo"* e da *"polegada"*, que são submúltiplos da *"vara"*. Uma *"vara"* tem dois *"côvados"*, e um *"côvado"* tem seis *"palmos"*.

Na Andaluzia, a unidade de medida ou módulo básico de uma *"vara"* é de 70 cm (centímetros) a 90 cm (centímetros) de largura. Em edificações construídas para defesa, como as torres, essa medida pode variar entre torres diferentes, de 75 cm (centímetros) a 80 cm (centímetros), aproximadamente.[185]

SISTEMA JAPONÊS

A medida padrão dos japoneses desde a segunda metade da Idade Média é o *"ken"*, que tem o tatame como base. O tatame cobre o piso de todos os espaços internos das edificações no Japão ditando a modulação de toda a edificação. Inicialmente dimensionado para acomodar duas pessoas sentadas, ou uma dormindo, na proporção 1:2 (um para dois). Os tatames podiam ser distribuídos em diferentes posições e dimensões da habitação.

O pé-direito (altura de teto) era calculado em função da quantidade de tatames de acordo com a seguinte equação: pé-direito = número de tatames x 0,3 (três décimos)[186]

Uma outra medida de referência é o *"shaku"*. Um *"shaku"* mede cerca de 30 cm (centímetros) de comprimento, a medida de um pé imperial. Seis *"shaku"*, ou 1 m (metro) e 80 cm (centímetros) são um *"ken"*. As casas populares medem 2 m (metros) e 70 cm (centímetros) de largura, ou 9 *"shaku"*, ou 1,5 *"ken"*.

No período Edo, em referência à antiga capital do Japão, entre 1603 e 1868, a sustentabilidade já havia sido alcançada no Japão nas áreas de silvicultura, agricultura, arquitetura, planejamento urbano, transporte, uso de energia e materiais sustentáveis. As práticas milenares dos países orientais têm sido objeto de estudo e pesquisas de cientistas que vêm nas soluções simples, encontradas empiricamente no passado, o caminho para o

---

[185] QUESADA, S; García, L; "Las Torres Medievales del Valle de Segura de la Sierra o la Construcción del Paisaje. Análisis de la Morfología y Fábricas de las Tapias de Tierra y Cal Empleadas de l Torres Norte y sur de Santa Catalina". En: Construcción con tierra. Pasado, presente y futuro. Congreso de Arquitectura de tierra en Cuenca de Campos 2012. [online]. Valladolid: Cátedra Juan de Villanueva. Universidad de Valladolid. 2013. P. 109- 122. Disponible en internet: https://www5.uva.es/grupotierra/publicaciones/digital/libro2013/00indice.pdf

[186] Ib. pág. 35, apud Ching, 1998

desenvolvimento urbano. Utilizando ferramentas rudimentares e com recursos espartanos, esses povos conseguiram excelentes resultados. O conhecimento adquirido somado às tecnologias atuais e equipamentos avançados são a base para um futuro sustentável. Já é uma realidade bem aceita no Ocidente, a reciclagem do lixo urbano. Mas ainda há outros padrões que precisam ser revistos.

Para os habitantes da terra do sol nascente, o banheiro tem um valor econômico essencial e benéfico.

Os dejetos humanos são vendidos e transformados em fertilizantes, podendo ser processados para extrair amônia e nitratos, muito úteis para a agricultura e a indústria.

O banheiro é sabiamente concebido para coletar os dejetos líquidos e sólidos separadamente. Há duas cabines distintas no lado externo da casa, com tanques individuais enterrados no solo, de onde os dejetos são coletados.[187] Os aluguéis são geralmente reduzidos para as famílias com muitos membros, devido ao valor de suas contribuições sanitárias. Os agricultores esperam pagar mais pelas fezes dos samurais do que dos plebeus, sua dieta mais rica gera mais subprodutos. Mas os banheiros mais valiosos de todos são os banheiros dos atores e cortesãs, porque a vida deles é consumir sem parar. Para realizar a coleta, o fazendeiro chega à cidade antes do sol nascer levando baldes vazios arrumados no carro de boi para colocar os dejetos humanos previamente comprados dos proprietários de imóveis. A aldeia a qual ele faz parte faz um contrato com vários proprietários da região para esvaziar suas latrinas. E, assim, ele faz sua coleta a cada dois meses, junto com um ou dois outros agricultores. Os fertilizantes ficam prontos para serem utilizados depois de mais de um mês na pilha de compostagem. O calor da decomposição seca o material e elimina a maior parte dos agentes patogênicos.

Os fazendeiros também constroem mictórios e banheiros públicos em ruas movimentadas para aumentar seus rendimentos. A troca desenvolvida entre fazendeiros e aldeões é mutuamente benéfica, e nitidamente um modelo sustentável. O saneamento ecológico considera que os dejetos humanos são recursos para serem reciclados, e não um lixo para ser descartado. Historicamente, países como o Japão, Coreia do Sul e China coletam fezes e urina para adubação orgânica na agricultura. [188]

---

[188] ESREY, S.; GOUGH, J.; RAPAPORT, D.; SAWYER, R.; SIMPSON-HÉBERT, M.; VARGAS, J.; WINBLAD, U. Ecological Sanitation. SIDA, Estocolmo, Suécia, 1998.

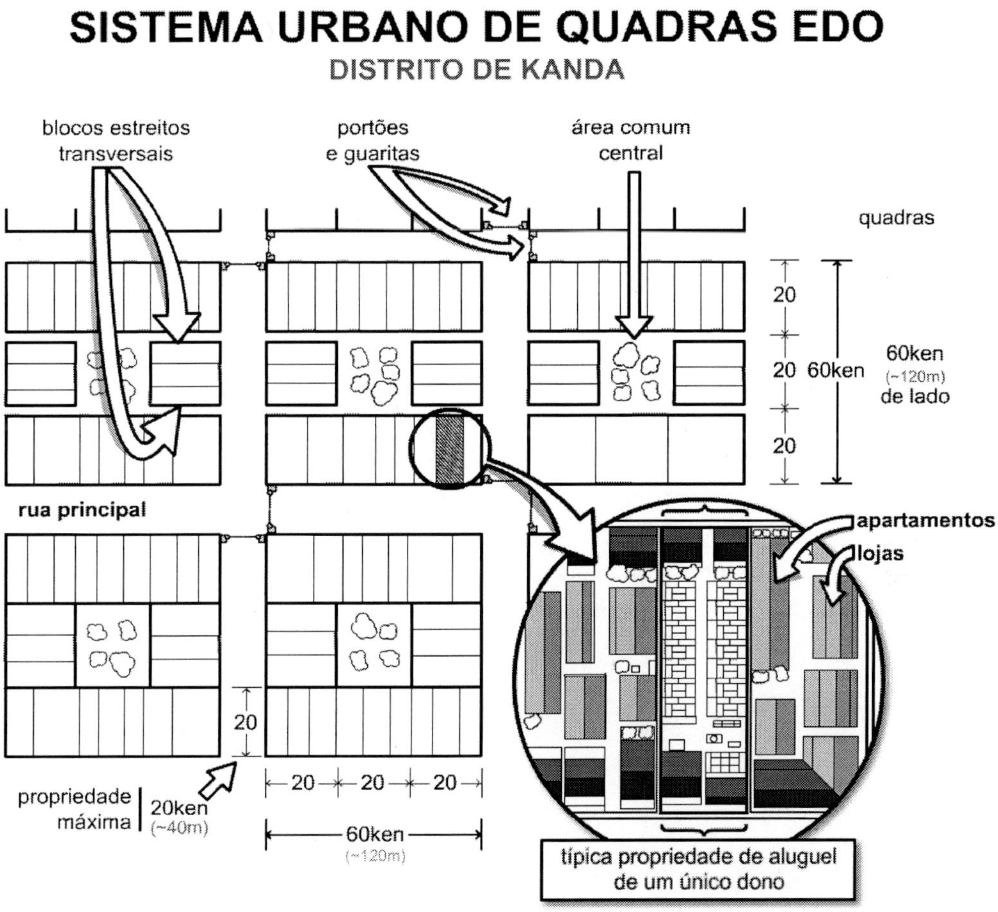

Figura 109: Traçado urbano do período Edo, Japão . Fonte: AZBY BROWN, JUST ENOUGH, P. 123-4, 2009, Desenhado Por Mattos, D.G. Traduzido E Adaptado Pela Autora.

5.2. EDIFICAÇÕES TEMPORÁRIAS TÊXTEIS

No início do século XVI, as cortes europeias faziam grandes celebrações para demonstrar seu poder. O entretenimento era utilizado para agraciar a população. Para levar os espetáculos a diferentes lugares eram utilizadas construções temporárias portáteis com coberturas têxteis, dando início ao desenvolvimento do teatro.

Em 1520, um importante acontecimento num local onde foram erguidas construções temporárias ficou conhecido como "O Campo do Tecido de Ouro", em francês: *'Camp du Drap d'Or"*, e em inglês: *"The Field of The Cloth of Gold"*. Em um local de Pas-de-Calais, equidistante entre Ardres e Guînes, na época única possessão inglesa no continente europeu, sediou um encontro memorável. O evento teve lugar num campo onde os reis da França e da Inglaterra montaram um enorme aparato, como parte do ápice da disputa entre o rei Henrique VIII da Inglaterra e o rei Francisco I da França.

A intenção dessa grande confraternização era aumentar o vínculo de amizade entre os dois reis, fortalecendo o Tratado de Londres de 1518, que foi assinado entre as principais nações europeias, para combaterem unidas a expansão dos otomanos no Sudeste. A reunião foi cuidadosamente arranjada para mostrar a magnificência de cada corte e suscitar o respeito e a paz entre as nações que eram tradicionalmente inimigas.

Tudo foi organizado para que a disputa entre os dois reinos ocorresse em igualdade de condições. Porém, o local do encontro causou algumas tensões entre ingleses e franceses, por ser parte da Inglaterra, à época, e a França preferia um local mais próximo da fronteira. No entanto, a topografia do terreno foi um fator determinante para a escolha do campo de encontro dos reis. Atualmente a comuna de Balinghem faz parte do território francês, e há no local uma placa comemorativa na estrada D231 - Route de Marquise, em homenagem ao acontecimento histórico, hoje uma área descampada e esquecida.

Figura 110: Route de Marquise, Balinghem, Pas-de-Calais, França. Fonte: Google Maps – Coordenadas 50.8523°N 1.9229°E. Disponível em https://www.google.com/maps/@50.852215,1.9231551,3a,75y,14.5h,76.1t/data=!3m6!1e1!3m4!1sephpic-6bxog-isirucfkw!2e0!7i13312!8i6656. acesso em: 24 abr. 2019.

Figura 111: Tendas cônicas – Casa de Banquetes, Calais, França, 1520. Fonte: Royal Collection Trust. The Field of Cloth of Gold. Autor desconhecido. Domínio público. Disponível em https://www.rct.uk/collection/405794/the-field-of-the-cloth-of-gold. acesso em: 29 nov. 2021.

O evento ficou conhecido por este nome, Campo dos Tecidos de Ouro, porque cada um dos reis quis demonstrar seu poder e riqueza e seus trajes ornados com fios de seda e ouro. Construíram tendas deslumbrantes, monumentais e banquetes enormes, cercados de muita música, jogos e torneios.

Um palácio temporário foi erguido para receber o rei inglês, com área aproximada de 10 mil m^2 (metros quadrados). Com base de tijolos e paredes com 10 m (metros) de altura de tecido ou lona, em quadros de madeira importada da Holanda pintados, para parecerem alvenaria. Eram reais, as janelas de vidro e a fachada adornada com esculturas. A cobertura em tecido oleado cor de chumbo foi pintado para imitar um telhado da pedra ardósia. Todo o cenário foi construído com muita pompa e demonstração de riqueza, nos mínimos detalhes. As acomodações foram finamente decoradas e ornamentadas em dourado, além de fontes que jorravam água e vinho. Nesse evento foi erguida a Casa de Banquetes, em homenagem a Henrique VIII, rei da Inglaterra. Atrás do palácio temporário ficava a tenda de jantar dourada do rei, e as outras tendas onde as refeições eram preparadas. As tendas cônicas de bases circulares, com 37 m (metros) de diâmetro e 40 m (metros) de altura, impressionavam pelas dimensões ousadas para a época.

À direita da tela, em primeiro plano, a Figura 111 mostra um palácio especialmente construído para a ocasião. Seis mil homens da Inglaterra e Flandres foram enviados especialmente para os preparativos da festa real.

Nenhuma inovação deste tipo de construção aconteceu até a Revolução Industrial, quando mastros múltiplos foram usados nos tradicionais pavilhões e nos circos itinerantes, na Europa e nos Estados Unidos, no século XIX.

Após 1860, o desenvolvimento das ferrovias americanas propiciou os deslocamentos desses grupos de espetáculo para locais distantes. As companhias passaram a se apresentar nos pavilhões desmontáveis de lona. Essa modalidade de construção foi utilizada para uma apresentação em Paris, do primeiro *"Railway Circus"*. americano, em 1867. A partir deste evento os circos itinerantes se expandiram e se espalharam pela Europa. [189]

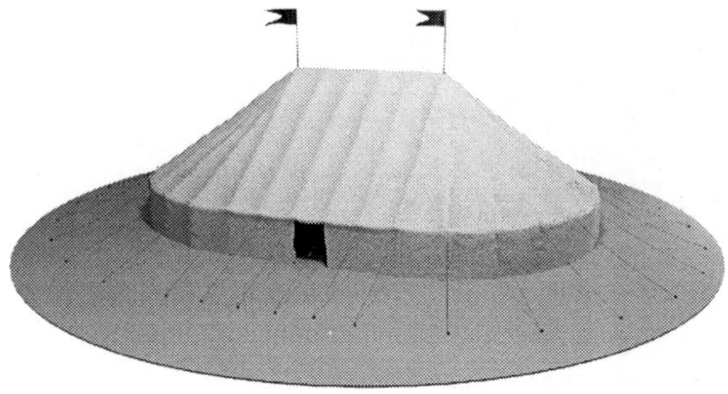

Figura 112: Tenda de circo – Chapitéu. Fonte: Desenhado por Mattos, D.G., baseado em Forster, 1994, Apud Pauletti, R.

Figura 113: Desfile com a Jaula do leão do circo americano ao fundo, 1891. Fonte: Library Of Congress prints and photographs Division Washington, D.C. 20540 USA. Autor desconhecido. Domínio público. Disponível em http://www.loc.gov/pictures/resource/ppmsca.54761/. acesso em: 29 nov. 2021.

[189] HARVIE, Gregor. An investigation into the thermal behaviour of spaces enclosed by fabric membranes. 1996.

6. Industrialização no século XX

A indústria das construções modulares foi impulsionada pelo advento da industrialização.

Construções modulares são edificadas em fábrica, com todos os elementos da edificação produzidos paralelamente. Esse sistema aumenta significativamente a velocidade de construção e reduz o tempo de entrega ao cliente final.

No sistema de construção convencional não é possível construir paredes, tetos e pisos ao mesmo tempo. Tem que haver uma sequência obrigatória para que todos os elementos se conectem.

No sistema de fabricação modular, toda a execução ocorre ao mesmo tempo, acelerando o prazo de entrega. A construção dentro da fábrica tem uma série de vantagens em relação ao canteiro de obras. O trabalho de supervisão é otimizado, a produção não fica sujeita às mudanças de clima e aos períodos chuvosos, ou seja, eventos externos não impactam o ritmo de trabalho. Toda a produção é realizada em espaço coberto. A proteção das intempéries aumenta a eficiência do trabalho e evita danos aos materiais de construção.

Outra vantagem desse sistema é a redução dos custos de produção, que a fabricação em série proporciona. As peças são definidas previamente e o maquinário é preparado para os cortes sucessivos. A otimização da produção viabiliza o aproveitamento máximo do material e evita desperdícios.

Após a definição do processo de produção é possível obter uma estimativa geral mais apurada da quantidade de material exigida no projeto. A construção pré-fabricada permite que o trabalho seja sempre realizado nas mesmas instalações. A rotatividade de trabalhadores é pequena, aumentam as chances de aprimoramento de sua qualificação pelo treinamento contínuo e evolutivo.

Os procedimentos padronizados possibilitam maior controle da qualidade da edificação final. Os custos com transporte e o impacto ambiental são muito reduzidos nesta tecnologia de construção. As construções modulares conferem maior flexibilidade aos projetos, que podem ser ampliados ou reduzidos com o acréscimo ou com a remoção de módulos, sem prejuízo à edificação existente. Os edifícios modulares podem ser facilmente desmontados, movidos ou reaproveitados em outros projetos.

Em relação à geração de resíduos, o processo de construção convencional é um grande gerador-poluidor. Desde a madeira utilizada para as formas de concreto, a pedaços de tijolos cortados, restos de argamassas que caem dos emboços e pedaços de telhas cerâmicas, há um

A

Figura 114: A) e B) Palácio de Cristal, Londres, Inglaterra, 1954. Fonte: Smithsonian Libraries. Autor: Philip Henry Delamotte.The Great Exhibition Of 1851. Domínio público. Disponível em: https://commons.wikimedia.org/wiki/File:Crystal_Palace_General_view_from_Water_Temple.jpg. Acesso em: 29 nov. 2021.

B

grande desperdício em todas as etapas. É preciso considerar também a energia dispendida na fabricação dos materiais e na execução das obras, e o uso da água em todo o processo construtivo. Estes componentes têm um custo muito elevado e nem sempre são computados nos orçamentos. Os prédios modulares possibilitam a portabilidade da habitação, e têm se mostrado uma solução apropriada para resolver problemas emergenciais de forma imediata.

As mudanças no habitat humano são acompanhadas por um conjunto de fatores, tais como: tecnologias construtivas que evoluem, novos materiais que são descobertos, maneiras novas de utilizar materiais antigos, e ideias inovadoras que surgem a partir da necessidade de novas soluções, não necessariamente nessa sequência. [190]Através da história da civilização, podemos observar que a arquitetura portátil foi solução para diferentes etapas do desenvolvimento das sociedades humanas.

A Revolução Industrial propiciou a fabricação de componentes em série dando início à construção de ferrovias. Uma malha ferroviária se formou rapidamente possibilitando a interligação das principais cidades europeias. A facilidade de transporte para distribuição de materiais para longe de sua origem desvinculou o processo construtivo da dependência de fornecedores locais, expandindo as fronteiras do comércio de materiais de construção. [191]

Os processos industriais abriram os horizontes da arquitetura. Possibilitaram a fabricação em grande escala de materiais. Um marco consagrado da tecnologia de construções desmontáveis foi a construção do Palácio de Cristal, Figura 114. Uma edificação que se tornou um ícone de um método inovador apresentado na Inglaterra, no séc. XIX, há mais de 150 anos. A construção foi finalizada em apenas seis meses[192] para sediar a Grande Exposição de 1851 que ocorreu no Hyde Park, em Londres. A estrutura do palácio montada no local era composta por peças pré-fabricadas modulares de ferro fundido e painéis de vidro.

O Palácio de Cristal, projetado por Joseph Paxton foi representativo na pioneira tecnologia de construção de prédios desmontáveis. O pavilhão totalmente pré-fabricado de 71.500 m^2 (setenta e um mil e quinhentos metros quadrados) foi construído com componentes montados no próprio canteiro.

Neste projeto, o módulo básico era o painel de vidro medindo 2,40 m (dois metros e quarenta centímetros), que determinava toda a malha da edificação com múltiplos dessa

---

[190] KRONENBURG, R. (2003). Portable Architecture. 3rd Edition, Architectural Press. Oxford.

[191] BALDAUF, Alexandra Staudt Follmann. "Contribuição à implementação da coordenação modular da construção no Brasil." (2004) apud Grisotti, 1965.

[192] FRANCIS, Arthur James. Introducing structures: a textbook for students of civil and structural engineering, building and architecture. Elsevier, 2013.

medida.[193] Após a exposição de 1851, o prédio do Palácio de Cristal foi desmontado, e foi montado novamente em um parque, numa área nobre da cidade de Londres. E permaneceu no lugar até sua total destruição por um incêndio, em 1936.

6.1. PRÉ-FABRICAÇÃO NO SÉCULO XX

A pré-fabricação de componentes transformou os métodos construtivos nos anos de 1920-30.

Novos materiais puderam ser automatizados, tais como: tubos de aço, plásticos e compensados de madeira, como numa linha de montagem da indústria automobilística. [194]

Le Corbusier, em 1921, comparava casas à máquinas para viver. Ele defendia que, casas deveriam ser produzidas em fábricas. Para Le Corbusier a tecnologia de produção em série e de linhas de montagem, deveria ser utilizada para fabricação de casas, da mesma forma como a Ford montava seus automóveis.[195]

Este método de construção, conhecido como *"kits-of-parts"* (conjunto de peças), é caracterizado pela montagem de peças pré-fabricadas. A estrutura da edificação, que é constituída por componentes pré-fabricados produzidos em série, possibilita a montagem e desmontagem rápidas. Esse processo também barateia os custos e facilita o transporte. Este tipo de pré-fabricação foi utilizado em construções de povoamento das colônias da África do Sul, e expedições em busca de minas de ouro e diamantes. Também foi adequado para o desenvolvimento da América do Sul, com a construção de estações ferroviárias, mercados e fábricas, como veremos mais adiante.

O Sistema Métrico Decimal surge a partir da necessidade de unificação das medidas, com o propósito de evitar conversões e facilitar o comércio entre as diferentes regiões. O módulo-base adotado pela maioria dos países na pré-fabricação de peças para a construção é o decímetro, ou 10 cm (centímetros), representado universalmente por "M". Esse sistema de medidas, criado em 1789 pela Academia de Ciência, a pedido do governo francês, ficou estabelecido como padrão internacional. Não obstante, países como a Inglaterra e Estados Unidos ainda não tenham adotado o padrão internacional e seguem usando seus próprios sistemas.

---

[193] BALDAUF, Alexandra Staudt Follmann. "Contribuição à implementação da coordenação modular da construção no Brasil." (2004) apud Centro Brasileiro da Construção Bouwcentrum, 1972.

[194] KRONENBURG, R. Houses in motion: The genesis, history, and development of the portable building, 1995 apud Meindert Versteeg.

[195] Ib. pág. 35, apud Chemillier, 1980.

Figura 115: Mercado Ver-O-Peso, Belém, Pará, Brasil, 2007. Fonte: Wikimedia Commons. Autor: Mauricio Mercer [2] / CC BY-SA (https://creativecommons.org/licenses/by-sa/2.0). Disponível em https://commons.wikimedia.org/wiki/File:Ver-oPeso-Belem.jpg. Acesso em: 06 ago. 2020.

6.2. PRÉ-FABRICAÇÃO NO BRASIL

No Brasil, o Sistema Métrico Decimal foi adotado desde 1862[196], e o módulo-base "M", utilizado desde 1950 com a publicação da NB-25R. [197]

O Mercado de Ferro, mais conhecido pelo nome de Ver-o-Peso, em Belém, Pará, mostrado da Figura 115, é um marco dessa tecnologia de construção no Brasil. A estrutura de ferro trazida da Europa foi montada em 1899, e há mais de 100 anos é emblemático para a cidade, uma atração para turistas e muito frequentado por moradores locais.

A novidade tecnológica foi empregada no Brasil desde então, mas só foi culturalmente aceita em edificações públicas e temporárias como: pavilhões de exposições, estações ferroviárias e mercados. Atualmente, o ferro foi substituído pelo aço, e o vidro pelo policarbonato ou vidro temperado.

---

[196] MOREIRA, Ildeu de Castro e Oliveira, Lenice Reis de. O Sistema Métrico Decimal: origens e introdução no Brasil. In: V Colóquio Nacional de História da Ciência, Vinhedo, São Paulo, 1989.

[197] GREVEN, Hélio Adão, and Alexandra Staudt Follmann Baldauf. Introdução à coordenação modular da construção no Brasil: uma abordagem atualizada. ANTAC, 2007.

No Brasil nem mesmo as construções pré-fabricadas de madeira são bem aceitas pela população. Em países do hemisfério norte, as construções de residências pré-fabricadas em madeira são muito comuns, principalmente em locais atingidos frequentemente por terremotos e furacões.

No Brasil, o mercado de construção pré-fabricada para edificações residenciais é restrito. A preferência por moradias personalizadas é notória em todas as classes sociais. Entre a população de maior poder aquisitivo prevalece o preconceito. A construção pré-fabricada é frequentemente associada à baixa qualidade construtiva e estética. Por outro lado, não há política habitacional que atenda a população menos favorecida. Esta parcela da população não tem opção, não tem assistência técnica nem financeira, fica condicionada a resolver sua condição de moradia inadvertidamente, sem respaldo de normas técnicas, legislação e segurança para construir.

Do ponto de vista comercial, a incompatibilidade de materiais produzidos pela indústria da construção limita a exequibilidade da pré-fabricação. A indústria de componentes para a construção civil não é incentivada a seguir a padronização dimensional definida pela norma brasileira. Um panorama que se agrava pela divergência de dimensionamento de peças entre fabricantes diferentes, dificultando ainda mais um planejamento acurado. Diante deste cenário, a construção artesanal se impõe majoritariamente, pela falta de padronização que impede a modularização dos espaços.

A disseminação de moradias populares que atendam padrões técnicos aceitáveis será viabilizada quando forem superados os procedimentos de edificações produzidas no canteiro de obras, moldadas no local, personalizadas em cada unidade. Nas faixas de renda mais elevadas, os procedimentos artesanais implicam diretamente em elevação de custos, dilatação de prazos e geração de maior volume de resíduos. Todas essas dificuldades pela falta de padronização na indústria da construção civil determinam o predomínio do concreto e da alvenaria no mercado de edificações residenciais, principalmente na construção de unidades unifamiliares.

O segmento de mercado direcionado às construções comerciais, industriais e espaços urbanos públicos, emprega a tecnologia de pré-fabricação em aço, porém grande parte das construtoras ainda prefere trabalhar com estruturas convencionais utilizando o concreto.

Nos anos 70 e 80 houve um esforço do Banco Nacional da Habitação, em conjunto com universidades e o Centro Brasileiro da Construção Bouwcentrum (CBC), para incentivar o desenvolvimento da construção modular. O Brasil foi vanguardista nessa iniciativa, aprovou há mais de 60 anos uma norma de Coordenação Modular, a NB-25R. E foi um dos primeiros países do mundo a reconhecer a importância de uma regulamentação nos processos de construção civil. Entretanto, a indústria brasileira de produção de edificações sofreu um retrocesso, e se tornou predominantemente individualizada, com intensa produção no local das obras e altos índices de desperdício, associados à baixa produtividade.[198]

6.3. ABRIGOS TEMPORÁRIOS MILITARES PRÉ-FABRICADOS

As guerras são uma tragédia para a sociedade, causam destruição, perdas humanas irreparáveis, escassez de alimentos, medicamentos. As guerras destroem a dignidade humana, são cruéis e inaceitáveis. Paradoxalmente, as grandes guerras mundiais do século XX fizeram ressurgir a necessidade de construção de abrigos militares emergenciais, especialmente a 2ª Guerra Mundial.

Em contrapartida, a necessidade de aprimoramento de estratégias de reconstrução de áreas destruídas e de aumento de capacidade bélica para superar o inimigo são fatores que impulsionam e favorecem os avanços tecnológicos. A necessidade emergencial fomenta a pesquisa e favorece o surgimento de novas soluções.

Nesse período de guerras, a Inglaterra lançou os abrigos projetados pelo engenheiro britânico Peter Norman Nissen (1871-1930) que ficaram mais conhecidos como *"Nissen Hut"*. A solução foi amplamente utilizada durante a 2ª. Guerra Mundial, como abrigos para militares. Os abrigos *"Nissen Hut"* eram construídos em aço, com estrutura pré-fabricada, e cobertura de chapas corrugadas em forma de galpão, com aproximadamente 53 m^2 (cinquenta e três metros quadrados) com dimensões de 16'x 36' (dezesseis por trinta e seis pés). Os *"Nissen Hut"* eram adequados para a finalidade a que se destinavam, abrigos militares, por serem fáceis de transportar, montar e desmontar. Outra particularidade vantajosa desses abrigos era a facilidade de poderem ser montados e desmontados por poucas pessoas, num curto espaço de tempo. E não havia necessidade de máquinas para suspender as peças, porque eram leves.

Alguns *"Nissen Hut"* foram montados no Brasil, trazidos pelos americanos para sua base militar em Fernando de Noronha. Ainda há exemplares destes antigos abrigos militares na ilha oceânica. Os *"Nissen Hut"* de Fernando de Noronha são utilizados atualmente no comércio local ou como moradia por alguns habitantes da ilha, como mostram as Figuras 116 e 117.

[198] GREVEN, H.A.; BALDAUF, A. "Introdução à coordenação modular da construção no Brasil." Porto Alegre: Habitare (2007).

Figura 116: Abrigos remanescente da 2ª. Guerra Mundial, atualmente usados como residência. Fernando de Noronha, Pernambuco, Brasil, 2012. Fonte: A Autora

Figura 117: Fachada de abrigo remanescente da 2ª. Guerra Mundial, atualmente usados como residências. Fernando de Noronha, Pernambuco, Brasil, 2012. Fonte: A Autora

O projeto e o tipo de construção dos *"Nissen Hut"* têm algumas desvantagens que dificultaram sua continuidade. As chapas de aço, material utilizado para fechamento dos vãos, não têm propriedades adequadas para isolamento térmico. Sua utilização em temperaturas extremas também não é apropriada. O frio intenso ou o calor dos trópicos do ambiente externo são conduzidos para o interior da edificação, desviando o abrigo de uma das funções primordiais, que seria proteção contra as intempéries.

Outro obstáculo encontrado à época foi a falta de tecnologia eficaz para controlar a deformação das chapas corrugadas. Esta limitação se tornou um problema na fabricação desses abrigos. As chapas eram friccionadas por grandes rolos diversas vezes até atingirem o ângulo desejado. O ruído causado pelas máquinas era um problema que se somava à dificuldade de execução das peças, além das chapas não possuírem também propriedades isolantes acústicas adequadas para habitação, após a montagem dos abrigos.

A B

Figura 118: Abrigos militares Nissen A) Maui, Havaí, EUA, 2019 e B) Oahu, Havaí, EUA, 2019. Fonte: A Autora

Uma nova versão do *"Nissen Hut"* surgiu nos Estados Unidos durante a 2ª Guerra Mundial, o *"Quonsen Hut"*, mostrado na Figura 119. Mais de 100 mil unidades foram produzidas e distribuídas, e muitas dessas unidades foram enviadas ao Alasca, lugar estrategicamente importante por sua posição geográfica. Alguns desses abrigos nunca foram desmontados, assim como os *"Nissen Hut"* de Fernando de Noronha e do Havaí, Figuras 118 A e B. No Alasca, após a guerra, os abrigos foram transformados intencionalmente em moradias para os soldados, aqueles que decidiram fixar residência permanecendo lá com suas famílias.

Figura 119: A) Re-utilização de abrigo Quonsen da Segunda Guerra Mundial, Japão, 1947-1948. Autor: Desconhecido. Imagem de US Army Corps Engineers, Domínio público. Disponível em: https://commons.wikimedia.org/wiki/File:Quonset_hut_emplacement_in_Japan.jpg. Acesso em: 05 out. 2019

Figura 119: B) Quonset hut in Allensville, Kentucky, Estados Unidos, 2017. Fonte: Wikimedia Commons. Autor: Brian Stansberry, CC By 4.0 <Https://Creativecommons.Org/Licenses/By/4.0>, Via Wikimedia Commons. Disponível em: https://commons.wikimedia.org/wiki/File:Allensville-quonset-hut-ky.jpg. Acesso em: 18 ago. 2020.

7. Mobilidade da edificação

As escolas de arquitetura ensinam a projetar edificações fixas, estáticas e imobilizadas em sua localização geográfica, onde foram construídas, sem movimento. Este conceito de edificação está sendo discutido e repensado por autores como Torvald Faegre, Robert Kronenburg, entre outros. É preciso renovar as convenções estabelecidas para que a habitação da população moderna seja adequada ao estilo de vida atual.

O conceito de habitação ideal está ganhando novas formas, para se adaptar a uma sociedade mutante, em consequência das novas tecnologias que imprimiram velocidade no estilo de vida e não foi acompanhada pelo mercado imobiliário. Algumas construtoras já tentam suprir essa demanda colocando no mercado apartamentos com serviços, tais como: *flats, lofts e lounges*. Esses produtos são disponibilizados no mercado visando atender um público específico que não se constitui por famílias. São jovens, moradores solitários, grupos de amigos, e pessoas que desejam morar perto dos locais onde desempenham suas funções diárias ou trabalho.

Estamos vivendo na era digital, de novas tecnologias, das redes sociais, do trabalho em casa e do ensino à distância. Mas além dessa mudança de comportamento e de relações interpessoais, de relação acadêmica, e de geração de emprego, há também outros fatores sociais e econômicos que podem ter contribuído para este movimento. Os proprietários de veículos têm que arcar com gastos excessivos que perduram após a compra, como as taxas anuais de impostos e seguros, garagens, estacionamentos, gastos diários de combustível, lavagem e manutenção em geral, além do tempo excessivo perdido nos engarrafamentos. Além das despesas há o transtorno das grandes cidades brasileiras, que não são providas de meios de transporte de massa suficientes, nem eficientes, para suprir os deslocamentos diários.

Há mais fatores que impulsionam uma mudança de paradigma. É crescente o movimento de conscientização da população sobre a responsabilidade pela emissão de gases poluentes e partículas tóxicas exalados pelos modais de transporte. A mobilidade laboral também está presente nas relações dos funcionários e prestadores de serviços, que nem sempre estão vinculados à localização física das empresas que trabalham. Muitas atividades exigem deslocamentos até seus clientes. Novos contratos demandam novos deslocamentos e a mobilidade habitacional se torna uma necessidade.

Esta reviravolta fez renascer a necessidade de habitar de forma prática, funcional e sem raízes muito profundas que fixem a pessoa à moradia por um longo período. Algumas soluções práticas como habitações transportáveis e abrigos temporários não foram bem aceitas no século XX, pois havia um grande preconceito justamente por causa da sua mobilidade.

Após um século de grandes transformações decorrentes de avanços tecnológicos e na área de saúde, os problemas inerentes às cidades superpovoadas começam a despertar um desejo de adequar a moradia às necessidades cotidianas deste novo cenário. A portabilidade da habitação tem sido a solução para muitas épocas em diferentes situações emergenciais e em eventos de naturezas diversas. Posso citar outras necessidades de edificações temporárias além de habitações para desabrigados em decorrência de desastres ambientais, pandemias, guerras e conflitos. A portabilidade também é necessária em edificações tais como: escritórios temporários, instalações para funcionários em canteiros de obras, exposições, feiras, alojamentos para atletas, alojamentos para estudantes, unidades de saúde, unidades de atendimento ao cidadão, acomodações para visitantes de grandes eventos, em geral.

A "Arquitetura Portátil", começa a ser vista com seriedade, uma nova etapa no pensamento da construção se inicia, reforçada pelo impulso do lançamento de novas técnicas e materiais. É o início de uma nova fase alinhada à sustentabilidade, que possibilita a desmontagem de partes, ou unidades estruturais, para serem transportadas e montadas novamente em outros lugares.[208]

7.1. HABITAÇÃO PORTÁTIL BIOCLIMÁTICA

O arquiteto e engenheiro americano Richard Buckminster Fuller, que também participou do projeto do *"Quonsen Hut"*, criou um sistema de habitação portátil cilíndrica de alumínio, e chamou de casa "*Dymaxion*" ("*Dymaxion House"*), com o intuito de criar casas de baixo custo em grande escala, como nas montagens de automóveis em fábricas automobilísticas. Fuller estava à frente de seu tempo e se preocupava em encontrar soluções para melhorar a eficiência da habitação. Para ele, o objetivo da arquitetura deveria ser a criação de abrigos leves e flexíveis, adaptáveis, baratos e eficientes energicamente. A concepção de produção de moradia deveria ser materializada por máquinas de habitação que pudessem ser personalizadas para atender às necessidades de seus ocupantes. Fuller adquiriu fama por suas cúpulas geodésicas. Com sua visão holística e acreditando que *"o todo é maior que a soma de suas partes"* criou a cúpula geodésica que pode ser composta por 12 pentágonos e 20 hexágonos, com 32 faces, 90 arestas e 60 vértices. Seu formato garante grande estabilidade e extraordinária resistência mecânica, podendo ser utilizadas barras de qualquer material, desde bambu até fibras de aço-carbono. E os domos podem ter qualquer dimensão, desde que o tamanho das barras seja calculado corretamente. [209]

---

[208] KRONENBURG, R. Houses in motion: The genesis, history, and development of the portable building. PUB TYPE: Book (ISBN 1854903950). VOLUME/EDITION: K76, 1995.

[209] R. BUCKMINSTER FULLER– Biography. Disponível em: http://vv.arts.ucla.edu/publications/newarchive/leonardo-olats/biography-Buckminster.htm. Acesso em: 29 nov. 2021.

A casa "Dymaxion" ("*Dymaxion House*") foi projetada para revolucionar a indústria da habitação com ideias inovadoras de produção industrial em massa, visando baratear o custo e minimizar o tempo de construção. O alumínio era o material básico para pisos, paredes e cobertura, e toda a parte de instalações hidráulicas, elétricas e de esgoto ficava contida no pilar central da estrutura. A casa "Dymaxion" ("*Dymaxion House*") foi planejada para ser adaptável a diferentes espaços e para ser produzida em massa, mas não obteve sucesso.

Inspirado no efeito dos domos dos silos siberianos que induzem a circulação do ar fresco, Fuller criou uma estrutura em alumínio e implantou no seu projeto conceitos de arquitetura bioclimática. Criou mecanismos de aquecimento e resfriamento naturais e um sistema de reaproveitamento de águas servidas. Para tornar o módulo autossustentável foi projetado o uso de um gerador a diesel. Também fazia parte do projeto a ideia de substituir o chuveiro por um vaporizador de água, para economizar. Conhecida como Casa Wichita, essa construção de planta circular foi projetada para interagir com as forças da natureza, utilizando o vento para circular no seu interior e proporcionar mais conforto térmico

Uma versão simplificada da casa "Dymaxion" ("*Dymaxion House*"), Figura 120, foi produzida para a 2ª Guerra. Um container cilíndrico contendo uma cápsula básica , com cozinha, banheiro e gerador.

Figura 120: Casa Dymaxion, construída em metal para a 2ª. Guerra, 1941. Fonte: Biblioteca do Congresso Americano. Autor: Wolcott, Marion Post, 1910-1990. Domínio público. Disponível em https://www.loc.gov/item/2017806710/. Acesso em: 29 nov. 2021.

7.2. ESTRUTURAS DESMONTÁVEIS

As estruturas retráteis já eram utilizadas na antiguidade em locais públicos para proteger o público do sol e da chuva. Um exemplo clássico de espaço público que utilizava esta técnica é o Coliseu, ou Anfiteatro Flávio, em Roma. O Coliseu, como é mais conhecido, foi construído inicialmente pelo Imperador Vespasiano, que começou a obra entre os anos 71 e 72 d.C., e mais tarde inaugurado por seu filho Tito, em 80 d.C. O anfiteatro de proporções monumentais, possuía uma cobertura de linho, como as coberturas comumente utilizadas para construção de espaços e eventos públicos. A cobertura do Coliseu, chamada de velaria, era retrátil, considerada um avanço tecnológico para a época. Sua estrutura composta de mastros horizontais e verticais era erguida por marinheiros, porque esses homens do mar eram familiarizados com a manipulação dos cabos de navios e possuíam habilidade para exercer a tarefa de içar e recolher os tecidos.

A cobertura retrátil do Coliseu era montada para proteger o público do sol forte e proporcionar um bom espetáculo. Este é um dos primeiros exemplos conhecidos de arquitetura desmontável. Essa tecnologia foi provavelmente adquirida pela experiência em navegação dos romanos da época. A cobertura retrátil chamada de *"velarium"*, em latim, era utilizada para proteger do sol um terço dos 50 mil expectadores do anfiteatro durante os espetáculos.

O "velarium", Figura 121, era composto por tecido cortado em tiras e ligado aos 240 mastros por cabos posicionados no alto do anfiteatro. Os mastros, que circundavam todo o perímetro da arena, se apoiavam em encaixes e apoios posicionados para este fim.210 Atualmente ainda restam alguns vestígios dessa estrutura, que podem ser vistos nas ruínas do Coliseu, mostrados na Figura 123.

A mobilidade da cobertura e outras tecnologias desenvolvidas pelos engenheiros romanos na construção deste grande anfiteatro ainda são utilizadas em espaços públicos e estádios esportivos modernos. Um exemplo de acuracidade até hoje reproduzida em muitos estádios modernos é a técnica de evacuação do Coliseu. O projeto do Coliseu em forma de elipse, com suas saídas bilaterais numeradas em cada eixo, e assentos também numerados, permitia conduzir o fluxo da multidão e retirar os 50 mil expectadores em apenas quinze[211] minutos, esvaziando completamente o anfiteatro. A evacuação do público nos estádios atuais é inspirada nesta técnica.

[210] The Colosseum (2000) edited by Ada Gabucci; The Story of the Roman Amphitheatre (2000) by D. L. Bomgardner. Disponível em: https://penelope.uchicago.edu/~grout/encyclopaedia_romana/romanurbs/colosseum.html. Acesso em: 29 nov. 2021.

[211] Kruszelnicki, K. Great Moments In Science disponível em https://www.abc.net.au/radionational/programs/greatmomentsinscience/latins-most-misused-word-vomitorium/7857798. Acesso em: 29 ago. 2021.

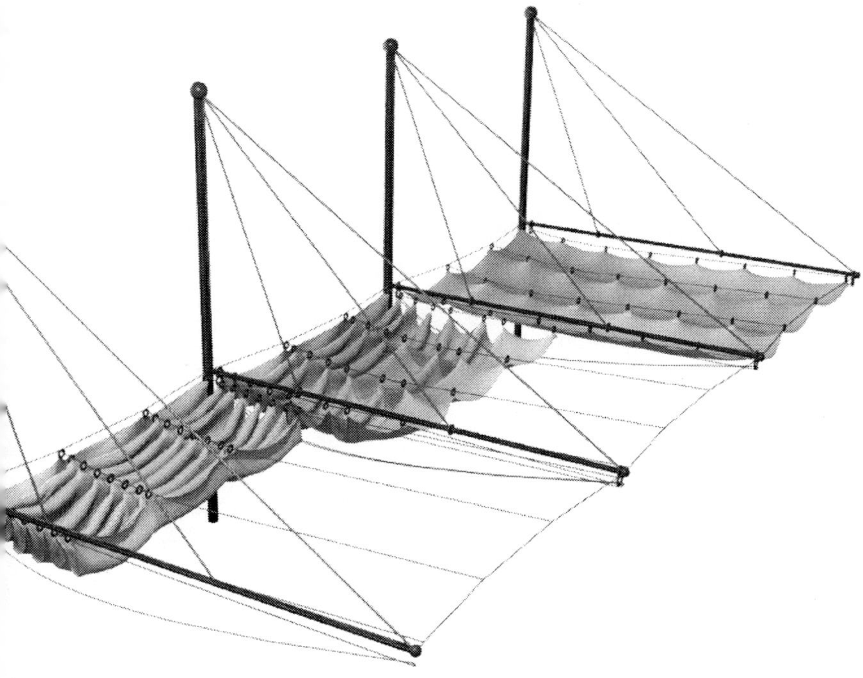

Figura 121: A) Cobertura desmontável do Coliseu, Roma, Itália. Fonte**:** Desenhado por Mattos, D.G. Baseado em: Berger, 1996. B) Velaria do Coliseu, Roma, Itália Fonte: Editado pela Autora, desenhado por Mattos, Daniel G. Baseado em: Berger, 2005 Apud Kusisto, 2010.[208]

[208] MICKUTĖ, M. 2004. Running Head: Roman Colosseum, Echoes from the Colosseum: Building today on yesterday. Disponível em < http://www.the-colosseum.net/around/Mickute.htm >. Acesso em: 29 nov. 2021.

Figura 122: Interior do Coliseu com cobertura, Roma, Itália. Fonte: Desenhado por Mattos, D. G.

Figura 123: Encaixes e suporte da cobertura retrátil, Roma Itália, 2014. Fonte: A Autora

O avanço da tecnologia possibilitou a fabricação de materiais mais leves e o desenvolvimento de projetos sofisticados, utilizando essas técnicas em diferentes tipos de edificações desmontáveis.

Já é possível encontrar no mercado diversos fabricantes oferecendo casas inteiras desmontáveis e prontas para serem habitadas em poucos dias. A academia também vem estudando e desenvolvendo este tipo de construção para suprir as necessidades de um número cada vez maior de pessoas desabrigadas. Em alguns locais com condições ambientais extremas, com eventos climáticos severos, tais como: fortes ventos, inundações, terremotos, eventos geológicos destruidores, as construções podem ser planejadas para serem desmontadas. Essa tecnologia é economicamente mais vantajosa do que a reconstrução de edificações danificadas em locais onde estes fenômenos ocorrem frequentemente. Este tipo de construção requer estruturas leves que por sua vez também são menos suscetíveis a causar ferimentos graves nas pessoas em caso de colapso.

As técnicas de dobramento de estruturas desmontáveis classificadas pelo arquiteto Frei Otto são aplicáveis em estruturas móveis práticas e contemporâneas. Um exemplo de uma dessas técnicas é a cobertura retrátil projetada pelo arquiteto alemão Mahmoud Bodo Rasch, que conheceu esses mecanismos no escritório de Frei Otto, onde trabalhou nos tempos de universidade e em outras ocasiões que desenvolveram projetos em parceria. Em outubro de 2009 Rasch aplicou a técnica de puxamento/içamento com dobramento central, em membrana apoiada em estrutura fixa no projeto "Umbrellas on the Piazza of the Prophet´s Holy Mosque" na cidade de Medina, na Arábia Saudita, Figuras 124 e 125. Um exemplo de estrutura retrátil com membrana apoiada em estrutura fixa com puxamento central. O projeto de sombreamento da praça conta com 250 guarda-chuvas retráteis arranjados em grupos de 15 unidades cobrindo uma área de 150 mil m2 (metros quadrados), com capacidade para proteger do sol mais de 300 mil peregrinos.

Figura 124: Guarda-chuvas, Praça da Mesquita do Santo Profeta, Medina, Arábia Saudita, 2013. Fonte: Commons Wikimedia. Autor: Redha/adobe.stock.com. Licença #361900076

Figura 125: Guarda-chuvas, Praça da Mesquita do Santo Profeta, Medina, Arábia Saudita, 2013. Técnica de puxamento/içamento de membrana apoiada em estrutura fixa, com deslizamento central, de acordo com a classificação de Frei Otto. Fonte: Guarda-chuvas abertos eletronicamente utilizando a técnica de puxamento/içamento de membrana apoiada em estrutura fixa, com deslizamento central, de acordo com a classificação de Frei Otto. Fonte: Pixelgraph/adobe.stock.com. Licença #439082070.

Sistema construtivo	Tipo de movimento	Direção do movimento			
		paralelo	central	**circular**	perimetral
Membrana apoiada em estrutura fixa	deslizamento	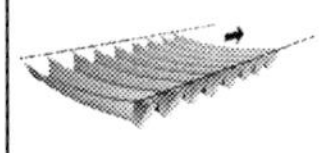		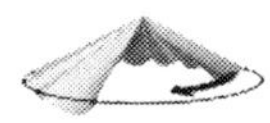	
	enrolamento	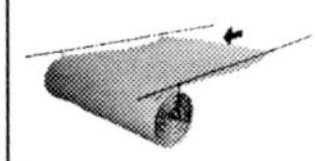			
Membrana apoiada em estrutura móvel	deslizamento	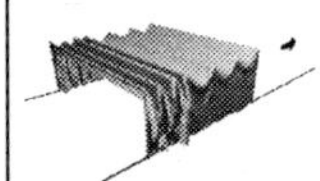			
	dobramento	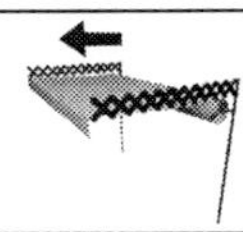	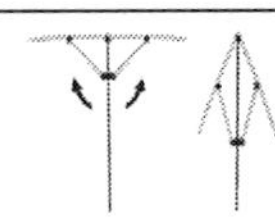		
	rotação			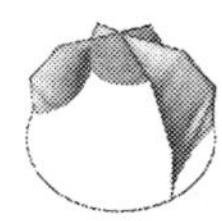	
Construção rígida	deslizamento	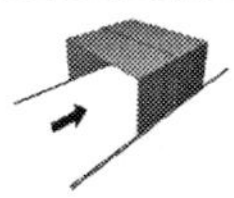	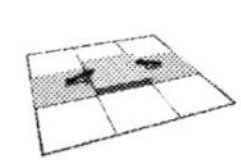		
	dobramento	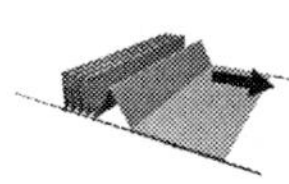		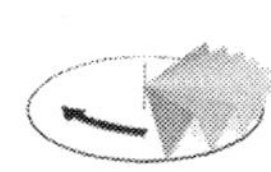	
	rotação		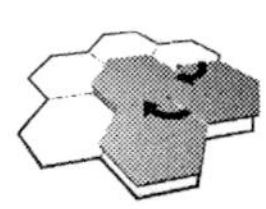	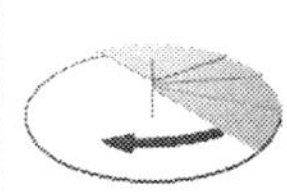	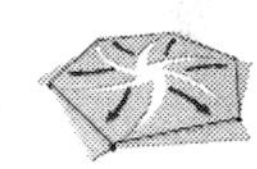

Figura 126: Matriz de movimentos- classificação de estruturas retráteis. Fonte: Desenhado por Mattos, D. G. baseado em Otto T Al, 1971, Apud Walter, 2006 E Friedman, Farkas, 2011[212]

[212] OTTO et al, 1971, apud Walter, 2006 apud OBATA, S. H.; ALONSO, C. E. Mobilidade das arquiteturas têxteis e tensoestruturas. Exacta, São Paulo, v. 9, n. 1, p. 103-123, 2011.

Sistema construtivo: estrutura fina		
Tipo de movimento: translação ou deslizamento		
Direção do movimento	Translação/deslizamento paralelo	Translação/deslizamento central
	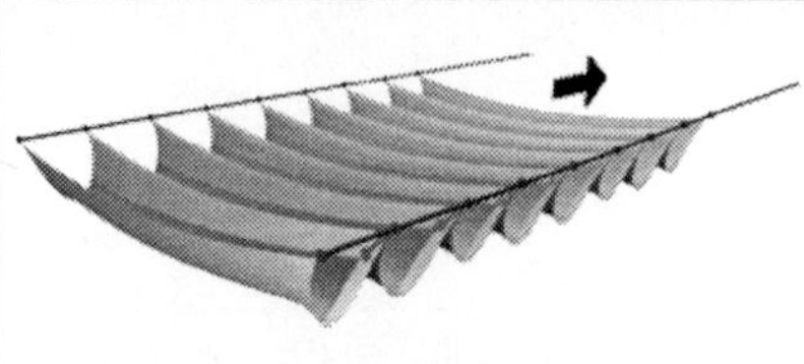	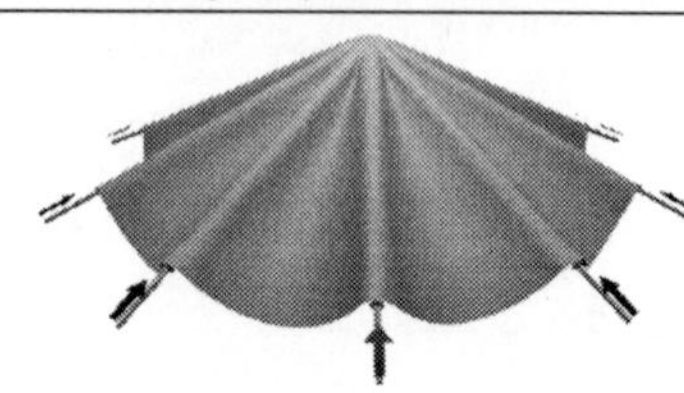
	Translação/deslizamento circular	Translação/deslizamento perimetral
	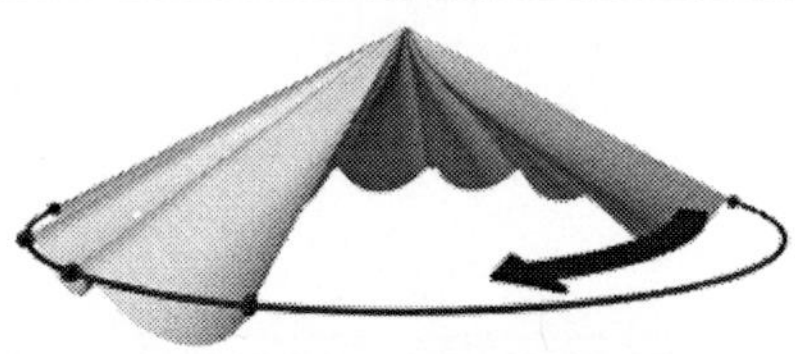	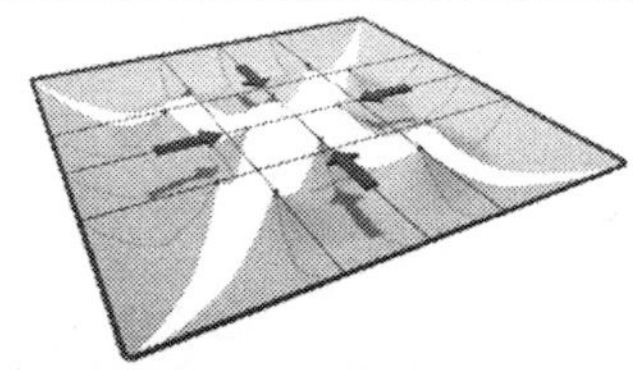
Tipo de movimento: enrolamento		
Direção do movimento	Enrolamento paralelo	Enrolamento circular
	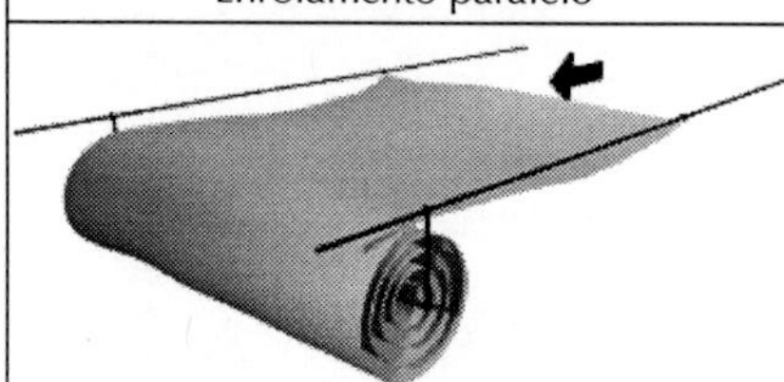	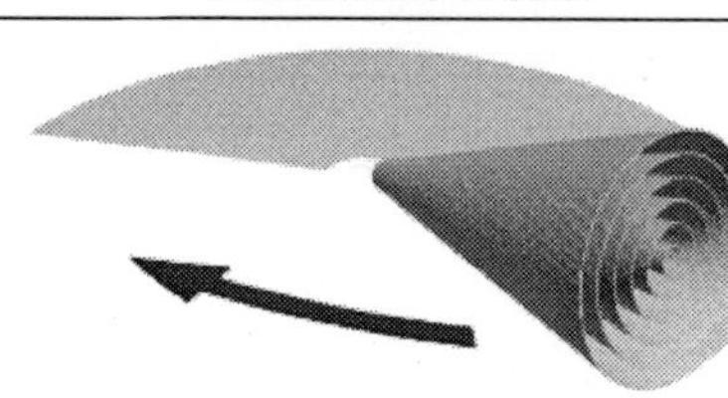
	Enrolamento perimetral	
	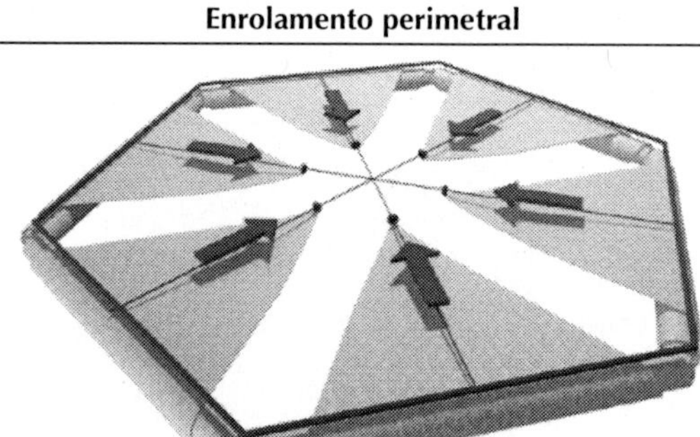	

Figura 127: Matriz de movimentos- classificação de estruturas retráteis. Fonte: Desenhado por Mattos, D. G., baseado em Otto T Al, 1971, apud Walter, 2006 e Friedman, Farkas, 2011[213]

[213] *Ibidem,* Otto et al, , 2011. Ibidem, Farkas, G.; Friedman, N., 2011.

<table>
<tr><th colspan="3">Sistema construtivo: membranas apoiadas em estruturas móveis</th></tr>
<tr><th colspan="3">Tipo de movimento: translação ou deslizamento</th></tr>
<tr><td rowspan="2">Direção do movimento</td><td>Translação/deslizamento Paralelo</td><td>Translação/deslizamento Circular</td></tr>
<tr><td>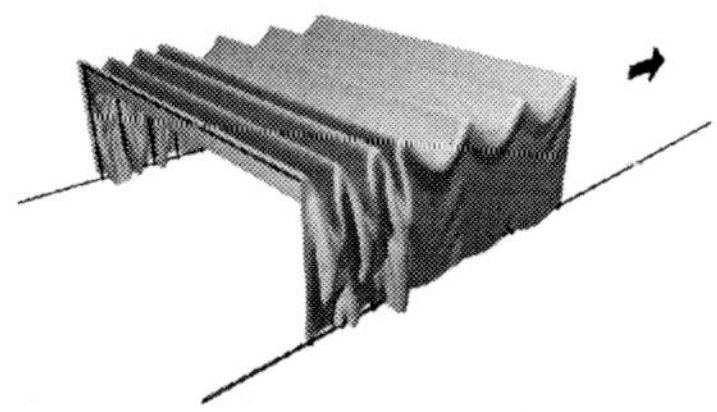</td><td>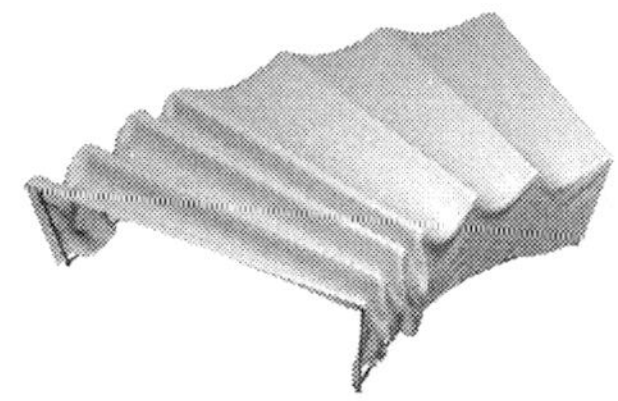</td></tr>
<tr><th colspan="3">Tipo de movimento: dobramento</th></tr>
<tr><td rowspan="4">Direção do movimento</td><td>Dobramento paralelo</td><td>Dobramento central</td></tr>
<tr><td>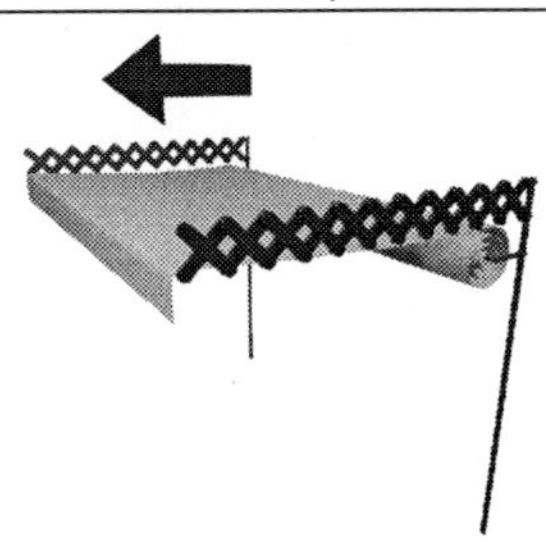</td><td>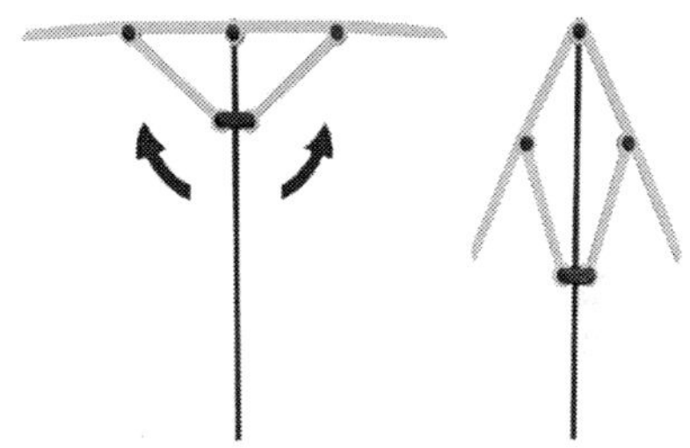</td></tr>
<tr><td colspan="2">Dobramento circular</td></tr>
<tr><td colspan="2">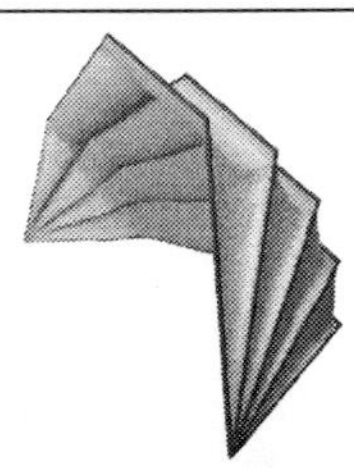</td></tr>
<tr><th colspan="3">Tipo de Movimento: rotação</th></tr>
<tr><td rowspan="2">Direção do movimento</td><td colspan="2">Rotação circular</td></tr>
<tr><td colspan="2">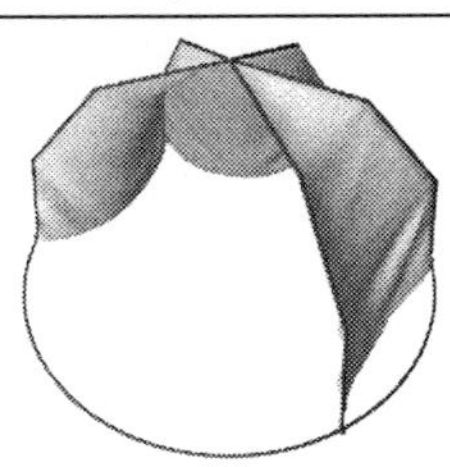</td></tr>
</table>

Figura 128: Matriz de movimentos- classificação de estruturas retráteis. Fonte: Desenhado por Mattos, D. G., baseado em Otto T Al, 1971, Apud Walter, 2006 E Friedman, Farkas, 2011[214]

[214] Ibidem, Otto et al, , 2011.

Ibidem, Farkas, G.; Friedman, N., 2011.

Sistema construtivo: estruturas rígidas		
Tipo de movimento: translação ou deslizamento		
Direção do movimento	Translação/deslizamento paralelo	Translação/deslizamento central
	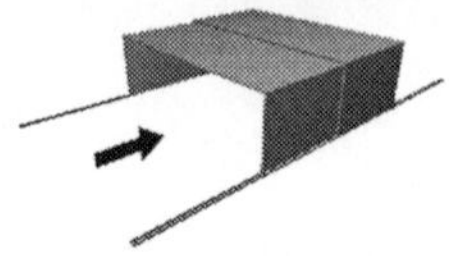	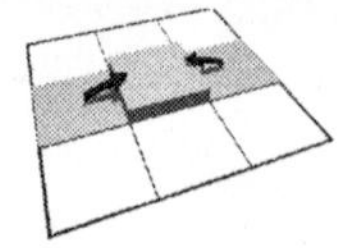
	Translação/deslizamento circular	Translação/deslizamento perimetral
	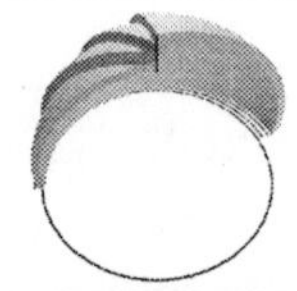	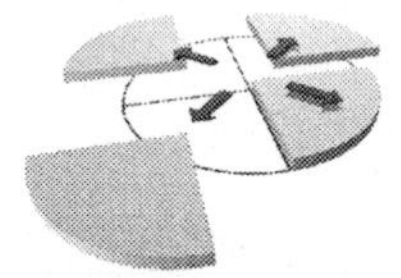
Tipo de movimento: dobramento		
Direção do movimento	Dobramento paralelo	Dobramento central
	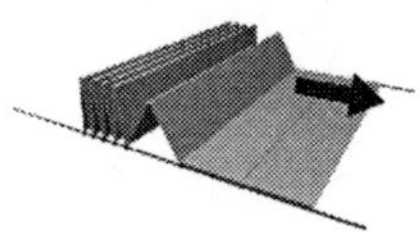	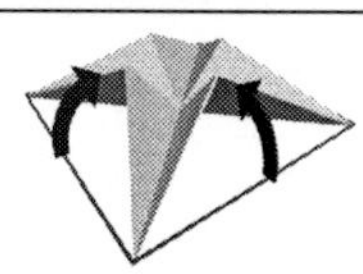
	Dobramento circular	Dobramento perimetral
	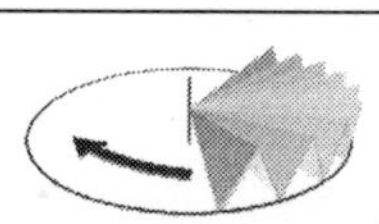	
Tipo de movimento: rotação		
Direção do movimento	Rotação paralela	Rotação central
		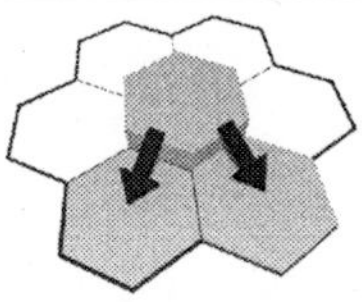
	Rotação circular	Rotação perimetral
	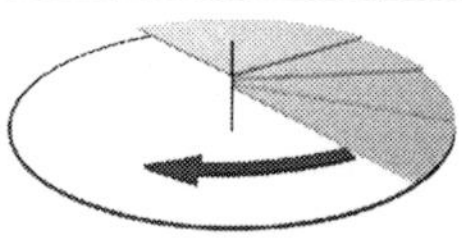	

Figura 129: Matriz de movimentos - classificação de estruturas retráteis. Fonte: Desenhado por Mattos, D. G. baseado em Otto T Al, 1971, Apud Walter, 2006 e Friedman, Farkas, 2011[215]

[215] Ibidem, Otto et al, , 2011.

Ibidem, Farkas, G.; Friedman, N., 2011.

Parte III
Fundamentos de socorro habitacional

8. Fases de Socorro

Após o primeiro incêndio de Roma, em 64 d.C., que devastou a cidade e destruiu as moradias do povo romano, um plano de construção emergencial foi executado para abrigar a multidão desesperada. Políticas de socorro às vítimas para resolver a situação foram implementadas, surgindo um dos primeiros exemplos do fornecimento de abrigos de emergência.

Públio Cornélio Tácito, escritor romano da época, escreveu,

> Nero neste momento estava em Anzio, e não retornou à Roma até que o fogo se aproximasse de sua casa, que mandou construir, ligando o palácio com os jardins de Mecenas. No entanto, para aliviar o povo, expulsos e desabrigados como estavam, Nero abriu o Campo de Marte e os edifícios públicos de Agripa, e até mesmo seu próprio jardim onde levantou estruturas temporárias para receber a multidão indigente. Suprimentos de alimentos foram trazidos de Ostia e das cidades vizinhas, e o preço do milho foi reduzido para três sestércios. [208]

O abrigo protege e preserva a vida, possibilita o retorno à rotina e ao convívio familiar. Facilita a reorganização da vida pessoal e, também proporciona alívio às pessoas desabrigadas. É um elemento importante no processo de reconstrução das áreas afetadas.

---

[208] Tacito - Anais / Livro 15 - escrita em 64 dC após o incêndio de Roma apud Shelter Projects – 2009. ISBN: 978-92-1-132285-9. 150 pp. Ed. UN-Habitat, Ed. The International Federal Red Cross and Red Crescent Societies. Genebra, 2010. Disponível em:http://shelterprojects.org/shelterprojects2009/ref/introduction2009.pdf. Acesso em: 30 nov. 2021.

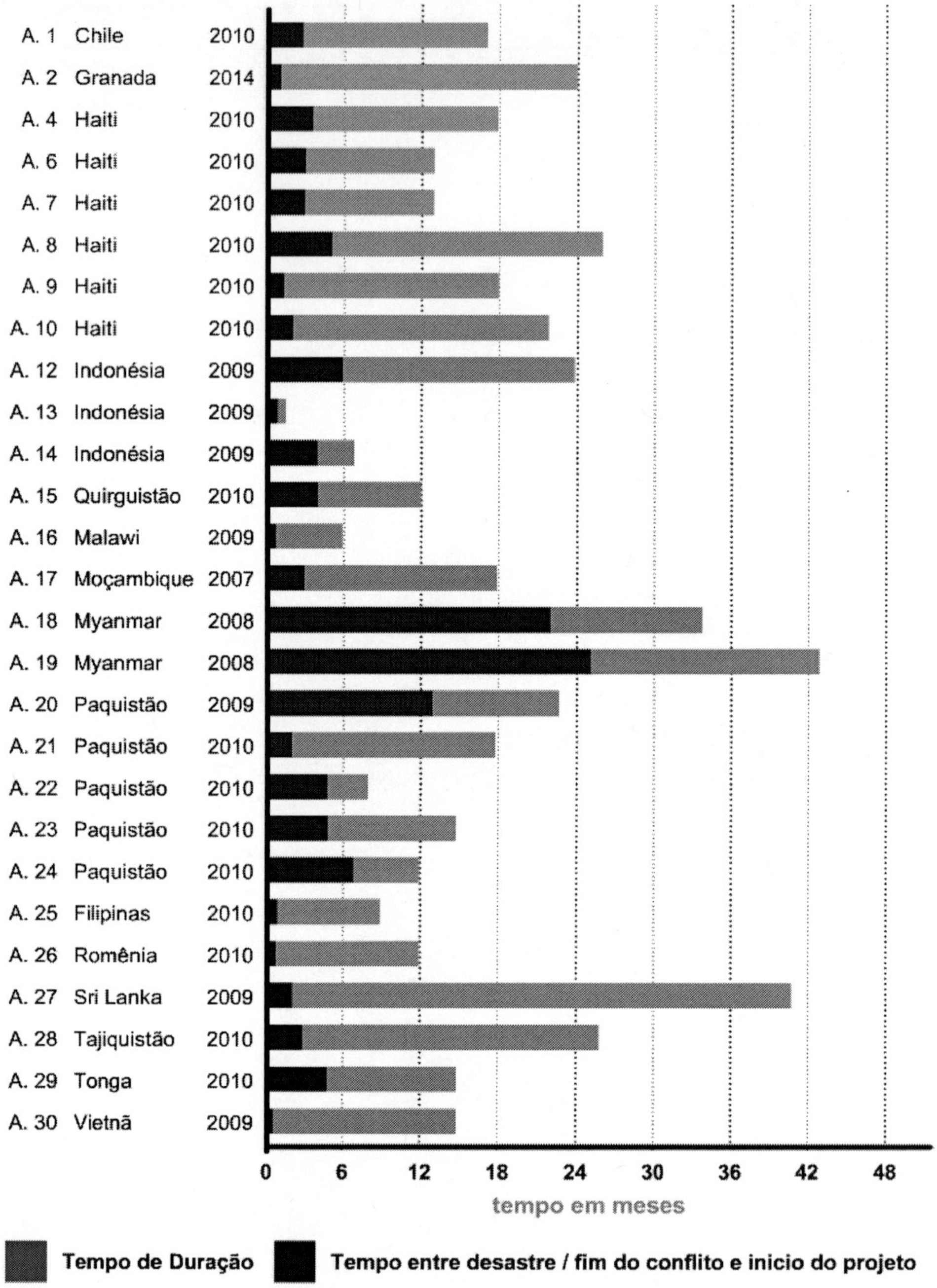

Figura 130: Duração dos programas de fornecimento de abrigos. Fonte: Desenhado por Mattos, D. G. baseado em Shelter Projects, 2010

A Figura 130 representa o tempo de fornecimento de abrigos em alguns programas internacionais implantados. As barras pretas mostram o tempo dispendido desde o momento do desastre, (ou fim do conflito) até o início dos projetos de ajuda humanitária. As barras cinzas mostram o tempo de duração de todo o processo, desde o momento da ocorrência até o fim do projeto habitacional.

O gráfico demonstra que o tempo de resposta para a acomodação dos desabrigados em projetos já implantados é demorado. A ocupação dos abrigos emergenciais se arrasta por um longo período. É possível notar claramente que há uma carência de processos mais ágeis e mais eficientes. Seja em eventos desastrosos naturais, ou provocados por atividades humanas, a oferta de ajuda às pessoas desabrigadas não é imediata como deveria ser.

Nesta obra são descritos os procedimentos adotados pelas autoridades após a ocorrência de desastres e as principais soluções de abrigo utilizadas em projetos já implantados. Os processos de reconstrução de áreas afetadas podem demorar anos para se concretizar. Desastres ou conflitos devastam vidas e arrasam o ambiente, principalmente em países pobres ou menos desenvolvidos. O resgate das condições de habitabilidade para o retorno das pessoas desabrigadas para seus locais de origem tem demandado um tempo excessivo. A espera é longa por moradias adequadas e definitivas. Neste lapso de tempo é necessário criar condições dignas de habitação durante esse período de espera. Esta é uma lacuna que precisa ser preenchida, com urgência.

A assistência filantrópica para o fornecimento de abrigos no mundo inteiro é coordenada por instituições governamentais, ONGs e Entidades Humanitárias, em sua maioria. O socorro às vítimas que estão em boas condições de saúde começa pelo alojamento emergencial. Num primeiro momento, as pessoas desabrigadas são acomodadas em prédios públicos, ginásios esportivos, escolas, templos religiosos ou casas de parentes e amigos. Passados os primeiros dias, há uma realocação dessas pessoas, que são abrigadas em tendas temporárias até que cheguem as equipes para organizar e auxiliar na reconstrução das áreas afetadas.

Dentre as diferentes abordagens de restabelecimento encontradas e detalhadas neste capítulo, observe que há um incentivo à utilização de materiais locais e mão de obra local, ou dos próprios futuros moradores.

Ao compararmos os procedimentos atuais com as técnicas encontradas na Parte II deste livro, em "Bioconstrução: Lições do Passado" percebemos que os abrigos do passado têm muito a contribuir para melhoria dos abrigos produzidos atualmente. Tanto no procedimento de distribuição de materiais como no de fabricação de blocos de terra, a qualidade técnica artesanal e a beleza estética tradicionais são inspiradoras, e podem contribuir para aperfeiçoar os modelos de projetos implantados atualmente.

Abrigos emergenciais desempenham um papel vital para a sobrevivência humana logo após a ocorrência de desastres, conflitos e guerras. Sua principal função é proteger contra o frio, o calor, o vento e a chuva. Além dessa função básica de proteção, os abrigos emergenciais também desempenham uma função social importante. Guardam os pertences das vítimas, selam o início das providências e ações futuras de salvamento e reconstrução. Estando abrigado, o indivíduo passa a ter segurança pessoal e privacidade. Além da reorganização social, os abrigos trazem confiança e dignidade ao desabrigado, que passa a ter um endereço para recebimento de medicamentos e alimentação.

Entidades de ajuda humanitária, governos, organizações não governamentais, voluntários e, também setores privados de diversos países, se reúnem anualmente para compartilhar suas experiências. Nessas reuniões anuais são analisados os projetos implantados no mundo inteiro. Os participantes relatam as dificuldades encontradas e os procedimentos adotados. Essas experiências e informações são utilizadas para normatizarem e divulgarem as melhores soluções. Os guias criados por esses grupos e os procedimentos empregados no socorro a pessoas desabrigadas em situações emergenciais são publicados periodicamente. Consórcios formados por entidades como: DFID (*Department for International Development)*, ECHO (*European Civil Protection and Humanitarian Aid Operation)*, IFRC (*International Federation of Red Cross and Red Crescent Societies*) Oxfam GB (*Oxford Comittee for Famine Relief, Great Britain)*, *Shelter Centre*, *Sphere Project*, *The Sphere Project* (*Humanitarian Charter and Minimum Standards in Humanitarian Response*), UN/OCHA (*United Nations Office for Coordination of Humanitarian Affairs)*, UN-Habitat (*United Nations Human Settelments Programme)*, UNHCR (*United Nations High Commissioner for Refugees)*, USAID/OFDA (*Office of U.S. Foreign Disaster Assistance)*, entre outras entidades internacionais, publicaram diretrizes e procedimentos de socorro em situações emergenciais que são citados nesta obra.

Os procedimentos para o gerenciamento da realocação das pessoas afetadas são compreendidos por etapas subsequentes classificadas da seguinte forma: [209]

- **FASE DE PREVENÇÃO – PRÉ-DESASTRE –** Fase que antecede o desastre. É um período de redução e mitigação de riscos. Nesta fase são elaboradas as medidas preventivas para evitar perdas humanas e minimizar danos materiais. São feitos estudos, projetos, obras, evacuação e remanejamento da população onde são detectados riscos eminentes;

- **FASE 1 – RESGATE –** Este é um período muito crítico e necessita de ajuda imediata. Normalmente esta fase dura desde o acontecimento até 5 dias após o desastre;

[209] UNDRO (United Nations Disaster Relief Organization). Undro-shelter3-jul82, p. 9

- **FASE 2 – PERÍODO DE REABILITAÇÃO** – É uma fase compreendida do 5º dia até 3 meses após o desastre, em que aqueles que ficaram desabrigados são preparados para uma nova rotina. As tendas dão lugar às casas pré-fabricadas temporárias, que têm geralmente de 12 a 20 m^2 (metros quadrados) e são construídas em áreas cedidas pelo governo;

- **FASE 3 – PERÍODO DE RECONSTRUÇÃO – FASE DE REAÇÃO** - Nesta fase, que se inicia a partir de 3 meses do desastre em diante, é feito o balanço da destruição e o planejamento de ações futuras;

- **FASE 4 – PERÍODO DE RECUPERAÇÃO** – Nesta fase, o objetivo é voltar à situação existente antes do desastre.

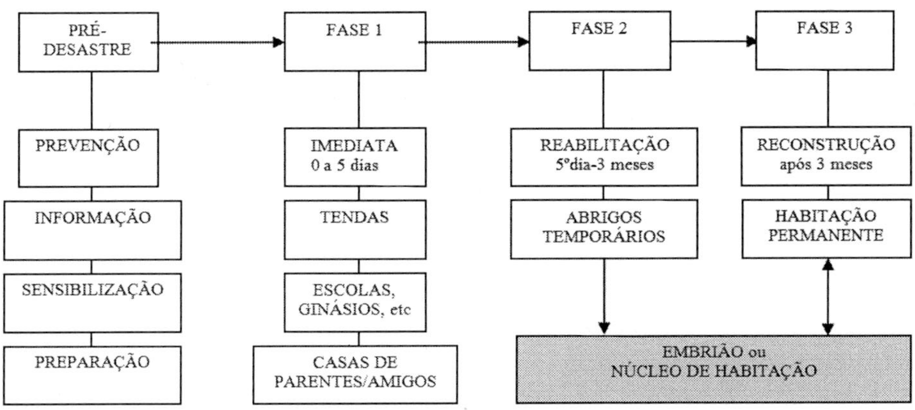

Os abrigos utilizados nas fases 2 e 3 são abrigos temporários ou do tipo embrião. São núcleos de habitação que têm a finalidade de fornecer abrigo para uma permanência temporária, porém com condições de habitabilidade, caso haja prolongamento do tempo de espera pela habitação definitiva. Este tipo de abrigo, foco deste livro, é frequentemente desenvolvido por estudantes nas faculdades de arquitetura e por arquitetos independentes utilizando diferentes tecnologias e materiais.

Os abrigos do tipo embrião, sendo modulares, podem ser expandidos posteriormente, com o acréscimo de outros módulos e que podem vir a se tornar habitações permanentes. O abrigo expansível e modular, com possibilidade de ser acrescido com novos módulos, pode, por outro lado, ser desmontado e transportado para outro lugar onde haja necessidade urgente de acomodação de pessoas.

Os próximos capítulos mostram projetos implantados por órgãos internacionais para o provimento de abrigos emergenciais.

9. Materiais recomendados pelas Entidades Internacionais

Os materiais mais comumente utilizados para a construção de abrigos emergenciais são abordados neste capítulo: bambu, madeira, palha, aço galvanizado corrugado e plástico. Estes materiais são recomendados porque tendem a ser mais baratos, são mais fáceis de transportar, mais rápidos para construir, e mais adequados para reposicionar do que as paredes de alvenaria.[210] Alguns desses materiais podem fazer parte de pacotes distribuídos no estágio inicial de socorro, como *NFIs* [211] , artigos que não são alimentícios, para serem utilizados na construção de abrigos. [212]

Abrigos temporários frequentemente usam estruturas de: madeira, bambu, ou aço mais raramente. Estes materiais são indicados pela facilidade de utilizar técnicas de construção locais, por ter farta disponibilidade e por sua leveza para transportar. Estes são materiais simples de usar na construção, também são adequados para utilização em estruturas simples, ou para transformação em estruturas modulares. São considerados materiais sustentáveis porque satisfazem às propostas de reutilização, reciclagem ou posterior revenda.

Quanto à utilização da madeira na construção de abrigos, devem ser observados os aspectos sobre sua origem, tratamento, armazenamento e transporte. Há literatura disponível com orientações que são fornecidos por guias internacionais especializados em questões humanitárias. [213]

Produtos de madeira e bambu são bastante recomendados para o fechamento de paredes. Painéis e materiais compósitos, além de peças estruturais são considerados adequados pela leveza e rapidez de montagem. Painéis fabricados de diferentes maneiras, compostos de camadas de madeira fina colada formando pranchas, como MDF (*Medium Density Fiberboard)* e OSB (*Oriented Strand Board)*, esteiras de bambu confeccionadas localmente, molduras de madeira preenchidas com gramíneas de palha ou folhas tecidas, são alguns exemplos utilizados em projetos internacionais realizados. Dentre as principais vantagens da utilização destes

---

[210] Transitional Shelter Guidelines, 2012, p.173. Disponível em http:https://reliefweb.int/sites/reliefweb.int/files/resources/20120522_tsg_onlinedoc_0.pdf. Acesso em: 30 nov. 2021.

[211] NFIs –Itens Não Alimentícios (*Non Food Itens*)

[212] Selecting NFIs For Shelters. IASC-Inter-Agency Standing Comitee. Emergency Shelter Custer, 2008. Disponível em <http://www.humanitarianlibrary.org/sites/default/files/2014/02/Selecting%20NFIs%20for%20Shelter.pdf>. Acesso em: 01 dez. 2021.

[213] ASHMORE, Joseph; Fowler, John. Timber as a Construction Material in Humanitarian Operations. International Federation of Red Cross ansd Red Crescent Societies (IFRC), 2009. Disponível em https://www.humanitarianlibrary.org/resource/timber-construction-material-humanitarian-emergencies-0. Acesso em: 01 dez. 2021.

produtos é que eles são leves, resistentes e têm baixo custo.[214]

A. BAMBU

O bambu é um material muito útil, tem uma rápida taxa de crescimento, entre outras vantagens. O colmo do bambu pode compor diversos elementos da construção. Frequentemente é usado para compor painéis de fechamento de paredes, como suporte para o telhado, ou como elemento estrutural. Em alguns casos pode ser usado como telha, em formato de meia cana.

O colmo de bambu pode crescer até 30 m (metros) de comprimento, dependendo da espécie. Aproximadamente 1500 espécies botânicas de bambu já foram catalogadas com características próprias. Mais de 100 variedades são adequadas para a construção, seus colmos de bambu são flexíveis e fortes. O processo de secagem e tratamento adequados aumentam sua durabilidade. Construir com bambu exige conhecimento técnico, para evitar o aparecimento de rachaduras e prevenir esmagamentos, especialmente nas conexões.

Geralmente a população local, ou próxima às áreas afetadas não é familiarizada com as técnicas de construção. Para garantir a qualidade da construção é necessário ministrar um treinamento prévio.[215]

No Brasil ainda há uma ideia equivocada que gera um certo preconceito quanto à utilização de bambu como material de construção. O bambu é visto como um material precário e frágil.

Em países como a China, Japão, Índia, Colômbia, Vietnã, Tailândia há muitas gerações suas excelentes características já foram descobertas, o bambu é consagrado como material de construção.

Esse conhecimento vem se difundindo e ganhando espaço em mais países do Ocidente através de iniciativas acadêmicas, institucionais e comerciais. A disseminação de uma nova tecnologia sustentável traz benefícios ambientais, sociais e econômicos. A demanda por produtos e serviços de baixo impacto ambiental aquece e absorve essa mão de obra, antes despreparada, que se qualifica após o treinamento recebido para entrar no novo mercado de trabalho que se configura. A implantação de edificações de baixo impacto ambiental pode gerar a oportunidade de impulsionar uma nova economia.[216]

---

[214] MSF Spain, Small Constructions Manual, 2011, p.41. Medicos Sin Fronteras-Sustainable Emergency Architecture. Disponível em <http://www.humanitarianlibrary.org/resource/msf-small-constructions-manual-2>. Acesso em: 01 dez. 2021.

[215] Ibdem, p. 42.

[216] KRONKA, R. C. Impacto e consumo energético embutidos em materiais de construção – Técnicas Construtivas - Dissertação (Mestrado) - Programa de Pós-Graduação em Energia, a ao IEE/USP - Instituto de Eletrotécnica e Energia da Universidade de São Paulo, 1998 apud DOE/EPA, 1997.

B. MADEIRA[217]

A madeira pode ser serrada em serrarias ou localmente, com serras manuais ou moto--serras, em tamanhos e comprimentos padronizados para ser usada em molduras, tesouras de telhado e, em paredes com pranchas sobrepostas. Para controlar o conteúdo de umidade e reduzir rachaduras ou deformações, ou torções depois de colocada, a madeira deve ser tratada e seca, para não ter sua resistência estrutural reduzida. A chamada "madeira verde", que ainda não está totalmente seca, também pode ser usada se for fixada de forma adequada e, em vãos não muito grandes.

C. PALHA[218]

Gramíneas, palhas ou folhas são comumente usadas para cobrir telhados de abrigos temporários. Estes materiais são leves e baratos, e podem ser utilizados como paredes, pisos e portas, quando entrelaçados em telas. É importante o conhecimento dos habitantes do local para colher o material e projetar a construção.

A palha, quando usada para cobrir o telhado, é normalmente colocada em feixes espessos. É necessário ter cuidado ao definir o caimento do telhado para impedir que a água da chuva encharque a palha. A carga que pesa sobre a estrutura em telhados de palha deve ser considerada no projeto das paredes e fundações.

D. AÇO GALVANIZADO (CGI) [219]

Embora esteticamente desfavorável, o aço galvanizado tem características apropriadas para construções temporárias. As principais vantagens das folhas de aço galvanizado corrugado (*CGI-Corrugated Galvanised Iron*) são: pouco peso, baixo custo, rapidez de construção e facilidade de transporte. O processo de dobramento da chapa, a frio, aumenta sua resistência à flexão, no sentido perpendicular aos dobramentos.

No entanto esse material tem algumas desvantagens, principalmente quanto ao isolamento térmico, pois é frio no inverno e quente no verão. Deverá também ser considerada sua suscetibilidade à ferrugem, porque dependendo da qualidade da chapa e de sua fixação, torna-se necessária a reposição de peças frequentemente.

Chapas de aço galvanizado foram utilizadas em projetos de abrigos militares, como os

---

[217] MSF Spain, Small Constructions Manual, 2011, p.42. Medicos Sin Fronteras-Sustainable Emergency Architecture. Disponível em <http://www.humanitarianlibrary.org/resource/msf-small-constructions-manual-2>. Acesso em: 01 dez. 2021.

[218] Transitional Shelter Guidelines, 2012, p.171. Disponível em http://reliefweb.int/sites/reliefweb.int/files/resources/20120522_tsg_onlinedoc_0.pdf. Acesso em: 01 dez. 2021.

[219] MSF Spain, Small Constructions Manual, 2011, p.44. Medicos Sin Fronteras-Sustainable Emergency Architecture. Disponível em <http://www.humanitarianlibrary.org/resource/msf-small-constructions-manual-2>. Acesso em: 01 dez. 2021.

abrigos *Nissen Hut,* mas foram descontinuados pelos problemas apresentados já descritos anteriormente.

E. PLÁSTICO

Folhas ou lonas plásticas são usualmente distribuídas nos estágios iniciais de ocorrências emergenciais como parte do pacote *Nfi (ítens não alimentícios)* para fornecimento de abrigo. Esses pacotes incluem materiais e ferramentas para que as pessoas construam, montem e cubram uma estrutura para servir de abrigo.[220]

Mas é um material que deve ser utilizado apenas se não houver outro recurso, pois os resultados da autoconstrução fogem a todos os padrões estabelecidos pelas instituições internacionais, como pode ser visto nos exemplos de autoconstrução, no tópico 9.5 *Abrigos Autoconstruídos*.

[220] IASC-Inter-Agency Standing Comitee. Emergency Shelter Custer, 2008. Selecting NFIs For Shelters. Disponível em <http://www.humanitarianlibrary.org/sites/default/files/2014/02/Selecting%20NFIs%20for%20Shelter.pdf>. Acesso em: 01 dez. 2021.

10. Procedimentos por tipologia

Há diferentes tipos e modelos de abrigos implantados em projetos internacionais. Para determinação do tipo de abrigo a ser implantado devem ser consideradas as condições locais. Vias de acesso, clima, topografia, tipo de solo, e outros parâmetros que são abordados em outros tópicos, para sua melhor adequação. Os modelos podem ser classificados em seis tipos básicos: [221]tendas; abrigos importados; abrigos construídos com materiais locais; abrigos temporários; distribuição de materiais e embriões. A seguir são detalhados os tipos de abrigo com considerações sobre suas vantagens, desvantagens e indicações para as quais se aplicam.

10.1. TENDAS

Figura 131: Desabrigados do terremoto em Port-Au-Prince, Haiti, 2010. Fonte: U.S. ARMY. Special Operations Command South. Autor: Sgt. Tony Hawkins. Domínio público. Disponível em: https://commons.wikimedia.org/wiki/File:Civil_Affairs_works_in_Haiti_DVIDS253357.jpg. Acesso em: 30 nov. 2021.

O fornecimento de tendas é o procedimento mais utilizado atualmente para o período

[221] SHELTER AFTER DISASTER - Guidelines for Assistance (UN Department of Humanitarian Affairs), Office of the United Nations Disaster Relief Co-Ordinator, NY, 1982. Disponível em:https://reliefweb.int/report/world/shelter-after-disaster-guidelines-assistance. Acesso em: 30 nov. 2021.

subsequente ao evento que causou desalojamento, por suas características práticas. Pela temporalidade inerente a esse tipo de abrigo, as tendas são projetadas para durarem por um período determinado. Essa é uma medida emergencial temporária, para subsequente retirada das pessoas dessa situação num breve espaço de tempo. Porém, na prática, não acontece dessa forma, e a habitação das tendas se estende por muitos anos (Figura 131). Desse descontrole, ou descaso, nascem novos problemas, as tendas se tornam sub-habitações e o assentamento precário incita a violência.

Em alguns casos essa medida de socorro não é recomendada. As tendas não são indicadas para locais em condições extremas de temperatura, especialmente no inverno.

Dentre alguns aspectos negativos desse tipo de solução podemos destacar os seguintes:

- as tendas disponíveis no mercado não são abrigos confortáveis, são muito pequenas para as necessidades das famílias e não podem ser aumentadas;
- os custos de transporte das tendas importadas, mais o custo das tendas propriamente ditas, poderão ser maiores do que reconstruir uma casa normal, tradicional, principalmente em países de clima quente e úmido.
- a cobertura têxtil se deteriora rapidamente quando exposta ao tempo.
- geralmente ocorre subutilização, porque em muitos casos, as famílias relutam em deixar suas propriedades com medo de perder suas colheitas, seus animais, ou até mesmo a propriedade de suas terras, por estarem desocupadas;
- nestes casos, as famílias desabrigadas preferem permanecer perto de suas casas danificadas ou destruídas.

Síntese dos prós e contras das tendas.

PRÓS	CONTRAS
Facilidade de armazenamento	Duração máxima de 3 anos
Facilidade de transporte	Inadequadas em temperaturas extremas
Facilidade de montagem	Pequenas e não podem ser expandidas
	Custo de transporte alto
	Implantadas em assentamentos distantes

10.2. ABRIGOS PRONTOS

Figura 132: Transporte terrestre de unidade pronta para habitar, Nova Jersey, Eua, 2012. Autor: Sharon Karr/ Fema.Fonte: US National Archives Civil Defense Photographs. Disponível em: https://nara.getarchive.net/ media/ocean-county-nj-nov-20-2012-a-temporary-housing-unit-arrives-at-a-staging-location-f93d43. Acesso em: 30 nov. 2021.

Muitas universidades, indústrias, arquitetos, agências e voluntários desenvolvem e oferecem centenas de tipos de abrigos, porém, poucos foram realmente usados em áreas afetadas por desastres naturais, guerras e conflitos, porque não são adequados.

Abrigos com unidades prontas para uso imediato, principalmente modelos importados, são indicados em locais com climas extremos, para invernos rigorosos ou onde há ameaça à sobrevivência pela exposição ao tempo. Esse tipo de abrigo utiliza materiais ou soluções próprias para países desenvolvidos e tem um custo alto. Em geral, a tecnologia empregada na sua construção é inadequada para a realidade local. A montagem das unidades requer conhecimento especializado, que é difícil de ser encontrado ou é inexistente, em países mais pobres. Os custos de transporte e dos meios de distribuição também são elevados. A manutenção é difícil porque não há disponibilidade do material utilizado para reposição. As características climáticas de cada local especificamente não são consideradas nos projetos e podem ser inadequadas. Os módulos não podem ser expandidos ou conectados a outras unidades. As soluções transportáveis e pré-fabricadas utilizadas em situações temporárias, muitas vezes permanecem por muito tempo no local provisório dando origem a um agrupamento com muitos problemas. Os abrigos deste tipo geralmente superam o padrão de vida anterior da população favorecendo uma propensão das pessoas atingidas se fixarem no local de abrigo, conformando um novo assentamento permanente que pode vir a se transformar em sub-habitação.[222]

[222] UNDRO (United Nations Disaster Relief Organization). Undro-shelter3-jul82, p. 9

Síntese dos prós e contras de abrigos prontos.

PRÓS	CONTRAS
Indicados para climas extremos	Materiais e soluções inadequados para países pobres
Facilidade de transporte	Alto custo unitário, de transporte e distribuição
Facilidade de montagem	Pequenos e não podem ser expandidos
	Requerem *know-how* especializado para montagem
	Difícil manutenção
	Formação de nova ocupação permanente inadequada

10.3. ABRIGOS VERNACULARES

Figura 133: Calearth, Vila emergencial de Superadobe, 2012. Membros do Ajuda Internacional dos EUA e moradores locais construindo um Ecodomo, em Karatbi San, um vilarejo remoto na região de Tadjourah, em Djibuti, África. Fonte: Wikimedia Commons. Autor: Dvidshub [CC BY Disponível em: https://commons.wikimedia.org/wiki/File:Flickr_-_DVIDSHUB_-_New_eco-dome_signals_changes_for_local_village_(Image_10_of_10).jpg

Figura 134: Abrigos construídos *in loco*, Nepal. Autor: Arun Poudel [Cc By-Sa 4.0 (https://creativecommons.org/licenses/by-sa/4.0)]. Fonte: Wikimedia Commons. Disponível em: https://commons.wikimedia.org/wiki/File:Transitional_shelter_in_dolalghat.jpg. Acesso em: 30 nov. 2021.

A linha de ação de abrigos vernaculares construídos *in loco*, tem uma intervenção mínima.

As organizações de ajuda humanitária somente atuam para dar suporte à vida, evitando gerar dependências externas. Há um cuidado para que as pessoas afetadas queiram voltar às suas casas pregressas.

Modelos-padrão utilizando materiais e técnicas disponíveis no local, e mão de obra geralmente dos futuros usuários são incentivados para estimular a colaboração e para socializar esse grupo de indivíduos.

O "superadobe" [223] (ou *sandbag)* é um exemplo de construção *in loco* (Figura 133). Utiliza terra crua, lama e pedra, disponíveis no local. Não há utilização de materiais industrializados. A função dessa técnica é que os esforços de construção produzam uma habitação permanente. O "superadobe" é constituído por sacos de areia e arame farpado. A produção é simples, inspirada nos métodos de construção de barricadas para defesa em conflitos armados e diques temporários para controle de enchentes. Esse conceito foi apresentado primeiramente para a NASA pelo arquiteto Nader Khalili, para a construção de bases na Lua e Marte, o "velcro-adobe".

Na parte leste do Chade, na África, os refugiados de Darfur construíram suas casas produzindo tijolos de lama. As tendas fornecidas pelas Nações Unidas foram danificadas pelo tempo e pelas condições climáticas. A área que eles vivem é quase totalmente desprovida de vegetação, possibilitando a retirada de material para a construção dos abrigos.[224]

[223] SUPERADOBE. Nader Khalili. Disponível em: https://www.calearth.org/superadobe-structures-calearth. Acesso em: 30 nov. 2021.

[224] CALEARTH - California Institute of Earth Architecture. Disponível em:: <http://calearth.org>. Acesso em: 30 nov. 2021.

Em Dolaghat, a 60 km de Kathmandu, no Nepal, a Fundação Chaudhary, uma entidade filantrópica do Nepal entregou abrigos temporários (Figura 134) para sobreviventes do terremoto ocorrido em 2015. A produção de tijolos ficou a cargo dos próprios moradores, entre homens e mulheres, que foram treinados pela Instituição, e os primeiros abrigos entregues em 2019, 4 anos após o desastre ambiental. [225]

Há algumas desvantagens nesse tipo de solução. O tempo de construção das unidades residenciais é extremamente longo. Geralmente uma pequena parcela das famílias é beneficiada com esse tipo de moradia, porque não é possível mobilizar os voluntários pelo tempo necessário para construir todas as residências. A tecnologia de construção é predominantemente rudimentar, resultando em edificações precárias que em pouco tempo se tornarão insalubres e inóspitas. O custo de pessoal qualificado para prover assistência técnica e transferir tecnologia é muito alto, e inviabiliza o acompanhamento contínuo das obras.

Alguns autores defendem que disseminar essas técnicas nos povoados menos favorecidos para que possam ter autonomia para construir suas próprias casas é a forma correta de prover habitação.

Porém, transferir tecnologia, mesmo que seja para levar esse conhecimento aos lugares mais longínquos, pode muitas vezes custar mais caro do que transportar soluções prontas. Principalmente em situações emergenciais, após desastres ambientais ou catástrofes. Nas emergências habitacionais abruptas há um grande número de desabrigados com necessidade urgente de se alojar. Num curto espaço de tempo não há exequibilidade para construções artesanais.

Síntese dos prós e contras de abrigos vernaculares.

PRÓS	**CONTRAS**
Intervenção mínima	Tempo longo de construção
Materiais e técnicas locais	Pequena parcela é beneficiada
Mão de obra disponível	Construções rudimentares e insalubres
Habitação permanente	Alto custo para transferência de *know-how*

[225] RELIEFWEB, OCHA. Publicado em 23 set. 2018. https://reliefweb.int/report/nepal/chaudhary-foundation-helping-rebuild-lives-more-350-villagers-giranchaur-brick-brick Acesso em: 30 nov. 2021.

10.4. ABRIGOS TEMPORÁRIOS

Na Itália, após os terremotos de 1976 e 1979, unidades pré-fabricadas serviram de habitação temporária durante o período de reconstrução das cidades. Em seguida foram totalmente substituídas pelas moradias definitivas. Geralmente este tipo de abrigo é fornecido por governos de países ricos.

O governo americano, através da Agência Federal de Gestão de Emergências dos Estados Unidos (FEMA) criou um parqueamento para o armazenamento de unidades temporárias pré-fabricadas para socorro às vítimas de tempestades, em Lousiville, Mississipi (Figura 135). As unidades podem abrigar 34 pessoas e foram projetadas para suportar tornados com ventos de até 400 km/h (quilômetros por hora).

Figura 135: Abrigo temporário pré-fabricado para utilização imediata, 2014. Fonte: US National Archives Civil Defense Photographs. Autor: Yuisa Rios, /Fema. Disponível em: https://nara.getarchive.net/media/louisville-miss-july-9-2014-this-10x20-storm-shelter-is-delivered-to-the-fema-1678ae. Acesso em: 30 nov. 2021.

Este tipo de abrigo também é fabricado em série e se aproxima mais de uma solução habitacional imediata. Porém deve-se avaliar se o custo dessa habitação temporária é uma alternativa viável, pois não poderá ser reaproveitada ou transportada depois para outro local.

Em países pobres, esse procedimento é economicamente inviável. Habitações temporárias em países em desenvolvimento podem ser mais caras que habitações permanentes. O custo de reposição de peças ou partes desgastadas é muito alto. Esses abrigos, inevitavelmente, se tornam habitações permanentes, mesmo tendo sido projetados para ter um ciclo de vida curto.

Em países pobres, os abrigos temporários devem ser construídos com materiais disponíveis no local ou de fácil transporte. Em Cebu, nas Filipinas, os abrigos projetados pelo arquiteto japonês, Shigeru Ban, foram contruídos com tubos de papelão (Figura 136). Os tubos são colados com fita de esponja impermeável para isolamento térmico e as fundações feitas com sacos de areia acomodados dentro de engradados de cerveja doados. Em Nong Samet, na Tailândia, Figura 137, um campo de refugiados foi instalado com construções de palha disponível no local.

Abrigos temporários podem ser extremamente caros quando usados somente por um curto espaço de tempo. A finalidade das unidades temporárias é fornecer abrigo por alguns meses, ou mesmo anos, substituindo habitações permanentes até a reconstrução das moradias afetadas.

Figura 136: Abrigos emergenciais de papelão em Cebu, Filipinas, 2014. Lois Ascher Michael Rakowitz Shigeru Ban Architects Enorme Studio Studio Lucy Orta Graft Rintala Eggertsson Architects Andres Jaque Architects Wooster Collective Brad Downey Space Invaders Aske Jonatan Kreilgaard, SuperxMag Aram Bartholl Javier de Paz García Nadine Labedade Miguel de Guzmán, CC BY 2.5, via Wikimedia Commons CC BY 2.5 (https://creativecommons.org/licenses/by/2.5)]Disponível em: https://commons.wikimedia.org/wiki/File:Shigeru_Ban_1.jpg. Acesso em: 30 nov. 2021.

Figura 137: Campo de refugiados em Nong Samet, Tailândia, 1984. Fonte: Creative Commons. Autor: Cmacauley. Atribuição Compartilhamento Licença 3.0 Não Adaptada (Cc By-As 3.0). Disponível em: https://commons.wikimedia.org/wiki/File:Houses_in_Nong_Samet.jpg. Acesso em: 30 nov. 2021.

Agricultores de alguns países da América Latina e Índia, quando atingidos por desastres naturais, preferem as habitações temporárias localizadas próximo às moradias destruídas para vigiar as propriedades e continuarem fazendo a colheita.

De acordo com Barbosa,[226] "em ocasiões onde a reconstrução das habitações ultrapassa seis meses, a moradia no abrigo temporário se torna mais permanente do que provisória".

Analisando alguns casos, observamos que essas habitações que deveriam ser temporárias se tornam permanentes causando inúmeros problemas. Os assentamentos temporários se tornam permanentes e são desprovidos de infraestrutura urbana adequada, analogamente ao que ocorre com a construção desassistida de moradias, ou seja, sem o devido acompanhamento técnico. Este tipo de solução pode se transformar em um problema sanitário de ordem pública, que afeta a saúde e a segurança da população.

---

[226] BARBOSA, L. L. Habitar o desastre: projetos urgentes em situações emergentes. Vírus. São Carlos, n. 5, jun. 2011. Disponível em: <http://www.nomads.usp.br/virus/virus05/?sec=4&item=8&lang=pt>. Acesso em: 30 nov. 2021.

Síntese dos prós e contras de abrigos temporários.

PRÓS	CONTRAS
Indicados para climas extremos	Materiais e soluções inadequados para países pobres
Facilidade de transporte	Alto custo unitário, de transporte e distribuição
Facilidade de montagem	Custo alto de reposição de peças
Solução imediata	Requerem *know-how* especializado para montagem
	Difícil manutenção
	Pode sair mais caro do que fazer construção permanente
	Não há infraestrutura urbana preparada

10.5. ABRIGOS AUTOCONSTRUÍDOS

Abrigos emergenciais feitos de materiais locais são úteis e necessários em campos de refugiados de guerras civis, ou assentamentos provisórios após ocorrência de desastres ambientais.

Os materiais são distribuídos, ao invés do fornecimento de abrigos prontos. Entidades e governos providenciam materiais de construção, ou máquinas para produzir esses materiais, e o abrigo é erguido pelos próprios usuários. O trabalho colaborativo das pessoas afetadas gera ocupação, cooperação e mais rapidez ao processo, além de desenvolver novas habilidades a quem participa. Porém, a eficácia deste tipo de processo de fornecimento é limitada. Muitos grupos de assistência acham essa solução adequada para o fornecimento de abrigo. No entanto, a expectativa das pessoas afetadas é receber uma casa completa, construída com tijolos e com janelas, que não se concretiza. Logo surge um desapontamento com os abrigos improvisados, instalados num acampamento sem privacidade onde também não possuem a propriedade do terreno.

O contraste com a distribuição de materiais com suporte técnico como visto no Nepal, Figura 134, é visível. As pessoas de um assentamento em Soweto, na África do Sul (Figura 138) e Draa-Tafilalet, no Marrocos (Figura 139) que receberam materiais como: plástico, lonas ou varas de bambu, ergueram abrigos precários, sem condições admissíveis de habitabilidade.

Figura 138: Abrigos de chapas de aço corrugado no povoado de Soweto, Áfríca do Sul, 2005. Fonte: Wikimedia Commons. Autor:matt-80 [Cc By 2.0]. Disponível em: https://pt.wikipedia.org/wiki/Ficheiro:Soweto_township.jpg Acesso Em: 30 nov. 2021.

O resultado é desastroso. A distribuição de materiais sem suporte técnico para a construção de abrigos resulta em habitações insalubres. A precariedade das instalações e abrigos improvisados afetam a saúde dos moradores.

Figura 139: Autoconstrução de abrigo com plásticos, Draa Tafilalet-Itzer, Marrocos, 2020. Fonte: A Autora.

Outro ponto crítico se verifica no setor de comercialização de insumos. A necessidade urgente de materiais para a construção de abrigos, em conjunto com o incentivo para o consumo no comércio local, provoca um aumento acentuado na demanda. Este fluxo compromete estoque disponível no mercado. Consequentemente, ocorre um aumento na precificação, desencadeando uma verdadeira disparada nos preços.

Esta abordagem, embora seja adequada do ponto de vista social e cultural, exige uma política eficaz de controle de preços.

Em Kobe, no Japão, um projeto em que os materiais foram distribuídos em conjunto com a transferência de tecnologia para a fabricação em série de abrigos, foi bem sucedido. As unidades foram montadas no local como mostra a Figura 140.

Figura 140: Abrigos emergenciais montados no local. Kobe, Japão, 2014. Lois Ascher MIchael Rakowitz Shigeru Ban Architects Enorme Studio Studio Lucy Orta Graft Rintala Eggertsson Architects Andres Jaque Architects Wooster Collective Brad Downey Space Invaders Aske Jonatan Kreilgaard, SuperxMag Aram Bartholl Javier de Paz García Nadine Labedade Miguel de Guzmán, CC BY 2.5, via Wikimedia Commons [CC BY 2.5 (https://creativecommons.org/licenses/by/2.5)] Disponível em: https://commons.wikimedia.org/wiki/File:Shigeru_Ban_2.jpg. Acesso em: 30 nov. 2021.

Síntese dos prós e contras de abrigos autoconstruídos.

PRÓS	CONTRAS
Utilização de materiais locais	Frustra as expectativas das pessoas afetadas
Facilidade de transporte	Falta privacidade
Rapidez no processo	Falta suporte técnico
Desenvolve habilidades dos participantes	Resulta em habitações precárias e pessoas insalubres
	Falta material
	Preços de materiais disparam
	Não há infraestrutura urbana preparada

10.6. ABRIGOS EMBRIÕES

Programas habitacionais podem levar muitos anos para serem concluídos, em especial quando são implantados em larga escala.

Num projeto assistido pela ONU (Organização das nações Unidas) em Ruanda[227] foram necessários dois anos para construir 220 casas. A velocidade de construção de abrigos duráveis pode deixar uma lacuna no provimento de habitação com famílias em abrigos de emergência por muitos anos. Os abrigos temporários têm o objetivo de preencher essa lacuna.

A FEMA, a Agência Federal de Gestão de Emergências americana dá assistência às vítimas, reúne esforços locais, estatais e federais para suprir as necessidades dos sobreviventes de desastres. Unidades habitacionais unifamiliares foram disponibilizadas para abrigar famílias desabrigadas pelo furacão Sandy, em New Jersey, nos Estados Unidos (Figura 141). Nesta cidade, para socorro às vítimas do furacão Sandy foi criado pela FEMA um local onde as unidades são testadas e ficam armazenadas antes de serem transportadas para o local de destino. Também utilizados para fins militares, os abrigos modulares prontos para serem utilizados foram enviados por transporte marítimo para dar suporte numa operação de defesa no deserto da Arábia Saudita.

As unidades habitacionais modulares podem se tornar definitivas. Os abrigos embriões são módulos temporários que podem ser acrescidos por outros módulos e se expandir, e se tornar habitações permanentes.

[227] Shelter Projects – 2009. ISBN: 978-92-1-132285-9. 150 pp. Ed. UN-Habitat, Ed. The International Federal Red Cross and Red Crescent Societies. Genebra, 2010.

Figura 141: Abrigo tipo embrião, Carolina do Norte, EUA, 1991.Fonte: US National Archives Civil Defense Photographs.Autor: Pfc PERKINS/Fema Disponível em: https://nara.getarchive.net/media/a-forklift-positions-a-sheltercontainer-at-a-staging-area-in-preparation-for-b6eed4. Acesso em: 30 nov. 2021.

O procedimento de auxílio aos desabrigados que distribui itens para a construção de abrigos é demorada, pela logística envolvida. O projeto mais rápido que utilizou este sistema de distribuição durou dois meses.

Abrigos temporários levam ainda mais tempo para serem implantados. Em Jacarta, na Indonésia, no programa de ajuda implantado em 2006, considerado como um atendimento relativamente rápido, foram necessários 12 meses para construir 75 mil abrigos temporários.

O abrigo temporário classificado como núcleo ou embrião de habitação, preenche os requisitos necessários para o suprimento de moradias em situações emergenciais em diversos aspectos. Mas é preciso analisar as necessidades de cada situação para definir a solução mais apropriada para cada caso, porque todas as soluções têm vantagens e desvantagens.

O principal aspecto positivo da célula mínima de habitação é a habitabilidade imediata. O abrigo embrião chega pronto para atender às necessidades básicas das famílias. A durabilidade deste tipo de abrigo é longa e pode se tornar moradia permanente, porque possibilita a expansão, pode ser acrescido pelos próprios moradores. Ao ser expandido, a necessidade de insumos, materiais e mão de obra para se tornar habitação permanente impulsiona a economia. É um abrigo reutilizável, que pode ser desmontado e montado novamente após o cumprimento de sua função temporária, sem desperdício de materiais. É uma solução que oferece mais segurança, privacidade, salubridade, conforto e dignidade às famílias. As técnicas de construção aprendidas com as equipes de ajuda, por aqueles que participaram do programa de montagem, capacitam mão de obra para dar continuidade ao projeto de reconstrução das áreas atingidas, com autonomia.

Por outro lado, o custo com transporte para levar as unidades prontas até o local de implantação pode ser elevado. Os abrigos temporários que necessitam de mão de obra para serem erguidos não são soluções imediatas e podem demorar muito tempo para atender a todas as famílias necessitadas.

A necessidade de aquisição de materiais de construção no comércio local também tem repercussão negativa. Alta demanda pode resultar em escassez de materiais e alavancagem de preços.

O processo precisa ser muito bem administrado para arcar com os custos de todo o projeto. O custo inicial é maior do que oferecer tendas à população. Na falta de recursos para continuidade de assistência técnica e social pode se tornar um núcleo de sub-habitação.

Nas situações em que as famílias desabrigadas preferem retornar às suas propriedades de origem, temendo saques e invasões, é necessário retirar os escombros das propriedades destruídas para implantação dos abrigos.

Síntese dos prós e contras de abrigos embriões.

PRÓS	CONTRAS
Execução rápida	Não é imediata
Possível expandir	Custo unitário e de transporte pode ser alto
Pode se tornar permanente	Necessita de mão de obra
Solução duradoura	Resulta em habitações precárias se faltarem recursos
Segura, privativa, digna, salubre	Pode faltar material
Desenvolve habilidades dos participantes	Preços de materiais disparam
Impulsiona a economia	Necessidade de retirada de escombros

11. Tipologias de montagem

A montagem dos abrigos deve ser rápida, poderá ser executada no próprio terreno do beneficiário, após recuperado e em condições de habitação. De um modo geral são montados em espaços destinados exclusivamente ao assentamento das unidades habitacionais.

Após a transferência da habitação para o lugar definitivo poderão ser incorporadas benfeitorias à unidade inicial, e transformá-lo em habitação permanente. [228]

A população que necessita de assistência e alojamento em abrigos emergenciais normalmente se encontra em áreas remotas ou de difícil acesso. É muito comum as regiões mais pobres serem as mais atingidas pela perda de moradias, porque frequentemente ocupam áreas de risco, tais como: margens de rios, canais e encostas.

Desastres ambientais também atingem as vias de acesso terrestres, dificultando ainda mais a chegada de ajuda à população isolada. O transporte dos abrigos até o local de assentamento é um dos maiores entraves no socorro às vítimas. O peso e o tamanho dos pacotes são premissas essenciais que determinam a exequibilidade do projeto de abrigo emergencial. Os materiais utilizados para garantir estabilidade e solidez dos abrigos são pesados, e geralmente ocupam grandes volumes. Essa dificuldade não se apresenta com outras necessidades urgentes, como: roupas, medicamentos e alimentos. Esses itens pequenos e leves são acondicionados em pequenos pacotes, simplificando o deslocamento.

De acordo com Kronenburg, as edificações portáteis podem ser classificadas com base na sua portabilidade e forma de montagem.[229]

> As escolas de arquitetura sempre ensinaram que as edificações devem ser estáticas, fixas e sem movimento, paradas no tempo e no espaço. Algumas soluções práticas como habitações transportáveis e abrigos temporários não foram bem aceitas no século XX por causa da sua mobilidade. Porém, a portabilidade tem sido a solução para diversas situações emergenciais nos dias atuais. Podemos citar além das habitações temporárias para desastres ambientais e conflitos, os escritórios temporários, instalações para funcionários em canteiros de obras, exibições, feiras, alojamentos para atletas, unidades de saúde, atendimento ao cidadão, e grandes eventos em geral. "Arquitetura portátil" significa poder desmontar partes ou unidades estruturais, transportar e montar novamente em outro lugar. Ele classifica as

[228] Shelter Centre, 2008, 2009. Transitional Shelter Guidelines. Brussels, Belgium, p.12.

[229] KRONENBURG, R. Houses in motion: The genesis, history, and development of the portable building. PUB TYPE: Book (ISBN 1854903950). VOLUME/EDITION: K76, 1995.

edificações portáteis nos seguintes tipos: módulos *(module)*, pacotes *(flat-pack)*, tensionados *(tensile)* e infláveis *(pneumatic)*. [230]

11.1. MÓDULOS – PARTE ÚNICA PRÉ-MONTADA *(Module)*

A

B

Figura 142: Módulo. A) Abrigos containeres, Mississipi, EUA, 2014. Fonte: US National Archives. Autor: Yuisa Rios/Fema. Disponível em: https://nara.getarchive.net/media/louisville-miss-july-9-2014-storm-shelter-is-delivered-at-temporary-housing-32e931. Acesso em: 01 dez. 2021. B) Autor: Bill Koplitz, 2014. Disponível em: https://nara.getarchive.net/media/louisville-miss-may-15-2014-the-4-storm-shelters-installed-at-the-site-of-mobile-356946. Acesso em: 01 dez. 2021.

Neste modelo, os abrigos são produzidos em fábrica e transportados inteiros para o local de destino. Os módulos (*module*) são entregues prontos e montados. As unidades são independentes, prontas para o uso, bastando conectá-las à rede elétrica, ao sistema de abastecimento de água e à rede de esgoto. Podem também conter rodas, ou mecanismo próprio de transporte. Estes modelos são adequados e usados frequentemente em instalações militares.

[230] *Idem*

11.2. MÓDULOS - DIVERSAS PARTES DESMONTADAS *(Module)*

Figura 143: A e B) Módulos por partes. Fonte: Desenhado por Mattos, D. G. baseado em The Big Idea, 2012

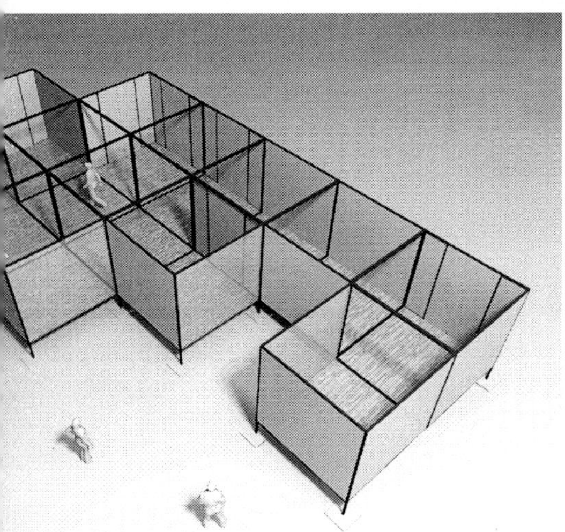

Os abrigos deste tipo são compostos por unidades modulares constituídas por partes, que podem ser acrescidas por outras unidades, à medida em que surge a necessidade. A técnica de construção modular por partes pode ter uma grande variedade de formas. As unidades são montadas em fábrica, e podem ser transportadas por terra, ar e mar, respectivamente: caminhões, embarcações e aviões, helicópteros, por exemplo.

A estrutura deste tipo de módulo pode ter montagem complexa, mas ao mesmo tempo as configurações são muito flexíveis e adaptáveis a diferentes necessidades. O tamanho reduzido dos componentes, que são transportados desmontados, facilita o deslocamento. Contudo, não se pode deixar de considerar que este modelo de construção requer mão de obra especializada para montagem.

11.3. PACOTES - DIVERSAS PARTES PRÉ-MONTADAS *(Flat-pack)*

Figura 144: Abrigo pessoal expansível (Eps), Panamá, 1989. Fonte: US National Archives. Autor: Sargento Russ Pollanen (Howard Air Force Base – USA) Disponível em: https://nara.getarchive.net/media/during-harvest-bare-members-of-the-4449th-mobility-support-squadron-demonstrate-702822. Acesso em: 01 dez. 2021.

Os pacotes (*flat-pack*) são formados por componentes modulares provenientes de construções secas que podem ser conectadas a outros módulos para ampliação. Os módulos são produzidos em fábrica e os pacotes desmontados são transportados para serem montados no local de assentamento. A madeira e o aço são frequentemente os materiais mais utilizados para este tipo de abrigo. Modelos mais recentes podem ser encontrados também em fibras e plásticos.

Na Figura 144, um abrigo desmontável sendo demonstrado em uma base militar americana no Panamá. Foi utilizado por forças militares americanas durante uma operação, em 1989.

Existem empresas no mercado que fornecem abrigos prontos para emergências. Entretanto, para utilização de abrigos em projetos de ajuda humanitária são exigidos alguns parâmetros técnicos. Os modelos devem ser desenvolvidos de acordo com as exigências de transporte aéreo e marítimo da OTAN. Por ocasião do tsunami na Indonésia foram utilizados abrigos em conformidade com estas especificações em três vilas emergenciais.

O uso de abrigos militares é desaconselhado pela Organização de Suporte a Desastres das Nações Unidas – UNDRO, por motivos sociais, culturais e de convivência. A Entidade alega que esse tipo de instalação compromete a eficiência dos acampamentos. De acordo com sua interpretação, este tipo de abordagem pode afetar o processo de recuperação da população afetada, da seguinte maneira:

> "As organizações militares procuram a uniformidade e conformidade. Esta preocupação pela ordem é simplesmente esperar muito da população civil atingida por um desastre. O período imediatamente após um desastre é um período que as pessoas precisam se unir e desenvolver responsabilidades coletivas. Uma hierarquia militar (organização rígida) pode inibir este processo social orgânico". [231]

11.4. UNIDADES TENSIONADAS – PARTE ÚNICA DESMONTADA

Figura 145: Construção do pavilhão oval de Wladimir Shukhov, Rússia, 1895. Fonte: Wikipedia. Autor: Andrei Osipovich Karelin. Domínio Público. Disponível em: https://en.wikipedia.org/wiki/File:Tensile_Steel_Lattice_Shell_of_Oval_Pavilion_by_Vladimir_Shukhov_1895.jpg. Acesso em: 01 dez. 2021.

[231] UNDRO – United Nations Disaster Relief Organization - Undro-shelter3-jul82, p. 9

O russo Wladimir Shukhov, multiqualificado engenheiro, cientista e arquiteto, com seu trabalho pioneiro desenvolveu as estruturas tensionadas, um método inédito de engenharia estrutural. Essa inovação possibilitou o vencimento de grandes vãos e desencadeou um avanço tecnológico na construção. Tanto em espaços públicos quanto em espaços privados, e para diferentes usos: indústrias, torres, pontes, edifícios e pavilhões, entre outros.

A Figura 145 mostra a construção do pavilhão oval na cidade de Nijni Novgorod, Rússia, em 1895. Considerada a primeira estrutura treliçada de aço com membrana tensionada do mundo. [232]

Em meados do século XX, o arquiteto alemão Frei Otto, iniciou o desenvolvimento das modernas estruturas tensionadas flexíveis cobertas com tecidos e lonas.[233] Modelos tensionados são caracterizados por estruturas que consistem em membranas sustentadas por armações rígidas. Estas estruturas são muito leves e podem ser facilmente transportadas e remontadas, como as tendas.

A Figura 146 mostra tendas tensionadas num assentamento temporário para refugiados sírios na cidade de Ceylanpinar, na Turquia, durante a guerra civil Síria.

Figura 146: Tendas tensionadas, Turquia, 2012. Fonte: Wikimedia Commons. Autor: Voice Of America News: Henry Ridgwell On Turkish Border, &Quot; Refugees Flee Aleppo; Hot, Barren Turkish Camps Await&Quot. Domínio público. Disponível em: https://commons.wikimedia.org/wiki/File:Syrian_refugee_center_with_group_in_center.jpg. Acesso em: 01 dez. 2021.

[232] Wikipedia. Disponível em https://en.wikipedia.org/wiki/Tensile_structure. Acesso em: 01 dez. 2021.

[233] BERGER 2005, 20-39, apud KUUSISTO, T. K. Textile in Architecture. Master's Thesis, Master's Degree Program in Architecture-Tampere University of Technology, 2010, p34.

11.5. UNIDADES PNEUMÁTICAS – PARTE ÚNICA DESMONTADA

Figura 147: Tenda inflável, Alemanha, 1980. Fonte: Wikimedia Commons. Autor: Tsgt Robert Wickley. Domínio Público. Disponível em: https://commons.wikimedia.org/wiki/File:DF-ST-82-04546_Airmen_carry_a_(wounded_soldier)_to_an_ambulance_from_one_of_the_inflatable_tents_during_exercise_Reforger_%2780.jpeg. Acesso em: 01 dez. 2021.

Os modelos pneumáticos consistem em estruturas compostas por membranas sob pressão. A sustentação dessas estruturas é baseada no insuflamento de ar, que as tornam extremamente leves e fáceis de transportar.

Este tipo de tecnologia foi aplicado no abrigo inflável *Toroidal Lunar Habitat*-ILC- *Dover Habitat Programs and Technology* desenvolvido pela NASA (*National Aeronautics and Space Administration*), com estrutura leve e expansível. O abrigo em forma de concha inflável é empacotado junto com seu núcleo rígido para ser transportado nos veículos aeroespaciais.

A Figura 147 mostra abrigos infláveis em uma instalação temporária de uma base militar na cidade de Wunstorf, na Alemanha. O emprego desse tipo de tecnologia não é recomendado em locais sujeitos a ventos fortes, por tornar o abrigo vulnerável ao carregamento. Outros pontos fracos são o esvaziamento acidental provocado por orifícios ou rasgos e a necessidade constante de suprimento de energia.

Abrigos emergenciais precisam ser leves e fáceis de desmontar para transportar. E os abrigos temporários, por serem acomodações itinerantes, devem ser projetados para serem transferidos para outros lugares.

Para atendimento dos padrões recomendados internacionalmente, o projeto deverá contemplar uma solução durável, que possa ser aumentado mais tarde, que atenda aos requisitos instituídos. Cada caso deve ser analisado individualmente para atender à população adequadamente e da maneira mais rápida possível.

12. Epílogo

Os humanos primitivos habitavam as cavernas. Abrigos proporcionados por formações rochosas naturais são ambientes muito apropriados para proteção contra intempéries e predadores.

Esses grupos humanos viviam dos insumos que a natureza podia oferecer para alimentação, vestuário, e atividades diárias básicas. Em decorrência da escassez de alimentos de uma determinada área, os caçadores e coletores são forçados a irem cada vez mais longe em busca de sua subsistência. A distância os obriga a pernoitar fora de suas cavernas surgindo a necessidade então, de improvisação de abrigos efêmeros. À medida que essas distâncias se tornam cada vez maiores, todo o grupo se locomove para garantir sua sobrevivência, dando início ao processo de nomadismo. O esgotamento de recursos disponíveis levava esses grupos à uma ocupação temporária do espaço habitacional, por tempo limitado. A necessidade constante mudança de localização impulsiona a produção de abrigos transportáveis.

Para a construção de abrigos sem conhecimento técnico, sem ferramentas, e sem indústria, nossos ancestrais utilizaram materiais disponíveis no ambiente em que viviam. Eles utilizaram galhos, troncos ou palha, encontrados nas redondezas, resíduos resultantes da caça foram reutilizados, como peles e ossos de animais, e transformados em moradia por esses habitantes primitivos. Essas são as primeiras construções de abrigos conhecidas.

Com a descoberta da agricultura, os alimentos passaram a ser cultivados e a fixação de moradia no território se tornou fundamental para proteção dos bens acumulados garantindo sua sobrevivência. A nova moradia e sua bioarquitetura foram adaptadas à transformação dos hábitos e ao novo estilo de vida. As casas se tornaram mais pesadas e estáticas, com fundações conectadas ao solo. Materiais mais resistentes, tais como: terra, madeira, pedra, junco, palha e bambu foram utilizados para erguer as edificações dessas aldeias. A escolha de materiais naturais e facilmente encontrados no entorno ainda permanece. Surgem construções para outros fins sociais. Aparecem elementos de interesse coletivo como os fornos e locais para estocagem de alimentos.

A introdução de outros materiais para produção de moradias adequadas à nova organização social suscita o desenvolvimento de novas técnicas construtivas. Concomitantemente, o sedentarismo e a grande oferta de alimentos propiciada pela agricultura estimulam o crescimento populacional.

A evolução do desenvolvimento de métodos construtivos, a descoberta de novas ferramentas e a grande disponibilidade de mão de obra possibilitaram a construção de prédios, monumentos e templos de pedra sofisticados que atravessaram os séculos.

Grandes civilizações construíram magníficos templos de pedra enquanto a população morava em casas de terra ou madeira. No Egito, a população habitava casas construídas com a lama retirada do Nilo. Em contrapartida, as pirâmides destinadas aos túmulos dos governantes, eram construídas com pedra, material sólido e resistente ao tempo. Sua crença valorizava mais a vida após a morte do que a vida terrena.

Os gregos reverenciaram seus deuses construindo templos em mármore. E os romanos, que descobriram a *pozzolana*, romperam barreiras construindo edifícios monumentais. Vãos livres jamais conseguidos anteriormente, como no *Pantheon* de Roma e sua abóbada esplendorosa com um óculo vazado no topo. Esse feito extraordinário para contemplação do céu, também tem a função de iluminar e ventilar todo o edifício.

A técnica dos romanos foi aperfeiçoada com a descoberta do concreto armado e, até os nossos dias, convencionou-se que esta é a melhor forma de se construir. Sobretudo no Brasil, predominam entre as construções residenciais e grande parte das construções comerciais, tijolos cerâmicos e concreto armado como padrão de construção.

Com o avanço dos transportes, a utilização de materiais locais deixou de ser primordial e a dificuldade de atravessar grandes distâncias foi superada. Por outro lado, os gases poluentes emitidos pelos meios de transporte somados às emissões nocivas geradas pela fabricação de materiais e componentes convencionais de construção, são os vilões da poluição.

Apesar da produção de aço, a partir do fim do século XIX, ter despertado algumas iniciativas como o Palácio de Cristal, em Londres, os abrigos *Nissen* e o emblemático *"Dymaxion"*, entre outros, o tijolo e o concreto dominaram o setor. Esses materiais convencionais se estabeleceram como preferidos para construção de um modo geral.

As técnicas de modularização e pré-fabricação, utilizadas pelos gregos, romanos, japoneses e islâmicos, nos primórdios das civilizações para construir seus templos, monumentos e cidades, não foram continuadas.

As técnicas abandonadas ressurgiram após o fim da 2ª. Guerra Mundial, pela necessidade de reconstrução das áreas destruídas.

O crescimento populacional e a crise financeira foram fatores que geraram forte demanda por fabricação em massa de habitações de baixo custo, produzidas em série como nas fábricas automotivas. A produção de unidades portáteis temporárias foi defendida como a solução mais econômica, fácil e rápida para solucionar problemas habitacionais com eficiência.

Historicamente, a arquitetura portátil foi a solução apropriada para situações onde há emergência habitacional. Durante milhares de anos o homem nômade levou consigo sua moradia, construída rapidamente a partir de peles de animais, esteiras ou tecidos, e acima de tudo, fácil de desmontar. Foram encontradas na África, Ásia e Américas, cabanas remanescentes de povos antigos, com estrutura de troncos que podiam vencer vãos de até 10 m (dez metros). Com peso próprio de aproximadamente 5 kgf/m^2 (cinco quilogramas força por metro quadrado), muito mais leves que o mínimo de 8 kgf/m^2 (oito quilogramas força por metro quadrado) das leves estruturas metálicas atuais. [234]

De fato, o conservadorismo comportamental é um obstáculo às inovações habitacionais. Há um longo caminho até que se consiga alterar o jeito de agir e pensar das pessoas para a consolidação da portabilidade da habitação.

No momento presente, ainda há tribos nômades vivendo em tendas desmontáveis que podem ser montadas em cerca de uma hora, como os *"beduínos"* do Saara, as tendas *"yurts"* na Mongólia, os *"tuaregues"* africanos e as casas-barco no Camboja. Contudo, o mundo ocidental mantém enraizados em sua cultura os materiais convencionais, como: madeira, pedra, cimento e tijolo, como material mais apropriado para construção residencial.

A construção civil, em grande parte, é essencialmente artesanal. Estruturas compostas por sapatas, pilares e vigas são frequentemente moldadas no canteiro de obras. Tijolos, telhas e revestimentos cerâmicos são cortados no local da implantação dos edifícios para que se ajustem aos espaços irregulares. Frequentemente as edificações não têm modulação nem padronização. Esse procedimento de construção individualizada produz um grande desperdício de material e gera enorme quantidade de resíduos.

A ameaça aos recursos naturais do nosso planeta se agrava com outro componente essencial contido na produção de edifícios, a água, um recurso natural esgotável, cada vez mais escasso. Os materiais de construção convencionais têm a água como base para sua fabricação. A água, essencial nesse tipo de construção não é contabilizada nos orçamentos. A própria indústria fabricante de materiais de acabamento não tem sua produção normatizada. Sem padrões preestabelecidos, a indústria de materiais não dialoga com construções modulares nem com processos construtivos industrializados e padronizados.

O aumento da população, a demanda por moradia, a chegada da população rural às cidades, as mudanças climáticas, a poluição, os desastres ambientais, os conflitos religiosos, as guerras, são fatores que demandam a produção em série de edificações. O direcionamento

---

[234] Rebello,Y; Leite, M.A.D. As Primeiras Moradias, Ed.161-Ago/2007. Kronenburg, R. Portable Architecture. 3rd Edition, Architectural Press. Oxford, 2003. Kronenburg, R Houses in Motion: the Genesis, History and development of the portable building, Wily, 2002.

para a produção sustentável de moradias, utilizando técnicas de construção e materiais que não agridem a natureza me parece o melhor caminho. A bioarquitetura e os processos de construção sustentáveis melhoram a qualidade de vida e a saúde das pessoas. Preservar e não poluir o meio ambiente, não usar materiais tóxicos, não desperdiçar energia, racionar o uso da água e materiais não renováveis, gerar menos resíduos, enfim são grandes desafios a serem vencidos.

Não menos importante é a adaptação de técnicas sustentáveis ao modo de vida moderno. Assim como os habitantes primitivos se mudavam quando os recursos à sua volta se esgotavam, a população atual precisa se locomover constantemente à procura de melhores condições de trabalho. Parafraseando Milton Nascimento, "todo profissional tem que ir onde o trabalho está...". Após a pandemia recente do Coronavírus, as relações trabalhistas se reformularam. A impossibilidade de compartilhamento de espaços impulsionou o nomadismo digital, e a mobilidade vem se tornando uma realidade muito próxima.

Porém, paradoxalmente, o ambiente construído atual é fixo e caro. Quando há necessidade de recorrer a financiamentos bancários, é contraída uma dívida que poderá se estender por mais de 20 ou 30 anos. Durante um período tão longo, as fases da vida se transformam muito. As pessoas se casam, ou descasam, a família aumenta, ou diminui, os filhos chegam, ou saem de casa, o trabalho muda de lugar, ou as pessoas mudam de trabalho. As necessidades de vida das pessoas se alteram constantemente. Não é exagero afirmar que não é uma tarefa simples se desfazer de um imóvel, a propensão à acomodação prevalece.

Gradualmente, o conceito de moradia está incorporando as novas tendências, alinhadas com o momento que vivenciamos. Já existem movimentos internacionais promovendo a adoção de um estilo de vida mais prático. A mobilidade frequente de pessoas por questões profissionais requer mais flexibilidade na forma de pensar em moradia. O mercado imobiliário já dá sinais de adaptação à realidade atual ao lançar edificações com unidades mínimas e espaços sociais compartilhados no segmento residencial. No segmento comercial, o aluguel de escritórios virtuais ou espaços de trabalho compartilhados por pessoas e empresas diferentes se incorporam ao leque de ofertas. A relação do indivíduo com a moradia avança para a revitalização da construção portátil. As novas tecnologias e novos materiais revigoraram a portabilidade na arquitetura, e algumas empresas já estão fabricando prédios que valorizam simplicidade e mobilidade, impulsionadas pela demanda de baixo custo e rapidez. Para Robert Kronenburg[235], a cultura enraizada há várias gerações, na qual a construção tem que ser durável, sólida e estática precisa ser repensada.

[235] Kronenburg, R Houses in Motion: the Genesis, History and development of the portable building, Wily, 2002.

As habitações guaranis eram biodegradáveis e se desfaziam após o abandono de seus moradores, assim como os iglus dos *"inuítes"*, ou esquimós. Esses povos transformavam materiais naturais em edificações que depois se desfaziam e se integravam à natureza, sem prejudicá-la. Um exemplo deste tipo de construção aqui no Brasil, são as construções nordestinas em terra às margens do rio São Francisco, que se dissolvem a cada cheia do grande rio. Da mesma forma que as construções primitivas utilizavam os materiais disponíveis no local: palha, bambu, madeira e demais fibras vegetais, argila, pedra, e algumas fibras animais, que têm baixo consumo de energia, o uso de materiais recicláveis permite seu retorno ao ambiente após sua utilização.

Em tempos de mudança na ordem social, os paradigmas em relação às técnicas construtivas, aos materiais convencionais, e ao sistema de moradia se tornam anacrônicos. As inovações na indústria da construção civil têm que se alinhar aos consumidores com hábitos de vida modernos. A harmonia com as necessidades do planeta, do mundo globalizado, das cidades e da vida urbana se valoriza.

As transformações acontecem prioritariamente em cidades mais estruturadas. Iniciativas de pessoas que buscam bem-estar e vida saudável, e querem viver dentro dessa nova perspectiva, despontam em diferentes partes do mundo. Não param de crescer os números de adeptos ao conceito de sustentabilidade, que traz na sua essência um modo de vida mais saudável.

Dediquei dez anos do meu tempo e encontrei muitos obstáculos nessa jornada. Minha determinação e desejo de contribuir para melhorar a qualidade de vida das pessoas do nosso tempo, e das que virão no futuro, se consolidaram nesta obra. Agora que a semente está lançada, torço para que os frutos amadureçam e floresçam no seu pensamento, você que chegou até aqui, muito obrigada.

E juntos vamos caminhando para um mundo melhor. Que seja mais limpo, mais puro, mais lindo e melhor!

Impressão e acabamento
Gráfica da Editora Ciência Moderna Ltda.
Tel: (21) 2201-6662